BASTEI
LÜBBE

Robert Lindsey

Denn Liebe ist stark wie der Tod

Ins Deutsche übertragen
von Anita Crampton

TRUE CRIME
Der wahre Kriminalfall

BASTEI LÜBBE

BASTEI-LÜBBE-TASCHENBUCH
Band 13 518

Erste Auflage:
Februar 1994

Deutsche Lizenzausgabe 1994
by Bastei-Verlag Gustav H. Lübbe
GmbH & Co., Bergisch Gladbach
Originaltitel: Irresistible Impulse
Lektorat: Dr. Edgar Bracht
Titelfoto: Bastei-Verlag
Umschlaggestaltung:
Quadro Grafik, Bensberg
Satz: KCS GmbH,
Buchholz/Hamburg
Druck und Verarbeitung:
Brodard & Taupin, La Flèche,
Frankreich
Printed in France

ISBN 3-404-13518-0

Der Preis dieses Bandes
versteht sich einschließlich der
gesetzlichen Mehrwertsteuer.

I.

1. Kapitel

Sausalito, Herbst 1980

Mit einer Harley-Davidson hatte alles angefangen, an einem Sonntagmorgen in Kalifornien. Ein Mann fuhr nach Norden über die Golden-Gate-Brücke, ein anderer nach Süden, durch die frisch abgeernteten Weinberge des Sonoma-Valley. Unter der brennenden Herbstsonne näherten sie sich einander auf konvergierenden Wegen, Zufallspunkte im Strom des sich kreuzenden Verkehrs. Keiner von ihnen wußte, was vor ihm lag. Hätte einer der beiden es gewußt, er wäre auf der Stelle umgekehrt.

In der Bucht von San Francisco bildeten die Takelagen der Wochenendsegler ein verschwommenes Bild aus schneeweißen Dreiecken, die auf der unruhigen See rhythmisch auf- und niederwippten; die ersten Boote der inzwischen recht kleinen Fischfangflotte der Bucht steuerten die Heimat am Fisherman's Wharf an; sie hatten schon vor Sonnenaufgang draußen vor der Golden-Gate-Brücke ihre Schleppnetze ausgeworfen.

An Land bevölkerten Kauflustige und Touristen die schmalen Gehsteige von Sausalito, dem smaragden leuchtenden Dorf, das einige hundert Meter nördlich des Golden Gate auf einer Reihe bewaldeter Hügel steil in die Bucht von San Francisco abfällt. Im Bootshafen setzten sich die mit Salzstaub bedeckten Motoren der Luxusyachten dröhnend in Bewegung, nachdem sie eine Woche lang geschwiegen hatten. Im Alta Mira, im Ondine, dem Spinnaker und anderen Lokalen beschäftigten sich die Leute nur zögerlich mit ihren dampfenden Brunchtellern voller Omeletts mit Dungenesskrabben, denn ihre Aufmerksamkeit galt den Umrissen von San Francisco in der Ferne, wo die Stadt wie eine weit entfernte orientalische Luftspiegelung undeutlich über der Bucht aufragte: ganz in weiß und voller Brüstungen.

Am Stadtrand sprang eine Ampel von Grün auf Gelb um, und ein Mann brachte sein Motorrad mit einer Drehung des Handgelenkes zum Stehen.

Lou Zumstegs Leidenschaft fürs Motorradfahren amüsierte einige der oldtimerfahrenden leitenden Angestellten und Gewerkschaftsführer, mit denen er geschäftlich zu tun hatte. Entgegen ihren Erwartungen erwies sich seine Entscheidung, sich mit fünfundvierzig Jahren ein Motorrad zuzulegen, jedoch nicht als eine impulsive Marotte, die er bald gegen eine andere Spielerei eintauschte. Für Lou Zumsteg war das, was bei ihm im mittleren Alter als ein Hobby begonnen hatte, zur Leidenschaft geworden. Nur wenige Dinge bereiteten ihm mehr Freude, als auf eines seiner Motorräder zu steigen, den Gashebel aufzudrehen und gleichsam wie mit einer Rakete unter dem Hintern auf einer Landstraße dahinzujagen. Er war ein Mann, der sich viel mit sich selbst beschäftigte, und der Sattel eines Motorrades bot ihm Gelegenheit zum Nachdenken und – wenn es nötig war – Zuflucht vor den Dämonen, die ihn noch immer zu vernichten suchten.

»Motorräder sind etwas Seltsames«, sagte er. »Entweder man haßt sie oder man liebt sie. Ich glaube, die meisten Leute hassen sie. Aber für mich ist ein Motorrad vergleichbar mit dem besten Freund, der niemals irgendwelche Zweifel an einem äußert. Auf dem Motorrad fühle ich mich nie einsam. Einem Motorrad muß man sich voll und ganz verschreiben. Sonst käme man nicht damit zurecht.«

Inzwischen besaß er acht Motorräder. Zum Scherz hatte er jedem einen Namen gegeben. An diesem Morgen, es war der 12. Oktober 1980, fuhr er auf einer Yamaha, die er Genghis getauft hatte, von seinem Haus in Santa Rosa aus in südlicher Richtung den Highway 101 entlang. Seine Frau Elsa saß hinter ihm auf dem Motorrad. Wie so viele Besucher von Sausalito an jenem Morgen, waren auch die Zumstegs von der spätsommerlichen Wärme aus dem Haus gelockt worden.

Während Lou darauf wartete, daß die Ampel umsprang, fühlte er, noch bevor er es sah, das rhythmische Brummen einer anderen Maschine ganz in der Nähe. Er schaute nach rechts und sah eine funkelnde Harley-Davidson in der Spur neben sich.

Lou teilte nicht die an Vergötterung grenzende überschwengliche Liebe, die manche Motorradfahrer einer Harley entgegenbrachten. Er zog schnellere, wendigere japanische Motorräder vor. Aber er verstand die Gefühle, die eine Harley in anderen Männern hervorrufen konnte, und er respektierte dieses Vehikel als das, was es war: ein einzigartiges amerikanisches Kultbild. Einhundert Firmen hatten in Amerika einst Motorräder hergestellt, aber sie waren alle verschwunden – bis auf eine. Die Harley-Davidson war das letzte in Amerika produzierte Motorrad.

Selbst ihre leidenschaftlichsten Bewunderer geben zu, daß die Harley den besten Motorrädern aus Übersee unterlegen ist: der Motor ist laut, das Getriebe geräuschvoll, die Kupplung hart und die Beschleunigung schwerfällig. Öl tropft aus Spalten und Öffnungen wie Dampf durch ein Sieb. Aber derartige Unvollkommenheiten sind unwichtig für die, die eine Harley besitzen oder leidenschaftlich danach verlangen; ein solches Gefährt legt man sich nicht wegen seiner nackten technischen Leistungen zu. Eine Harley verkörpert vielmehr das Selbstbildnis ihrer Bewunderer: Sie läßt den Erdboden erbeben und die Luft vibrieren. Sie symbolisiert Muskelkraft, Freiheit, Männlichkeit.

»Schöne Maschine«, sagte Lou zu dem dunkelhaarigen Fremden auf der Harley. Er war etwa dreißig, vielleicht etwas jünger, und trug die universale Motorraduniform: Jeans, T-Shirt, Stiefel und Lederjacke.

Er antwortete mit einem Lächeln und einem »Danke«, dessen Akzent Lous Meinung nach von den britischen Inseln stammte.

»Woher kommen Sie?«

»England.«

Als die Ampel grün wurde, fragte er Lou, wo er sein Motorrad abstellen könnte; er wolle sich erst einmal Sausalito ansehen.

»Folgen Sie uns«, sagte Lou und schoß mit seiner Yamaha zu einem mehrere Häuserblocks entfernten Parkplatz davon.

Sie stiegen ab, und der Fremde stellte sich als Michael Telling vor; er sei erst vor ein paar Tagen eigens nach Kalifornien gekommen, um bei der Dudley Perkins Agentur in San Francisco die Harley zu kaufen.

Lou kannte den Händler. Er war ein Mythos unter Harley-Fanatikern. Die Familie Perkins hatte seit 1914 Harleys verkauft.

Während sie sich unterhielten, bewunderte Lou den ganz schwarz lackierten Low Rider. Es war eine FXB Sturgis in begrenzter Stückzahl, die Harley-Davidson vor kurzem entwickelt hatte, um mit einer Invasion schwererer Maschinen aus Japan konkurrieren zu können. Eine fließende Skulptur aus Chrom, Stahl und Gummi, mit glänzenden Gabeln und einem langen, schwarzen Sattel, funkelte sie in den gleißenden Sonnenstrahlen, die von der Bucht reflektiert wurden.

Während Lou das Motorrad bewunderte, betrachtete Elsa Zumsteg eingehend den Fremden. Er war stämmig und sah gut aus, hatte ein rundes Gesicht, blaue Augen, ein nettes Lächeln und nur die Andeutung eines Schnurrbarts. Er wirkte gefallsüchtig, wie die meisten von Lous Motorradfreunden, aber es lag etwas Freundliches in seinem Charakter, das sie anziehend fand. Er war höflich, redegewandt und respektvoll. Hinter seinem männlichen Auftreten verbarg sich, wie sie vermutete, eine gewisse Schüchternheit – ein Charakterzug, den sie heutzutage nur noch selten zu sehen bekam; sie vermutete, daß unter dieser Motorradfahrerausstattung wahrscheinlich ein junger Mann aus guter Familie steckte. Wenn man von seinem Akzent absah, hätte er zu einer der besseren Familien von Santa Rosa gehören können.

Lou mochte den freundlichen Touristen ebenfalls, und als dieser sich erkundigte, was er während seines Besuchs in Sausalito denn besichtigen sollte, lud Lou ihn ein, sich ihnen bei ihrer Tour durch das Dorf anzuschließen. Sie verbrachten fast zwei Stunden damit, am Wasser entlangzuschlendern und die Läden zu durchstöbern. Anschließend lud Lou ihn ein, mit ihnen zu Mittag zu essen.

Als es Zeit zum Abschiednehmen war, sagte er: »Michael, wenn Sie nicht mehr wissen, was Sie noch tun sollen, bevor Sie wieder nach Hause fahren, kommen Sie doch einfach nach Santa Rosa hoch. Wir werden Ihnen die Gegend zeigen.«

Es war ganz einfach: eine spontane Einladung an einen Fremden.

Lou und Elsa rechneten nicht damit, daß er sie beim Wort nehmen würde.

Aber er tat es – und diese Überraschung sollte ihr Leben für immer verändern.

2. Kapitel

Als Elsa am Freitag nachmittag den Telefonhörer abnahm, erkannte sie Michael sofort an seinem Akzent.

»Hi«, sagte er. »Ich bin in Santa Rosa.«

»Wunderbar«, sagte Elsa. »Möchten Sie zu uns 'rüberkommen?«

»Sehr gern.«

Sie beschrieb ihm ausführlich den Weg. Wenige Minuten später hörte sie seine Harley die Auffahrt hinaufknattern: Das zweigeschossige Haus der Zumstegs lag am Rande von Santa Rosa auf einem Hügelkamm, wo die Wohngebiete von Bauernhöfen, Wiesen und Weinbergen abgelöst wurden.

Nachdem Lou vier Jahre zuvor bei einer Produktionsfirma die Position eines Direktors im Personalwesen übernommen hatte, waren Lou und Elsa von der San Francisco Halbinsel nach Santa Rosa umgezogen, siebzig Meilen südlich des Sonoma Valley. Als die Firma ein Jahr darauf ihren Sitz nach Chicago verlegte, beschlossen die Zumstegs, dennoch in Kalifornien zu bleiben. Lou konnte sich schon bald als selbständiger Berater in der Vermittlung zwischen Betriebsführung und Gewerkschaften etablieren – ein angeheuerter Vermittler, der von Firmen engagiert wurde, denen ein Streik oder eine unwillkommene gewerkschaftlich organisierte Arbeiterkampagne ins Haus stand.

Elsa zeigte Michael das Gästezimmer und stellte ihm, während sie die Treppe hochstiegen, ihre achtzehnjährigen Zwillinge Erika und Mark vor. »Wir haben noch eine Tochter, die allein in Sacramento wohnt«, fügte Elsa hinzu.

Als Lou aus dem Büro nach Hause kam, freute er sich sehr, Michael zu sehen. Er führte ihn zuerst zur Garage, um ihm seine Motorradsammlung zu zeigen und ihm jede Maschine mit ihrem Namen vorzustellen: Hazel, Tony, Rocket, Gertrude, The Shark und ihre Geschwister. Michael lachte über jede Neuvorstellung und schlug vor, Lou solle seiner neuen Harley auch einen Namen geben. Inzwischen hatte Michael den Sattel mit einem Schaffell bezogen und er sagte: »Wie wäre es mit *Wolf* – ein Wolf im Schafspelz?« Dann setzten sich die beiden Männer auf ein Motorrad und starteten zu einer Tour durch die Seitenstraßen des Sonoma Valley. Es war die erste von mehreren Touren an dem Wochenende. Lou genoß es, mit jemandem zusammenzusein, der das Motorradfahren ebenso liebte wie er, und im Laufe des Wochenendes vertiefte sich ihre Freundschaft.

Lou und Elsa erwarteten, daß Michael am Sonntag abend nach dem Abendessen seine Tasche packen und in sein Hotel in San Francisco zurückkehren würde. Aber er machte keine Andeutung in diese Richtung und verbrachte die Nacht im Gästezimmer. Am Morgen darauf mußte Lou auf eine Geschäftsreise. Es war offensichtlich, daß Michael nicht beabsichtigte, sie zu verlassen, und deshalb schlug Lou seiner Gattin vor, mit Michael ein oder zwei Weinkellereien im Sonoma Valley zu besuchen, ein paar Weine zu probieren und vielleicht ins Napa Valley hinüberzufahren, das sich hinter einer flachen Bergkette östlich von ihrem Haus aus befand.

Nachdem Lou das Haus verlassen hatte, verriet Michael der verblüfften Hausherrin, daß er Diabetiker sei und Nachschub an Insulin und Subkutannadeln brauche. Sie setzte sich mit ihrem Hausarzt in Verbindung, der Michaels Vorrat ergänzte; Michael erklärte, er würde gern ein paar Geschenke und Souvenirs kaufen und außerdem eine Polizeiuniform. Er sammele

Uniformen und eine kalifornische fehle ihm noch. Im Telefonbuch fand Elsa ein Geschäft, das die örtlichen Polizeibeamten versorgte. Michael suchte den Laden zweimal auf und erstand die Uniform eines Highway-Polizisten, komplett mit Helm und Handschellen. Er kaufte auch viele Geschenke in den Geschäften von Santa Rosa. Als Elsa erwähnte, daß Charles Schulz, der Cartoonzeichner der ›Peanuts‹, in Santa Rosa wohnte, besorgte sich Michael ein Riesensortiment Eßgeschirr mit eingravierten ›Snoopy‹-Bildern und verschiffte es nach England: ein Geschenk für den dreijährigen Sohn eines Freundes. Mit seiner American Express Karte kaufte er weitere Geschenke und fragte dabei nur selten vorher nach dem Preis. Lou hatte sich überlegt, daß es mehrere Jahre gedauert haben mußte, bevor Michael das Geld für seine Harley zusammengespart hatte, denn er hatte siebentausendfünfhundertfünfundsechzig Dollar in bar dafür bezahlt. Nachdem sie allerdings gesehen hatte, wie sorglos er mit seiner Kreditkarte umging, begann Elsa zu ahnen, daß er mehr Geld hatte, als Lou dachte. Einmal, bevor sie das Haus verließen, sagte Michael, er möchte seine Brieftasche an einer sicheren Stelle zurücklassen. Als Elsa sie in eine Schublade legte, bemerkte sie, daß die Brieftasche voller Reiseschecks im Werte von je fünfhundert Dollar war.

Am Donnerstag morgen war Michael immer noch im Gästezimmer. Er hatte immer noch kein Wort darüber verloren, wann er diesen Ort zu verlassen gedachte. Und weil sie es für unhöflich hielt, ihn danach zu fragen, sagte Elsa ebenfalls nichts. Es war, als sei Michael in ihr Leben eingedrungen, habe dabei entdeckt, daß es ihm gefiel und habe deshalb keine Eile, es wieder zu verlassen.

Elsa fand, daß er irgendwie etwas Mysteriöses an sich hatte. Obwohl er eine Menge Fragen über ihre Familie stellte, erzählte er nur wenig von sich selbst. Ein paar Andeutungen schnappte sie auf: Er hatte in Vietnam als Sanitäter bei der australischen Armee gedient, er hatte die Harley bezahlt, indem er geerbte Aktien verkauft hatte, und er ließ durchblicken, daß er Urlaub vom Beruf hatte. Aber er sagte nicht, um welchen Beruf es sich handelte.

Es gab Augenblicke in ihren Gesprächen, in denen es ganz natürlich gewesen wäre, wenn er etwas mehr über sich selbst erzählt hätte, aber für gewöhnlich brachte er dann die Unterhaltung auf ein neues Thema. Elsa vermutete, daß er bei der Britischen Regierung arbeitete, denn er sagte einmal, er müsse seinen Chef anrufen, um eine Urlaubsverlängerung zu beantragen, und er erwähnte dabei Whitehall, den Hauptsitz des Britischen Staatsdienstes, wie Elsa wohl wußte. Danach sprach er nicht mehr davon. Sie wagte keine neugierigen Fragen zu stellen; da sie selbst einmal ein Jahr lang in England gelebt hatte, war ihr bekannt, daß die Briten etwas länger brauchten als Amerikaner, bis sie persönliche Dinge preisgaben.

Am Donnerstag nachmittag ging Elsa ans Telefon und hörte eine Stimme mit einem Akzent: »Hallo, hier ist das Australische Konsulat in San Francisco. Wir versuchen, Herrn Michael Telling zu erreichen . . .«

In der Stimme des Mannes schwang eine gewisse Autorität mit, und der Anruf wirkte dienstlich.

Als Michael den Hörer nahm, lächelte er Elsa zu, sprach aber nicht. Sie interpretierte dies als Zeichen dafür, daß er ungestört sein wollte. Als sie das Zimmer verließ, hörte sie ihn leise sprechen und fragte sich, ob der Anruf wohl etwas mit seinem Beruf zu tun hatte.

Am Freitag nachmittag kehrte Lou von seiner Geschäftsreise zurück. Elsa erzählte ihm, daß Michael immer noch nicht gesagt hatte, wann er weiterziehen werde. Er sei ein angenehmer, anspruchsloser Gast, sagte sie, aber allmählich falle ihr nichts mehr ein, was sie ihm noch zeigen könnte. »Ich weiß, daß es unhöflich ist, zu fragen, wann er denn endlich geht, aber was soll ich machen? Er scheint gar nicht die Absicht zu haben zu gehen. Weißt du, Lou, es ist gar nicht einfach für eine Frau im mittleren Alter, so lange einen jungen Mann zu unterhalten.«

Da sie wußte, daß Lou in zwei Tagen wieder geschäftlich verreisen mußte, schlug sie vor: »Vielleicht sollten wir Monika fragen, ob sie ihm die Gegend um Sacramento zeigt.«

»Das ist 'ne gute Idee«, meinte Lou. »Warum rufst du Monika nicht gleich an?«

3. Kapitel

Oakland, Frühjahr 1955

Als der Wagen höher in die Hügellandschaft Oaklands kletterte und die lange grüne Schlucht der Bucht von San Francisco hinter ihr immer kleiner wurde, wußte Elsa Aschwanden, daß sie von Anfang an recht gehabt hatte: nicht einmal, sondern zweimal hatte sie *nein* gesagt, als der große Mann in der Fliegeruniform sie um ein Rendezvous gebeten hatte.

Nein, hatte sie gesagt, sie gehe nicht mit Gästen aus. Dann mischte sich Otto ein, der hoch aufgeschossene, breitschultrige Wiener, dem abends die lange Mahagonitheke des Hofbräuhauses unterstand. Lou Zumsteg, sagte er, sei ein anständiger Mann; sie solle ihm eine Chance geben. Da erst hatte sie zugestimmt. Als sie jetzt immer weiter in die Wälder über der Bucht hinauffuhren, wußte sie, daß sie von Anfang an recht gehabt hatte. Ihre Vorsicht beruhte auf Erfahrung: nur wenige Wochen zuvor hatte das einzige andere Rendezvous, das sie bisher in Amerika erlebt hatte (eine Verabredung mit jemandem, den sie nie vorher gesehen hatte) ein jähes Ende gefunden, als die Hände ihres Begleiters ständig verbotene Stellen an ihr erkundeten; Elsa hatte sich gezwungen gesehen, die Leidenschaft ihres zudringlichen Begleiters zu ersticken, indem sie ihre Zigarette auf seinem Handrücken ausdrückte.

An diesem Aprilabend im Jahre 1955 vermutete Elsa, sie würde es wieder so machen müssen. Es war eigentlich eine Verabredung zum Essen mit einem anschließenden Kinofilm – *Cinerama Holiday*. Sie war erst seit kurzem in Amerika, aber sie wußte, daß es keine Restaurants oder Kinos in den Hügeln von Oakland gab, sondern nur Eichenwälder und Eukalyptusbäume, ein paar Häuser und dahinter abgelegene Liebespfade.

Als der Wagen plötzlich um eine Kurve bog und langsamer

wurde, wuchs ihre innere Unruhe. Einen Augenblick später hielt Lou vor einem großen weißen Haus an und sagte: »Hier wohnen meine Eltern. Wir werden mit ihnen zu Abend essen.«

Wenige Minuten danach nahm er in der Küche seine Mutter beiseite und sagte: »Dies Mädchen werde ich heiraten.«

Elsa Aschwanden war mit ihren fünfundzwanzig Jahren schlank und vollbusig; ihr Gesicht war ein Oval aus glatter, alabasterweißer Haut, umrahmt von den Wogen dunkelblonder Locken. Lou war nicht der erste Gast im Hofbräuhaus, dem es die Sprache verschlagen hatte angesichts ihrer Schönheit und ihrer dunklen Stimme, welche Otto mit der Marlene Dietrichs verglich. Aber er war der erste, dem es gelang, die Schutzmauer zu durchbrechen, die sie seit ihrer Ankunft in Amerika vor knapp einem Jahr um sich aufgebaut hatte. 1930 in einem kleinen Dorf in der Schweiz geboren, war sie mit achtzehn nach England ausgewandert, hatte Englisch gelernt, als Au-pair-Mädchen gearbeitet und davon geträumt, nach Amerika zu gehen. Im Oktober 1954 wurde ihr Traum Wirklichkeit.

Als sie in Oakland eintraf, fuhr sie mit dem Bus zum Hofbräuhaus, einem bekannten Wahrzeichen, das für sein dunkles Bier, seine dunklen Deckenbalken und fetten Würstchen berühmt war, und überzeugte den Eigentümer davon, daß er eine deutschsprachige Kellnerin brauchte. In einem Ratskeller zu servieren hatte nicht zu dem Traum gehört, der sie nach Amerika getrieben hatte, aber Arbeitsplätze waren schwer zu finden, und die üppigen Trinkgelder versetzten sie schon bald in die Lage, sich eine Wohnung zu mieten und ein neues Leben anfangen zu können.

Louis und Isabella Zumsteg waren von der jungen Frau beeindruckt, die Lou zum Abendessen mit nach Hause gebracht hatte: sie war intelligent, katholisch und sehr hübsch. Ihr ältester Sohn war fast fünfundzwanzig. Sie hielten es für an der Zeit, daß er heiratete. Während sie die Steaks verzehrten, die sie gemacht hatte, kam Lous Mutter auf eine Sammlung antiker chinesischer Figuren zu sprechen, die Elsa vor dem Essen bewundert hatte. Sie sagte: »Ich habe Lou versprochen, daß *diese Stücke ihm gehören*, wenn er einmal heiratet.« Elsa errötete. Das Messer glitt ihr aus der Hand und rutschte laut quietschend über den Teller. Nach dem Essen fuhr Lou mit ihr bergab nach Oakland, und sie sahen sich *Cinerama Holiday* an. Da Otto ihn vorgewarnt hatte, daß sie allzu verliebten Amerikanern gegenüber äußerst mißtrauisch war, versuchte Lou an diesem Abend nicht, sie zu küssen; und auch einige Tage darauf, als er ihr den Yosemite Nationalpark zeigte, wahrte er Zurückhaltung.

Elsa fühlte sich zu dem gut aussehenden, redegewandten Amerikaner hingezogen, und als er sie bei ihrer dritten Verabredung küßte, erwiderte sie diesen Kuß leidenschaftlich. Drei Wochen danach bat er sie, ihn zu heiraten. »Ich brauche Zeit, um darüber nachzudenken«, erwiderte sie, aber am darauffolgenden Tag brachte ihr Lou einen Verlobungsring mit, und sie nahm ihn an. Sechs Monate später, am 30. Oktober 1955, wurden sie von einem römisch-katholischen Geistlichen in einem Erholungsort nördlich von San Francisco getraut.

Elsa wußte, daß Lou gern Alkohol trank – die meisten ihrer Gäste taten das. Aber sie hatte noch nie einen Mann so betrunken gesehen wie Lou einige Tage vor der Hochzeit. Als er an ihrer Wohnungstür anklopfte, konnte er kaum stehen. »Lou«, sagte sie, »du bist doch wohl kein Alkoholiker? Wenn ja, will ich dich nicht heiraten.«

Aber Lou versicherte, er sei nur mit seinen Kumpanen auf einer Junggesellenparty gewesen, und Elsa verzieh ihm.

Ihre Hochzeitsnacht verbrachten sie in Reno, fuhren dann nach Palm Springs und später nach Los Angeles, von wo aus sie mit dem Flugzeug nach Mazatlàn flogen, einem Erholungsort an der Westküste Mexikos. Wenige Stunden nach ihrer Ankunft fand Lou eine Bar und fing an zu trinken. Den Rest der Hochzeitsreise verbrachte Elsa allein in ihrem gemeinsamen Zimmer.

4. Kapitel

Welche Dämonen verschwören sich und beschließen, daß der eine Mann zum Alkoholiker wird und der andere nicht, obwohl er aus derselben Whisky- oder Ginquelle trinkt? Ist es genetisch festgelegt? Ist ein verirrtes Chromosom dafür verantwortlich? Macht ein unheilvolles und ungeklärtes Zusammenwirken von biochemischen, psychologischen und kulturellen Kräften aus ganz gewöhnlichen Männern und Frauen chronische Trinker?

Oder ist es ganz einfach Pech? Alle, die sich für Experten halten, haben seit Jahrhunderten über diese Frage diskutiert, ohne sich darüber einig zu werden. Lou Zumsteg betrachtete sich aus eigener Erfahrung heraus als Experte in Sachen Alkoholismus; wenn er gebeten wurde, die häufigste Ursache für diese Krankheit zu benennen, lautete seine Antwort: »Fehlendes Selbstwertgefühl.«

Er war am 24. November 1930 in Oakland geboren. So weit seine Familienmitglieder zurückdenken konnten, hatte er immer als frühreif gegolten. Seine Lehrer waren sich darüber einig, daß er ein Kind von außergewöhnlicher Intelligenz war und prophezeiten ihm, daß er in jeder beruflichen Laufbahn, die er einschlug, Erfolg haben könnte. Aber irgendwo auf dem Weg von der Kindheit zum Erwachsenenalter gelang es ihm nicht, dasselbe Maß an Vertrauen in sich selbst zu entwickeln, wie es seine Familie und seine Lehrer hatten. Er verließ seine Kindheit mit einem Unzulänglichkeitsgefühl, das er mit einer Flut von Alkohol zu betäuben versuchte.

Als er älter war, sagte Lou, er könne sich an keine einzige Gelegenheit erinnern, bei der ihn sein Vater gelobt hätte. Im Gegenteil, er erinnerte sich an Kritik. »Er war ein sehr kritischer Mann«, sagte Lou. »Vermutlich bin ich bei meinen eigenen Kindern selbst so verfahren.«

In Lous Jugend waren sein Vater und sein Großvater übergroße Persönlichkeiten gewesen – erfolgreiche Geschäftsleute, die viel verlangten und die ihren Familien auf altmodisch autoritäre Art vorstanden. Lous jüngerer Bruder Edward sagte: »All die älteren Männer, zu denen wir aufblickten, waren stark und dominierend – Männer, die hart arbeiteten, Erfolg hatten und aus eigener Kraft emporgekommen waren. Jeder Junge, der in unserer Familie heranwuchs und der nicht schon eine gewisse grundsätzliche Stärke mitbrachte, stand vor Schwierigkeiten, wenn er seine eigene Identität aufbauen wollte.«

Bis zum Ausbruch des Zweiten Weltkriegs standen Lou und sein Vater sich sehr nahe: im Hügelland oberhalb von Oakland campten und wanderten sie oft gemeinsam, und Lou betrachtete ihn als seinen besten Freund. Aber der Krieg veränderte alles: Beinahe vier Jahre lang arbeitete der Vater an sechs oder sieben Tagen in der Woche in der Todd Schiffswerft in Oakland, um bei der Produktion eines grauen Stroms von Liberty-Schiffen mitzuhelfen; für seine Söhne hatte er kaum noch Zeit. Nach dem Krieg war es nie wieder wie früher. Es entstand eine Spannung zwischen Lou und seinem Vater, und als Lou ein Teenager war, hatten sie sich längst einander entfremdet. Lou trug den Namen seines Vaters, und man erwartete, daß er sich dessen würdig erweise; aber ihm fehlte das Gespür fürs Geschäftemachen, jener Instinkt, den man als ein Geburtsrecht aller männlichen Zumstegs betrachtete. Und als bald deutlich wurde, daß sein Bruder die Persönlichkeit und Selbstsicherheit des Vaters und des Großvaters *hatte* – die Persönlichkeit eines *Handelsvertreters* – fing Lou an, sich innerhalb der Familie isoliert, ja sogar verdrängt zu fühlen.

Lous Mutter glaubte, daß ihr Mann seinen Sohn Lou vergötterte, aber sie sah auch die Spannung zwischen ihnen. Irgendwie stimmte die Chemie zwischen ihnen nicht. Sie waren beide willensstark, eigensinnig und aufbrausend. »Ich kam an Lou heran«, sagte die Mutter, »aber sein Vater konnte das nie. Es brach ihm das Herz, denn er hatte ihn sehr lieb.«

Es war auch nicht so, als hätten Vater und Sohn nicht versucht, miteinander auszukommen. Lous Vater war ein technisches Genie. Er konnte ein Motorrad oder ein Auto reparieren oder die Einzelteile irgendeines Gerätes, das er niemals zuvor gesehen hatte, auf Anhieb zusammensetzen. Als Kleinkind sah Lou ihm bewundernd zu, wenn er stundenlang an einem kaputten Motor herumbastelte, ihn verfluchte, sobald etwas nicht klappte und dann einen Freudenschrei ausstieß, wenn er plötzlich ansprang. Als Teenager kaufte Lou einen Motorroller, den er zum Teil mit den Einnahmen aus dem Handel mit seltenen Briefmarken finanzierte, welchen er begonnen hatte, um seine Geschäftstüchtigkeit zu beweisen. Seine Mutter hoffte, daß sich die beiden dadurch wieder näher kommen würden. Aber ihre gemeinsame Arbeit an dem Roller endete gewöhnlich in Bitterkeit und Schweigen. Das Schweigen hörte nie auf – ebensowenig wie Lous Bestreben, sich seinem Vater gegenüber zu beweisen.

In seinem ersten Jahr an der römisch-katholischen St. Mary's High-School wurde er zum Klassensprecher gewählt, und es gelang ihm, besondere schulische Auszeichnungen zu erwerben; aber er hielt sich immer noch für untüchtig. Kurzsichtig, introvertiert und von schwachem Körperbau, sammelte er lieber Briefmarken, befaßte sich mit Archäologie und spielte Akkordeon, anstatt Sport zu treiben, worin die anderen Jungen sich auszeichneten. Er liebte das Schreiben, den Journalismus und Sprachen, besonders Latein und Griechisch. Um sein Gefühl der Unzulänglichkeit zu überspielen, kapselte er sich ab, was von einigen seiner Bekannten als Arroganz oder Reserviertheit ausgelegt wurde. In seinem letzten Schuljahr beschloß er, Priester zu werden, und wurde von St. Albert's, dem örtlichen Dominikanerseminar aufgenommen. Aber sein Vater, ehemals Methodist, der seiner Braut zuliebe mit wenig Begeisterung zum Katholizismus übergetreten war, bestand darauf, daß er statt dessen aufs College ging und sich auf eine Stellung im Geschäftsleben vorbereitete.

Pflichtschuldigst schrieb sich Lou an der Universität von Kalifornien ein, die nur wenige Meilen von zu Hause entfernt war. In seinem ersten Studienjahr lernte er eine Studentensitte kennen, die Bierparty, und er entdeckte dabei, daß Alkohol vorübergehend den psychischen Druck aufheben konnte, den ihm sein Unzulänglichkeitsgefühl verursachte. Dann brach der

Koreakrieg aus, und wie Kriege das so an sich haben, veränderte er das Leben aller Menschen, auch das von Lou: seine Einheit der Luftwaffen-Nationalgarde wurde mobilisiert und nach Japan geschickt, wo Alkohol noch üppiger floß und noch billiger war als in Berkeley. Als Lou 1953 – nach zwei Jahren – aus Japan zurückkehrte, war er Alkoholiker. Statt wieder zur Universität zu gehen, schrieb er sich in einem Business College in Oakland ein und nahm einen Vollzeitjob in der Verwaltung seiner Einheit der Luftwaffen-Nationalgarde an.

Zwei Jahre darauf heirateten Lou und Elsa und bildeten eines jener vielen großen optimistischen jungen Ehepaare dieser Jahre. Die meisten von ihnen hatten denselben Traum, der nach Jahren des Krieges und der Depression aus einem Hunger nach Stabilität erwuchs: sich eine gute Stellung verschaffen (eine *gesicherte* Stellung), heiraten, ein Haus kaufen, Kinder bekommen und ein sorgenfreies Leben führen.

Dreizehn Monate nach ihrer Hochzeit, am 24. November 1956, kam Lous und Elsas erstes Kind zur Welt. Sie nannten es Monika.

Freunde fanden es manchmal richtig *unheimlich*, wie sehr die Tochter, die an Lous fünfundzwanzigstem Geburtstag geboren war, ihrem Vater ähnelte. Ebenso wie Lou, bewies sie schon bald einen frühreifen Verstand; ihr IQ wurde später mit nahezu einhundertvierzig gemessen. Wie Lou war auch sie ein ausgesprochener Bücherwurm und geschickt im Umgang mit Worten. Wie Lou war auch sie introspektiv, starrköpfig und eigensinnig.

Später war es vielleicht die Gleichheit ihrer Charaktere und Talente, die Vater und Tochter so eng miteinander verband und die doch gleichzeitig auch häufig zu Zusammenstößen führte – und die ihm Monikas dauerhafte Loyalität eintrug, auch noch lange nachdem er gar kein Recht mehr hatte, sie zu erwarten.

5. Kapitel

Als Lou Zumsteg nach dem Koreakrieg beschloß, nicht an die Universität von Kalifornien zurückzukehren, machten ihn seine Eltern darauf aufmerksam, daß er damit jegliche Chance auf einen Beruf höherer Qualifikation aufgab. In der Nachkriegszeit, so sagten sie, sei ein Collegeabschluß entscheidend für den Erfolg. Er bewies ihnen jedoch das Gegenteil. Sein Spezialgebiet bei der Luftwaffen-Nationalgarde war das Personalwesen, und drei Jahre nachdem er Elsa geheiratet hatte, trug ihm dies ein Stellungsangebot von der Personalabteilung der Schlage Lock Company in South San Francisco ein. Der Ausbildungsplatz bereitete ihn auf eine Laufbahn vor, die auf die Beziehungen zwischen den Sozialpartnern sowie auf das Personalwesen ausgerichtet war und die seine Familie quer durch das Land führen sollte – von Kalifornien nach Seattle, New Orleans und Denver.

1965 bot ihm Schlage einen Managementposten in San Francisco an, wo er sieben Jahre zuvor als Auszubildender angefangen hatte, und so kehrte er mit seiner Familie nach Kalifornien zurück. Es folgten weitere berufliche Erfolge: Man wählte ihn zum nationalen Vizepräsidenten der American Society of Personnel Administrators sowie zum Vorsitzenden ihres Komitees für Beziehungen zwischen Arbeitnehmern und Arbeitgebern. Andere Firmen baten ihn um Rat bei Problemen mit der Arbeiterschaft, und er wurde eingeladen, auf einer nationalen Konferenz seiner Berufskollegen eine Rede zu halten. Er durchlief eine glänzende Karriere und erwarb sich einen immer besseren Ruf, obwohl Elsa davon überzeugt war, daß er entschlossen war, beides zu zerstören.

Über ein Jahrzehnt lang überschattete Lous Trunksucht alle anderen Aspekte des Familienlebens. Mitte der sechziger und Anfang der siebziger Jahre verschwand er manchmal mehrere Tage lang, und wenn er zurückkam, konnte er sich nicht daran erinnern, wo er gewesen war. Er war ein mürrischer, zorniger und manchmal auch gewalttätiger Mann. In einer Bar konnte jeder Fremde zur Zielscheibe seiner unvermittelt ausbrechenden Feindseligkeiten werden, zu Hause waren es Elsa und die Kinder. Er mißhandelte seine Familie emotional: Wie so viele Alkoholiker konnte er seine Zunge wie eine Waffe einsetzen. Monika war sein ganzer Stolz, aber wenn er betrunken war, wurde sie häufig Ziel seiner Beleidigungen: er machte sie lächerlich und demütigte sie, er ließ kein gutes Haar an ihrem Aussehen, ihrer Kleidung und den Ansichten, die sie äußerte. Um seine eigene emotionale Unsicherheit zu kompensieren, attackierte er die Stärke derjenigen, die seine Liebe und Anerkennung am nötigsten brauchten.

Die Familie versuchte, sein Geheimnis zu hüten. Sehr lange leugnete Elsa – sogar sich selbst gegenüber –, daß ihr Mann Alkoholiker war. Sie akzeptierte die rationale Erklärung, mit der sich Lou verteidigte: daß er nämlich nur ein Gesellschaftstrinker war, der ab und zu die Kontrolle verlor. Sie wurde zur Expertin darin, Entschuldigungen für ihn zu finden: sein Vater hatte ihn ungerecht behandelt; seine Mutter liebte ihn nicht so sehr wie seinen Bruder; *sie selbst* maß sich einen Teil der Schuld für sein Trinken zu. »Wenn du mit mir in eine Bar gingst, so wie andere Frauen«, sagte er zu ihr, »dann hätte ich keine Probleme.«

Aber weder die Verdrängungstaktik noch die Entschuldigungen konnten ihrer Familie aus der verworrenen Situation heraushelfen. Während der Alkohol Lou immer fester in seinen Fängen hielt, fing Elsa an, nachts wach zu liegen und von einem Ausweg zu träumen. »Ich wußte nicht, was ich tun oder an wen ich mich wenden sollte«, sagte sie später. »Ich konnte niemandem erzählen, wie schlimm es war. Ich hatte niemanden, mit dem ich darüber sprechen konnte. Ich stand mitten in der Wüste und rief um Hilfe, aber niemand konnte mich hören.«

Aber einer hörte sie doch: wie es Frauen von Alkoholikern manchmal tun, suchte sie Hilfe bei ihrem ältesten Kind, und mit sieben oder acht Jahren übernahm Monika die Verantwortung dafür, daß das Chaos um sie herum ein Ende fand.

Sie versprach Elsa, daß sie mithelfen werde, ihren Vater dazu zu bringen, das Trinken aufzugeben. Sie wurde ihrer Mutter zur Kameradin, Verbündeten und Mitverschwörerin; und sie war hartnäckig. Wenn Monika und Lou miteinander stritten, dann dachte Elsa, daß es manchmal so war, als betrachte sie nur einen Verstand, der gegen sich selbst zu Felde zog. Körperlich waren sie so verschieden: Monika war ein ganz kleines, ja sogar zartes, kurzsichtiges Kind, das die Welt durch dicke Brillengläser betrachtete; Lou stand hoch aufgerichtet über ihr wie ein schwankender Ladebaum. Aber sie *glichen* einander so sehr, wenn sie stritten: beide waren dickköpfig, dogmatisch und erstaunlich wortgewandt. Wenn Monika ihren Vater anschrie und ihm vorwarf, daß er wieder mal sein Versprechen nicht gehalten habe oder die Familie schon wieder angelogen habe, sah Elsa meistens, wie sich die Sturmwolken zusammenzogen, und sie versuchte, den Sturm abzulenken. Sie warf Monika einen warnenden Blick zu: »*Hau ab, Mädchen, bevor es zu spät ist – geh weg, solange du noch im Vorteil bist, sonst kriegst du Schläge.*« Aber Monika behauptete sich. Sie weigerte sich, klein beizugeben. Und selbst wenn sie dann zum Schluß aus dem Eßzimmer weglief, mußte sie noch das letzte Wort haben.

Elsa wußte, daß Monika trotz allem – trotz Lous vernichtender Kritik, trotz des Kummers und Schmerzes, den er zu Hause verursachte – an ihrem Vater hing. So wie Kinder, und sogar mißhandelte Kinder, es gewöhnlich tun, schenkte sie ihm bedingungslos ihre Liebe.

1971 gab Elsa eines Nachts nach einer besonders stürmischen Auseinandersetzung endgültig auf. Nachdem Lou ohnmächtig geworden war, stieg sie aus dem Bett, weckte die Kinder und führte sie zur Garage. »Wir gehen weg von hier«, sagte sie. Die Zwillinge kletterten schlaftrunken auf den Rücksitz, aber Monika stand wie versteinert neben dem Auto.

»Monika, beeil dich, steig ein«, flüsterte Elsa. »Wir müssen los.«

»Nein, ich kann Dad nicht verlassen«, sagte Monika. »Geht ihr nur, ich *kann es nicht*.«

Elsa starrte zuerst Monika an und dann das Auto. Ihr war

klar, daß sie sich geschlagen geben mußte, und so hob sie die Zwillinge vom Rücksitz, und sie gingen alle wieder ins Bett.

In der Grundschule war Monika eine außerordentlich eifrige Schülerin, die hohe Anforderungen an sich stellte: Eine B-Note statt einer A war eine beschämende Niederlage. Als sie dann in die High-School kam, wurde sie regelrecht arbeitssüchtig. Sie erhielt besondere schulische Auszeichnungen, arbeitete zwanzig Stunden in der Woche in einem Genesungsheim und fand außerdem noch die Zeit, freiwillig mehrere Stunden wöchentlich bei einer Gruppe mitzumachen, die warme Mahlzeiten an ältere Leute lieferte. Sie war als Reporterin für die Schülerzeitung tätig, nahm an Gymnastikwettbewerben teil, spielte bei Schülerversammlungen Klavier und erreichte als Eiskunstläuferin eine solche Geschicklichkeit, daß sie eine Zeitlang davon träumte, an den Ausscheidungskämpfen für die Olympischen Spiele teilzunehmen. Aber schließlich richteten sich ihre jugendlichen Ambitionen nicht auf Sport oder Musik, sondern auf Poesie und Journalismus.

Als sie 1974 die Abschlußprüfung der Half Moon Bay High-School am westlichen Ende der Halbinsel von San Francisco abgelegt hatte, erwarteten ihre Klassenkameraden, daß sie mit ihnen nach Berkeley oder auf eine andere Universität ginge. Statt dessen jedoch schrieb sie sich im College von San Mateo ein, das gebührenfrei war und in der Nähe ihres Wohnorts lag. Sie sagte, nach zwei Jahren werde sie zum College von Notre Dame, weiter oben auf der Halbinsel, überwechseln. Während ihres ersten Studienjahres schrieb sie Artikel für Studentenschriften und schaffte es, in die Deans List zu kommen, aber sie merkte, daß der Journalismus doch nicht eine solche Herausforderung darstellte wie sie erwartet hatte. Im Juni nahm sie einen Ferienjob an, bei dem sie ein Computerterminal zu bedienen hatte und entdeckte dabei ein neues Ziel. Ganz im Gegensatz zu ihren Mitarbeitern, die sich von Computern einschüchtern ließen, fand sie deren Handhabung einfach und wurde schon bald zu einer Aufsichtstätigkeit befördert. Am Ende des

Sommers beschloß Monika, die Stellung nicht, wie geplant, aufzugeben, sondern mit voller Stundenzahl weiterzuarbeiten, während sie gleichzeitig ihr Studium wieder aufnahm. Ihr Gehalt ermöglichte es ihr, von zu Hause auszuziehen und in der Nähe des Colleges eine Wohnung zu mieten. Im darauffolgenden Juni erwarb sie am College von San Mateo den akademischen Grad eines ›Associate of Arts‹ in Journalismus und immatrikulierte sich dann wie geplant am College von Notre Dame. Aber anstatt Dichterin oder Journalistin zu werden, setzte sie jetzt ihren ganzen Ehrgeiz ein, eine leitende Stellung in der Computerindustrie zu bekommen.

In Notre Dame wurde es schwieriger für sie, einen vollen Stundenplan mit einem Ganztagsjob zu verbinden. Nachdem sie in den Rückstand geraten war, reduzierte sie ihre Semesterwochenstunden; denn nachdem sie nun einmal finanzielle Unabhängigkeit kennengelernt hatte, wollte sie ihren Arbeitsplatz nicht wieder aufgeben. »Den akademischen Grad eines ›Bachelor of Arts‹ zu erwerben, wird länger dauern, als ich gedacht hatte«, sagte sie, »aber ich werde ihn bekommen.« Ihre Eltern zweifelten nicht daran: Monika war zu einer beharrlichen jungen Frau herangewachsen, die ihre Ziele nicht so leicht aufgab.

Mit ihren zwanzig Jahren war sie außerdem eine ausgesprochen hübsche junge Frau: schlank und zierlich, mit kastanienbraunem Haar, von dem sich einzelne rote Strähnen abhoben. Sie hatte das ovale Gesicht ihrer Mutter, einen Teint wie aus Porzellan und leuchtend grüne Augen, deren Schönheit erst zur Geltung kam, nachdem sie die dicken Brillengläser ihrer Kindheit gegen Kontaktlinsen eingetauscht hatte. Sie gehörte zu der ersten Generation Amerikaner, die zu Erwachsenen heranwuchsen, nachdem die sechziger und siebziger Jahre beinahe alles verändert hatten, was in Amerika mit dem Erwachsenwerden zusammenhing. Sie gehörte zu der Generation, die als erste Vergnügungen auskostete, die zuvor tabu gewesen waren — von Drogen bis zum Sex; sie gehörte zu den ersten, die sich leicht die Pille verschaffen konnten. Aber sie gehörte nicht zu denjenigen ihrer Generation, die dem Materialismus und der

Arbeitsmoral den Rücken kehrten: Sie war entschlossen, in der Geschäftswelt Erfolg zu haben.

Nach dem Abschluß am College, so erklärte sie, wolle sie als eine der ersten Frauen den Sprung in die Geschäftsführung einer bedeutenden Computerfirma wie IBM schaffen. Bekannte, die in dieser Branche tätig waren, versicherten ihr, daß sie sich, während sie ihr Studium abschloß, durch nichts besser auf eine Karriere in der Unternehmensleitung vorbereiten könnte, als ein oder zwei Jahre lang im Außendienst als Computer-Service-Vertreterin tätig zu sein: Vertreter erfuhren, welche praktischen Probleme tagtäglich im Geschäftsleben auftraten und wie sie mit Hilfe von Computern gelöst werden konnten. Sie bewarb sich bei Reynolds & Reynolds, einer Firma aus Ohio, die spezielle Systeme für Autohändler herstellte. Im April 1979, nachdem sie eine zweimonatige Ausbildung in Drayton absolviert hatte, wurde ihrem Gesuch stattgegeben, für die Zweigstelle auf der San Francisco Halbinsel eingeteilt zu werden. Als Außendienstmitarbeiterin richtete Monika bei Autohändlern Computer ein und brachte den Angestellten bei, wie sie benutzt wurden, damit man einen ständigen Überblick über die Vorräte an Ersatzteilen sowie die ausgeführten Reparaturen hatte und allgemeine Buchführungsvorgänge festhalten konnte. Es gefiel ihr, und nach einigen Monaten drängte sie auf eine Beförderung in eine Stellung, in der sie eine Aufsichtsfunktion haben würde. Noch bevor sie ein Jahr im Dienst gewesen war, bot ihr die Firma eine Versetzung in das Büro in Sacramento an. Wenn sie die Stelle annahm, mußte sie, ein Jahr bevor sie den akademischen Grad eines ›Bachelors‹ erwarb, ihr Studium am College von Notre Dame aufgeben. Aber sie hätte dadurch Aussicht auf eine Beförderung zum regionalen Service-Koordinator, einer Managementstellung, die bisher in der Firma noch nie von einer Frau bekleidet worden war.

Nachdem sie sich vergewissert hatte, daß sie ihr Studium an einem staatlichen College in Sacramento fortsetzen konnte, nahm Monika die Versetzung an und zog im April 1980 in die Hauptstadt Kaliforniens.

Sechs Monate darauf packte Michael Telling die letzten Sachen in seine Tasche, um sich nach Sacramento aufzumachen. Er ging zur Garage und schnallte die Tasche an seiner neuen Harley fest; dann kam er ins Wohnzimmer zurück und sagte zu Lou, er würde ihm gern etwas Vertrauliches mitteilen.

Er sagte, es täte ihm leid, daß er ihm und Elsa nicht mehr über sich selbst erzählt hätte. Er vermute, daß sie ein gewisses Interesse an dem Gast hätten, den sie ihrer Tochter zu Besuch schickten.

Genau wie Elsa war auch ihrem Gatten Michaels schüchternes Widerstreben, über sich selbst zu sprechen, *tatsächlich* seltsam vorgekommen. Aber als sie zusammen auf dem Sofa im Wohnzimmer saßen, war er dennoch nicht gefaßt auf das Geheimnis, das Michael lüftete.

»Es tut mir leid, aber ich kann nicht in alle Einzelheiten gehen«, sagte er, »weil mein Job zu Hause unter den Official Secrets Act fällt.« Aber es sei nur fair, sagte er, daß Lou und Elsa wenigstens *etwas* über ihn wüßten.

Er sagte, er wohne in Devon, an der Südwestküste Englands, in einer Küstenstadt namens Torquay, wo er gemeinsam mit zwei Angehörigen eines Kommandos der British Royal Marines ein Cottage bewohnte, obwohl sie alle so viel auf Reisen seien, daß sie sich nur selten sähen.

Er sagte, er übe einen heiklen Job für die Regierung aus, der ihn oft ohne lange Vorbereitungszeit an irgendeinen Ort der Welt führe.

»Daher also die Anrufe vom Australischen Konsulat?« fragte Lou.

»Das australische Oberkommando versuchte, mich zu erreichen«, sagte Michael. Er sei vor kurzem an einem Geheimdienstunternehmen im Iran beteiligt gewesen. Wenn er auch wegen des Official Secrets Act nicht darüber sprechen durfte, deutete er dennoch an, daß irgend etwas schiefgegangen war, daß er um Haaresbreite entkommen war und seine Vorgesetzten ihm gesagt hatten, er solle Sonderurlaub nehmen. Da war er nach San Francisco gekommen, um die Harley zu kaufen.

Als Michael zum Ende seiner Geschichte kam, wurde Lou

klar, warum der Fremde, den sie an einem Sonntag morgen in Sausalito getroffen hatten, so verschwiegen gewesen war: er war ein britischer Geheimagent, der in Amerika Urlaub machte.

6. Kapitel

Michael saß auf dem mit Schaffell bezogenen Sattel seiner neuen Harley und wartete vor ihrer Doppelhaushälfte, als Monika und Samantha Hynes nacheinander von der Arbeit nach Hause kamen.

Sammye, eine technische Vertreterin bei Reynolds & Reynolds, die einen Monat jünger war als Monika, war einige Wochen vor ihrer Hausgenossin von Lubbock (Texas) nach Sacramento gekommen. Da sie die einzigen Frauen im Büro waren, beschlossen sie, sich ihre Auslagen zu teilen und gemeinsam eine Doppelhaushälfte mit drei Zimmern zu mieten. In aufeinander abgestimmten geleasten Autos fuhren sie von hier aus zu Autohändlern, die überall im landwirtschaftlichen Herzen Kaliforniens verteilt waren, im üppigen, vollkommen flachen Central Valley. An manchen Abenden kehrten sie erst wieder spät abends heim, aber heute kamen sie zeitig genug fürs Abendessen, weil sie einen Gast erwarteten.

Elsa hatte Monika am Tag zuvor angerufen. »Dein Dad und ich haben einen sehr netten Touristen aus England kennengelernt, als wir neulich in Sausalito waren, und er ist für ein paar Tage zu uns heraufgekommen.« Nach einer Pause fügte sie hinzu: »Wir wissen langsam nicht mehr, was wir ihm in Santa Rosa noch zeigen könnten, und haben uns gedacht, daß du ihm vielleicht gern Sacramento zeigst – oder vielleicht zum Lake Tahoe mit ihm fährst. Würde es dir etwas ausmachen, wenn wir ihn dir zu Besuch schickten?«

Als Elsa die Antwort ihrer Tochter hörte, lächelte sie. Es war genau dieselbe Frage, die auch sie in Monikas Alter gestellt hätte: »Wie sieht er aus?«

»Er sieht gut aus – ungefähr dreißig Jahre – etwas größer als du, aber nicht zu groß – sehr nett. Ich glaube, du wirst ihn mögen. Er hat Urlaub und Zeit genug, und er möchte gern mehr von Kalifornien sehen.«

»Okay, Mutter, schick ihn hoch.«

Wann genau Michael sich in Monika verliebte, ist nicht bekannt, aber vermutlich schon innerhalb der ersten vierundzwanzig Stunden nach seiner Ankunft in Sacramento. Bei Monika dauerte es ein paar Tage länger, bis sie sich eingestand, daß sie Michael liebte. Am ersten Abend führte er sie und Sammye zum Abendessen aus. Anschließend, während er sich im Gästezimmer sein Bett zurechtmachte, sagte Monika zu Sammye, daß ihre Mutter ihrer Ansicht nach recht gehabt habe: Er sei ein ungewöhnlicher junger Mann von einnehmendem Wesen. Am nächsten Morgen verließ sie für kurze Zeit die Wohnung, um an dem widerspenstigen Computer eines Kunden Wiederbelebungsversuche zu unternehmen, und Michael bat Sammye, ihn zu einem Blumenladen zu fahren. Als er aus dem Laden herauskam, konnte sie nur seine Beine sehen; der Rest seines Körpers war hinter langstämmigen Rosen und Nelken versteckt.

Die Rosen seien für Monika, erklärte er Sammye, und die Nelken seien für sie. Als Sammye zu protestieren begann, sagte er: »Man kann doch einer Lady keine Blumen kaufen und ihrer Wohnungsgenossin nicht auch ein paar geben!«

Am folgenden Morgen fuhren Michael und Monika zum Lake Tahoe ab. Sie hatte einen kostenlosen Aufenthalt für zwei Personen in Harvey's gewonnen, einem Spielerparadies am Südufer des eintausendsechshundert Meter hoch gelegenen alpinen Sees, der neunzig Autominuten östlich von Sacramento lag. In dieser Nacht wurden sie in ihrem gemeinsamen Zimmer, das mehrere Etagen über dem Kasino lag, ein Liebespaar.

Monika gefiel die Art, wie Michael sie behandelte. Jeden Tag wurden Blumen zu ihrem Zimmer geliefert; er ließ sie nie selbst eine Tür öffnen; er war liebevoll, kultiviert und viel in der Welt herumgekommen; er hatte nichts von der prahlerischen, übertriebenen Selbstsicherheit, die viele ihrer männlichen Bekannten zeigten. Er kannte sich mit edlen Weinen und gutem Essen aus. Und vor allem stimmte er – im Gegensatz zu vielen anderen Männern ihres Bekanntenkreises – begeistert ihrer Meinung zu, daß Frauen ein Recht auf Gleichbehandlung im Geschäftsleben hätten.

Wenn es etwas gab, das Monika beunruhigte, dann war es Michaels Großzügigkeit. Bevor sie nach Sacramento zurückfuhren, schlug er vor, daß sie bei einer Boutique anhielten, um sie neu einzukleiden. Sie lehnte das ab, aber er überhäufte sie weiterhin mit teuren Geschenken. Am Tag nach ihrer Rückkehr nach Sacramento kam sie von der Arbeit nach Hause und entdeckte einen großen, neuen Farbfernseher, den er ihr gekauft hatte, um ihr kaputtes Schwarzweißgerät zu ersetzen.

»Michael, warum hast du das getan?« fragte sie unglücklich. »Ich bin nicht darauf angewiesen, daß du mir solche Sachen kaufst.«

Das Geschenk war ihr peinlich, besonders weil sie, wie sie sich Sammye gegenüber oft gerühmt hatte, auf ihre Unabhängigkeit stolz war und für sich selbst aufkommen wollte. Über die Schärfe ihrer Zurechtweisung offensichtlich erstaunt, versprach Michael, sie in Zukunft nicht mehr mit teuren Geschenken zu überraschen.

Am selben Abend sagte Monika zu Sammye, sie glaube, sie sei dabei, sich in diesen Mann zu verlieben. Es beunruhigte sie, denn es paßte nicht zu ihren Plänen.

Seit ihrer Jugend hatten sich Jungen und dann Männer zu Monika hingezogen gefühlt wie Schmetterlinge zu einem Fliederwäldchen. Die Anzahl und die Verschiedenheit der Männer, die in ihr Leben traten und dann wieder daraus verschwanden, hatte Sammye immer erstaunt. Ein Zahnarzt, den sie nach dem Zufallsprinzip aus dem Telefonbuch herausgesucht hatten, fing an, sie mehrmals täglich anzurufen, nachdem sie einmal zum Reinigen der Zähne bei ihm gewesen war. Ein Arzt, eine alte Flamme aus San Francisco, bat sie flehentlich, ihn zu heiraten. Ein Lehrer von der Sacramento State University stellte ihr nach, ebenso der Besitzer eines italienischen Restaurants, in dem sie sich gelegentlich eine Pizza holten, ein Sergeant einer lokalen Luftwaffenbasis und eine Reihe von Männern, denen sie in Mills Station begegnete, einer Country-Western-Bar am Rande von Sacramento, zu der Monika und Sammye oft nach der Arbeit auf einen Drink gingen.

Obwohl Monika voll und ganz nach der sexuellen Freizügigkeit ihrer Generation lebte, sagte sie allen Männern, mit denen sie ausging, daß ihr nichts an Heiraten oder anderen festen Verbindungen gelegen war: zuerst kam ihre Karriere, dann Heirat und Kinder. Im Gegensatz zu den Frauen, die zur Generation ihrer Mutter gehörten, sagte sie zu Sammye, sei sie entschlossen, sich nicht von einem Mann abhängig zu machen. Sie konnte und wollte sich ihren Lebensunterhalt selbst verdienen. Sammye allerdings kam es bald so vor, als habe Monika beschlossen, jedes verletzte männliche Wesen in Sacramento mit nach Hause zu bringen. Ob es sich um Fernfahrer oder um Ärzte aus der Notaufnahme handelte, sie fühlte sich zu Männern mit Problemen hingezogen. Zuverlässige Männer, die ein ganz gewöhnliches Leben führten, sprachen sie nicht so sehr an: sie waren weniger aufregend. »Warum verschwendest du deine Zeit an solche Kerle?« fragte Sammye, nachdem sie sich den Fall noch eines dieser Männer aufgehalst hatte, der genau in die Schablone paßte: Männer, die sich nicht selbst finden konnten – Männer, die behaupteten, sie würden von ihren Frauen nicht verstanden – Männer, die zuviel tranken – Männer, denen die Art von Ehrgeiz fehlte, die Monika so überreichlich besaß – Jungen in erwachsenen Körpern, die noch nicht wußten, was sie einmal machen wollten, wenn sie groß waren – launische, unberechenbare Männer, die sie manchmal schlecht behandelten. »Ich glaube, es steckt 'ne Menge in ihm«, pflegte Monika dann zu antworten. »Er braucht nur einen kleinen Schubs.«

Als Monika und Sammye einen Kollegen aus dem Büro mit seiner Frau zum Abendessen einluden, waren diese Freunde ebenso für ihren Gast eingenommen wie sie selbst und auch ebenso interessiert an seinen Ausführungen über das Leben in England und Australien, wo er nach eigener Aussage einen Teil seiner Jugend verbracht hatte.

»Womit verdienen Sie ihren Lebensunterhalt?« fragte Monikas Kollege.

Michael wurde rot und ließ einen Augenblick verstreichen, bevor er antwortete: »Ich arbeite für die Regierung – Regierungsarbeit.«

»Das klingt interessant«, sagte der Gast. »Was für eine Art Regierungsarbeit, so im allgemeinen?«

Michael errötete aufs neue und erklärte, wie schon Lou gegenüber, daß er einen heiklen Job auf dem Gebiet des Nachrichtendienstes hatte, der unter den britischen Official Secrets Act fiel und daß er daher aus rechtlichen Gründen nicht darüber reden durfte. Er fügte hinzu, daß er Sonderurlaub hatte im Anschluß an einen noch nicht lange zurückliegenden Auftrag im Zusammenhang mit dem Iran und den amerikanischen Geiseln in Teheran; er deutete an, daß der Auftrag nicht erfolgreich verlaufen war. Wenige Minuten darauf, während Monika und Sammye den Tisch abräumten, zeigte er den Gästen einen großen schwarzen Revolver, den er angeblich bei seiner Arbeit verwendete.

Nach dem Wochenende am Lake Tahoe führte Michael von der Doppelhauswohnung aus mehrere Telefongespräche nach Übersee. Jedesmal bat er, alleingelassen zu werden. Als er Monika vorschlug, für eine Woche mit ihr auf die Bermudas zu fliegen, dachte sie, er mache Witze. Da holte er ein Flugticket erster Klasse hervor, das auf ihren Namen ausgestellt war, dazu ein Ticket für sich selbst.

Zwei Tage später, nachdem Monika eine Woche Urlaub genehmigt bekommen hatte, reisten sie ab. In einem Restaurant mit Blick auf den Atlantik machte Michael ihr einen Heiratsantrag. Sie sagte, sie brauchte etwas Zeit, um darüber nachzudenken – eine Heirat hatte sie nicht eingeplant. Am darauffolgenden Tag gingen sie in einen Duty-Free-Shop in Hamilton, und er kaufte ihr einen Diamantring mit Smaragden für fünftausend Dollar. Er sagte, er werde ihn aufheben, bis sie ja sage.

Michael und Monika unterbrachen ihre Rückreise nach Sacramento mit einer Übernachtung in San Francisco, wo sie ihm einige der ihr liebsten Sehenswürdigkeiten der Stadt zeigte. Als sie durch eine Wohngegend mit frisch restaurierten viktorianischen Häusern fuhren – große, in leuchtenden Farben gestrichene Häuser der Jahrhundertwende, die mit reich geschmückten, überladenen Verzierungen, Giebeln und Türmchen ausstaffiert waren, welche von den Bewohnern San Franciscos ›Painted Ladies‹ genannt wurden – sagte sie, es sei ein Traum von ihr, einmal ein solches Haus zu besitzen. Seit sie nach Sacramento gezogen sei, sagte sie, habe sie eine Vorliebe für alles Viktorianische entwickelt. Es begann auf Ausflügen in Kaliforniens ehemaliges Gold Rush Gebiet, östlich von Sacramento, wo alte Bergwerks-Geisterstädte wieder zum Leben erwachten und Hunderte von Antiquitätenläden eröffnet worden waren. Das viktorianische Sofa und ein riesiger Schrank im Wohnzimmer der Doppelhaushälfte waren Schnäppchen, die sie im Goldgebiet gefunden hatte, sagte sie.

»Wenn du eins möchtest, kaufe ich dir eins«, sagte Michael.

Monika sagte, die Häuser seien sehr viel teurer, als er dächte, mindestens einhundertfünfzigtausend Dollar, vielleicht sogar viel mehr. »Ich nehme gleich zwei«, scherzte sie.

Aber Michael meinte es ernst: »Wenn du mich heiratest, kaufe ich dir eins.«

»Du bist Engländer«, sagte Monika. »Wie könntest du in San Francisco leben?«

Er würde an jedem Ort der Welt leben, an dem sie gern leben möchte, erwiderte er.

Nach der Besichtigungstour ließ Michael sie im Hotelzimmer zurück und sagte, er ginge Freunde bei der Dudley Perkins Harley-Agentur besuchen. Als er zurückkam, gab er ihr eine Rolex Armbanduhr aus Silber und Gold – ein Geschenk, das ihr zeigen sollte, wie sehr er sie liebte.

Zurück in Sacramento, zog Michael in Monikas Zimmer um. Sie rief ihre Mutter an.

»Mom, sitzt du?«

»Warum?«

»Michael hat mich gefragt, ob ich ihn heiraten will.«
»Was hast du vor? Du kennst ihn kaum.«
»Ich weiß es nicht.«
»Bist du verliebt?«
»Ich glaube ja.«
Am folgenden Tag wurde Monikas Leben noch komplizierter. Sie ging wieder zur Arbeit, und man sagte ihr, daß sie die Beförderung erreicht hatte, um die sie gekämpft hatte: sie war zum ersten weiblichen Regionalen Service-Koordinator der Firma ernannt worden, und es war vorgesehen, daß sie sich in weniger als einem Monat bei der Reynolds & Reynolds Niederlassung in Südkalifornien einfinden sollte.
Michael redete ihr zu, die Beförderung anzunehmen. Er sagte, er könne seinen Urlaub wahrscheinlich um mehrere Monate verlängern, vielleicht auch länger, wenn sie auch, sollten sie wirklich heiraten, früher oder später nach England ziehen müßten.
»Wie kann ich heiraten?« fragte sie Sammye an jenem Abend. »Was ist mit meiner Familie? Was ist mit meinem Beruf?« Dann fügte sie hinzu, als ob sie mit sich selbst ein Zwiegespräch führte: »Ich weiß nicht, ob ich überhaupt die Wahl habe. Ich kann an meinen Gefühlen nichts ändern.«

7. Kapitel

»Bist du sicher, daß du weißt, was du tust?« fragte Elsa, als Monika anrief und ihr mitteilte, sie sei entschlossen, Michaels Heiratsantrag anzunehmen. »Du kennst ihn noch nicht einmal seit drei Wochen.«
»Ich weiß, aber ich liebe ihn. Es war unglaublich schön auf den Bermudas. Wir kommen zum Erntedankfest nach Santa Rosa, dann wird Michael bei Daddy offiziell um meine Hand anhalten. Eigentlich solltet ihr nichts davon wissen. Er . . . wir möchten es auf die traditionelle Art und Weise machen.«

Am Erntedankfest kamen sie morgens in Santa Rosa an, in einem neuen Fiat Kabriolett, den Monika als Ersatz für den geleasten Chevrolet gekauft hatte, den sie zusammen mit ihrer Außendiensttätigkeit abgeben mußte, weil er eine Gehaltsnebenleistung gewesen war. In einem Anzug mit Weste hatte Michael kaum Ähnlichkeit mit dem Motorradfahrer in Bluejeans, den Elsa in Sausalito kennengelernt hatte. Mit seinen dunklen, gutaussehenden Gesichtszügen hätte man ihn leicht für einen Filmstar halten können; sie verstand, warum sich ihre Tochter Hals über Kopf in Michael verliebt hatte. Elsa folgte ihnen zur Garage, wo Lou auf dem Boden lag und an einem Motorrad arbeitete. Sie stand dicht neben Monika, als Michael seinen Vorstoß machte:

»Lou . . . ich möchte dich um die Erlaubnis bitten, Monika zu heiraten.«

Elsa hatte ihm bereits anvertraut, daß sich die Beziehung über die eines Touristen und seiner Führerin hinaus entwickelt hatte.

»Nun, was hat Monika denn dazu zu sagen?« fragte Lou.

»Ich liebe Michael und möchte ihn heiraten«, warf sie ein, noch ehe Michael antworten konnte. Sie ergriff seinen Arm und klammerte sich an ihn.

Lou kannte seine Tochter gut. Er wußte, daß sie verliebt war. Er richtete sich auf, umarmte sie und seinen zukünftigen Schwiegersohn und sagte, daß er sich sehr freue.

Er *war* auch wirklich froh: er hatte bereits angefangen, Michael als den zweiten Sohn zu betrachten, den er sich immer gewünscht hatte.

»*Und was wird jetzt aus deiner neuen Stellung?*« fragte Elsa ihre Tochter, kaum daß sie allein waren. »Du hast so hart für deine Beförderung gearbeitet.«

Wie Lou hatte auch sie Michael gern. Aber sie wußte, daß nichts wichtiger für Monika war, als zu einer Managementposition aufzusteigen. Es schien, als hätte sie seit Monaten von nichts anderem geredet.

»Ich werde nach Los Angeles gehen und sehen, wie's weitergeht. Wer weiß, was passiert?«

Die Stellung sei frei, und die Firma brauche sie schnell, sagte Monika. Sie könne sie nicht im Stich lassen, besonders nicht, nachdem sie so zäh um ihre Beförderung gekämpft habe. »Was auch geschieht – selbst wenn ich später kündige –, es wird sich gut in meinem Lebenslauf ausnehmen.«

»Wann wollt ihr heiraten?« fragte Elsa.

»Diesen Sommer oder Herbst«, sagte Monika. Sie wollte gern eine große Hochzeit mit sechs oder sieben Brautjungfern in der St. Eugene's Cathedral.

»Aber Michael ist doch nicht katholisch«, wandte Elsa ein.

Nein, aber er gehörte der Anglikanischen Kirche an, und einer seiner Cousins hatte eine Katholikin geheiratet. Michael war sicher, daß sie die religiösen Hindernisse, auf die sie vielleicht stoßen würden, überwinden konnten. Er hatte ihr versprochen, daß ihre Kinder im katholischen Glauben erzogen würden und das war genau der Punkt, um den es der Kirche wirklich ging.

»Weißt du, Monika«, sagte Elsa, »du erwartest ziemlich viel von Dad und mir; du gehst nach Südkalifornien und überläßt uns die ganze Arbeit. Ich denke, wir sollten ein paar Dinge jetzt klären, solange ihr hier seid, Michael und du. Ihr solltet zur St. Eugene's Cathedral gehen, mit einem Geistlichen sprechen und die Sache ins Rollen bringen.«

Am folgenden Tag hatten Monika und Michael ein Gespräch mit einem Pfarrer und reservierten Santa Rosas römisch-katholische Kathedrale für ihre kirchliche Trauung am Samstag, dem 12. September um vierzehn Uhr. Monika erzählte Elsa hinterher, der Pfarrer habe gesagt, daß Michael einige Papiere unterschreiben müsse, daß sie aber in der Kathedrale heiraten könnten. Obwohl Michael versprach, die Papiere zu unterschreiben, sei er sehr ungehalten mit dem Geistlichen geworden. »Er stellte eine Menge Fragen über Michaels soziale Hintergründe und religiöse Einstellung, über Geburtenregelung und so weiter, und das mochte er nicht. Michael sagte, seine Kirche mische sich in derartig persönliche Angelegenheiten nicht ein.«

Nachdem nun dieses Datum festgelegt war, verabschiedeten sich die jung Verlobten voneinander: Michael mußte zu einer

Besprechung nach England fliegen, von wo es nach Australien weiterging, um Weihnachten bei seiner Mutter und seinem Stiefvater zu verbringen; Monika mußte in Los Angeles ihre neue Stellung antreten.

Elsa hätte gern mehr über diesen Fremden gewußt, der so plötzlich in ihr Leben getreten war.

»Weißt du, Lou, wenn man mal richtig darüber nachdenkt, dann wissen wir gar nicht viel über ihn oder seine Familie.«

»Er ist ein guter Kerl, und sie werden sehr glücklich zusammen sein«, sagte Lou.

Kurz nachdem Monika nach Südkalifornien gezogen war, hörte Lou mit dem Trinken auf.

In den Jahren, als sie auf dem College gewesen war und dann ihre Karriere begonnen hatte, hatte ihn seine Sucht weiterhin in ihrer Gewalt gehabt, trotz seiner Suche nach Heilung in Trinkerheilanstalten und eines kurzen Liebäugelns mit den Anonymen Alkoholikern. Alle Versuche schlugen fehl, bis zu jenem Abend, ein paar Monate nachdem er Michael in Sausalito getroffen hatte.

Er befand sich wieder außerhalb der Stadt auf Geschäftsreise und ging wie gewöhnlich in eine Bar; als der Alkohol durch seinen Körper strömte, begann er, sich selbst lieber zu mögen. Dann sah er zur Tanzfläche hinüber und erblickte einen Mann, der sehr betrunken war. Er hatte ihn nie zuvor gesehen, aber er erkannte ihn: »In einem lichten Moment war mir klar, *warum* ich ihn haßte. Das war *ich*.«

Das Bild dieses Mannes verfolgte ihn noch einige Tage später, als er mit einem Motorrad durch die High Sierras fuhr. Sein Haß auf sich selbst wurde so groß, daß er sich umbringen wollte. Sein Handgelenk zitterte, als ihn der Drang übermannte, die Maschine zu beschleunigen und sie über eine Klippe zu jagen. Er fuhr schneller und schneller. Plötzlich fing er an zu weinen, und als er einmal angefangen hatte, konnte er nicht mehr damit aufhören. Die Tränen strömten ihm die Wangen hinab. Am Rande eines Abgrundes hielt er das Motorrad an, legte es auf die Seite und warf sich darüber; dabei weinte er so laut, daß sein Schluchzen durch die Bäume um ihn herum widerhallte. Das Bild des tanzenden Mannes vor Augen, wurde ihm klar, daß er dem Alkohol gegenüber machtlos war. Hier in diesem Dom aus Kiefern fand er die Kraft, es sich einzugestehen – und sein Vertrauen darin zu setzen, was die Anonymen Alkoholiker ›eine Macht, die größer ist als wir selbst‹ nennen. In jenem Augenblick tat er den ersten Schritt auf dem Wege der Besserung.

8. Kapitel

Als regionale Service-Koordinatorin bei Reynolds & Reynolds kontrollierte Monika den Außendienst des gesamten Westens. Vom ersten Tage an liebte sie ihre Arbeit. Ein Telefonkopfhörer wurde beinahe zur Dauereinrichtung auf ihrem matt glänzenden Haar: Auf der einen Leitung beschwichtigte sie gerade einen wütenden Kunden aus Oregon, während sie schon im nächsten Augenblick einem frustrierten Außendienstmitarbeiter half, den Fehler an einem Computer zu beheben. Ihre herzliche und gelassene Art, ihre Fähigkeit, sich verständlich auszudrücken, und das Wissen über Computer, das sie in den vorangegangenen fünf Jahren gesammelt hatte, ermöglichten es ihr, den Kunden im Umgang mit den rätselhaften und bisweilen eigensinnigen Maschinen zu helfen. Die Stellung beinhaltete alles, für das sie gearbeitet hatte – wenn sie sich auch häufig im Geiste mit Michael beschäftigte anstatt mit ihrem Beruf.

Nicht lange nachdem sie die neue Stellung angetreten hatte, vertraute sie Sammye an, daß ihr allmählich doch Zweifel kämen bezüglich ihres Entschlusses, Michael zu heiraten. Es war nicht nur der Job. Sie wollte Kalifornien nur ungern verlassen; sie wollte nicht so weit von ihrer Familie wegziehen. »Ich weiß nicht, was ich tun soll.«

Sammye merkte, daß sie geweint hatte, und das überraschte sie. Monika war immer mit allem fertig geworden; sie hatte immer gewußt, was sie wollte. Sie hatte das Drehbuch für ihr Leben geschrieben und sich getreulich daran gehalten: das College und eine Karriere vor der Ehe. Jetzt war sie unsicher und verletzlich, und sie schien von sich selbst enttäuscht zu sein. Zum ersten Mal würde sie etwas, was sie angefangen hatte, nicht zu Ende bringen.

Monika sagte, der Gedanke, nach England zu ziehen, mache ihr schreckliche Angst. »Ich überlege den ganzen Tag lang hin und her und versuche, mich zu entscheiden, was ich tun soll; es ist schrecklich.«

»Du wirst genau das Richtige tun«, beruhigte sie Sammye.

»Aber wenn England mir nun nicht gefällt? Was ist, wenn seine Familie mich nicht mag? Was, wenn ich nicht zu ihnen passe? Ich werde keine Freunde da drüben haben.«

Sie war erst vierundzwanzig. War sie nicht eine Närrin, eine gute Stellung aufzugeben, um die sie gekämpft hatte und jetzt in ein fremdes Land zu ziehen, Tausende von Meilen entfernt?

»Um Gottes willen, Monika«, sagte Sammye, »wenn du den Burschen liebst und er dich liebt, dann wirst du dich auch überall einleben. Schließlich heiratest du *ihn* und nicht England. Du paßt doch zu ihm, und das allein zählt.«

»Ich weiß nicht, was ich tun soll«, sagte Monika abermals.

Ein paar Tage später, an einem Freitag abend Anfang Januar, klopfte es an der Tür des Hotelzimmers, in dem Monika so lange wohnen bleiben würde, bis sie in die Wohnung ziehen konnte, die sie gemietet hatte. Als sie die Tür öffnete, sah sie Michael, der sie mit seinem breiten, jungenhaften Grinsen anlächelte und einen Koffer in der Hand hielt. Er ließ das Gepäckstück fallen, umarmte sie und sagte, er habe sie so sehr vermißt, daß er beschlossen habe, zurückzufliegen und sie zu überraschen.

Als Monika seine Arme um ihren Körper spürte – so erzählte sie Sammye später –, wurde ihr klar, daß ihre Entscheidung bereits getroffen war: ihr Schicksal war mit dem von Michael verknüpft, wohin auch immer es sie führen würde.

Michael erzählte, daß sich sein Chef während seines Englandaufenthaltes bereiterklärt habe, seinen Urlaub zu verlängern. Allerdings könnte es passieren, daß er für bestimmte Sonderaufträge abberufen wurde. Möglicherweise konnte er sogar bis zur Hochzeit in Kalifornien bleiben.

Als Monika ihn zu dem Wohnhaus fuhr, auf das sie eine Anzahlung geleistet hatte, sagte er: »Hier kannst du nicht wohnen.«

Es war am Rande eines der älteren Wohngebiete im San Fernando Valley und bestand aus eintönigen Häuserreihen, Einkaufsstraßen und Schnellstraßen. Nach dem Zweiten Weltkrieg hatte man eine ganze Generation von ehemaligen GIs mit ihren Bräuten und ihren Träumen von einem besseren Leben in diesem Wohngebiet aufgenommen. Die meisten von ihnen waren inzwischen in größere Traumhäuser umgezogen, und die Holzhäuser, die sie zurückließen, waren jetzt der Brückenkopf für die Immigranten aus Mexiko und Zentralamerika.

»Hier kannst du nicht wohnen«, wiederholte Michael. »Hier gibt es keinerlei Sicherheit. Eine Frau wäre allein nicht sicher. Ich werde es nicht zulassen.«

»Wie meinst du das – *du wirst es nicht zulassen*?« Etwas anderes konnte sie sich nicht leisten, und sie war ganz zufrieden damit.

Wenn sie hier wohne, sagte Michael, könne er keinen Augenblick ohne Sorge sein, wenn er auf Reisen sei. Er sagte, er wolle ihr die Miete für eine besser gesicherte Wohnung zahlen.

Bis sie verheiratet waren, beharrte Monika, werde sie ihre Miete selbst bezahlen. Mit der Beförderung hatte sie eine gute Gehaltserhöhung bekommen und konnte für sich selbst aufkommen; wenn sie Michaels Angebot annähme, würde das, was sie erreicht hatte, dadurch geschmälert werden. Zuletzt kapitulierte sie jedoch, wenn auch nur unter den von ihr gestellten Bedingungen: sie war bereit, in einer Wohnung zu wohnen, die seine Zustimmung fand, in einem Gebäude mit Portier und elektrischen Türen, aber sie würden sich die Miete teilen. Ihr Anteil bestand in der Summe, die sie für die ursprüngliche Wohnung ausgehandelt hatte, und er würde den verbleibenden Rest zahlen. Da er die Wohnung mit ihr teilen werde, wenn er in Los Angeles sei, sei diese Regelung beiden gegenüber fair, sagte sie. Sie einigten sich also darauf, und von der ersten Februarwoche an (mehr als sieben Monate vor ihrem Hochzeitsdatum), lebten Michael Henry Maxwell Telling und Monika Elizabeth Zumsteg wie Mann und Frau zusammen.

Kurz darauf vertraute Michael Monika die Einzelheiten seines geheimnisvollen Lebens an.

Als er ihr erzählte, er arbeite beim ›SAS‹, sagte ihr das zunächst nichts. Da erläuterte er ihr die Geschichte und die Aufgabe des britischen ›Special Air Services Regiment‹.

Das SAS, erklärte er, sei eine geheime britische Militäreinheit, deren Ursprung auf den Zweiten Weltkrieg zurückgehe, als Kommandoteams mit heimlichen Sabotageaufträgen hinter die deutschen Linien geschickt wurden. Als das SAS nach dem Krieg neu gebildet wurde, wurde es zum irregulären Arm der britischen Außenpolitik in anderen Ländern – im Mittleren Osten, Malaya, Kenia, Zypern und anderswo. Die Devise des Regiments lautete: »Wer wagt, gewinnt.« Die Aufnahme unterlag den strengsten Bedingungen. In Kriegszeiten bestanden seine Hauptaufgaben in Sabotage hinter den feindlichen Linien; in Friedenszeiten unterzogen sich die SAS-Mitglieder einem harten, fast ununterbrochenen Training, um ihre Fähigkeiten im Kampf gegen Terroristen zu verbessern, und sie begaben sich in geheimer Mission außer Landes, um nachrichtendienstliche Informationen zu sammeln, wobei sie manchmal mit MI-6, dem britischen Geheimdienst, zusammenarbeiteten. Als er sagte, daß seine Arbeit ihn auch in den Iran und nach Nordirland führte, fragte Monika, ob das heiße, daß er sich öfter in Gefahr begeben müsse. Michael sagte, es gäbe gewisse Risiken in seinem Beruf, aber er gefiele ihm, und die Ausbildung, die SAS-Leute erhielten, sei die beste der Welt. Die Größe und die Mitglieder des SAS seien geheim, fuhr er fort. Die meisten

Briten, sagte er, hätten kaum etwas von der SAS gewußt, bis zu dem Zeitpunkt, als sein Regiment – ein paar Monate bevor er Monika kennenlernte – Geiseln rettete, die in der iranischen Botschaft in London festgehalten wurden.

Nachdem er ihr nun erzählt hatte, womit er sein Geld verdiente, belehrte er sie darüber, daß sie dies Geheimnis niemals irgend jemandem verraten dürfe.

Abgesehen von Michaels Motorrad gab es kaum etwas, wodurch er und Monika sich von anderen Paaren unterschieden, die in dem äußerst gut gesicherten Wohnkomplex in Van Nuys, dem Vorort von San Fernando Valley, wohnten, in dem sich auch Monikas Büro befand. Wochentags fuhr sie morgens in ihrem neuen Fiat weg, und nicht lange danach brauste auch Michael mit seiner Harley davon. Die Wochenenden waren fürs Einkaufen und Renovieren der Wohnung reserviert. Obwohl sie oft abends zum Essen ausgingen, ermunterte Michael seine zukünftige Frau – die nicht gern kochte – zum Experimentieren in der Küche. Eines Abends kehrte sie nach Hause zurück und fand nur eine Tüte Milch und ein Stück Käse im Kühlschrank; mit noch ein paar anderen Zutaten stellte sie daraus eine Käsesuppe her, die Michael als kulinarischen Triumph bezeichnete.

Finanzielle Dinge – mit seinem Geld auszukommen, für die nächste Monatsmiete zu sparen, abzuschätzen, wieviel man für ein Auto ausgeben konnte – nahmen meist eine ziemlich vorrangige Stellung im Denken von Monikas Freunden ein; Michael dagegen hatte eine ganz andere Einstellung zum Geld. Beim Einkaufen verschwendete er nur selten einen Blick auf das Preisschild. Er gab Geld aus, als sei seine Brieftasche ein Faß ohne Boden, und brachte Monika trotz ihrer Einwände weiterhin teure Geschenke mit, die sie nicht brauchte. Eines Abends schenkte er ihr eine Kette aus großen, exakt aufeinander abgestimmten Perlen. Sie ahnte, daß sie sehr teuer gewesen war, und sagte, sie könne sie nicht annehmen. Aber sie gab nach, als Michael – der ihre Schwäche für Schmuck erkannt hatte – sagte, die Kette sei ein Geschenk seiner Mutter zu ihrer Verlobung.

9. Kapitel

Elsa war allein in Santa Rosa, als Mitte Februar das Telefon klingelte. »Michael ist im Krankenhaus«, brachte ihre Tochter unter Tränen hervor. »Als ich gestern abend von der Arbeit nach Hause kam, war er im Koma. Ich weiß nicht, wie lange er unterwegs gewesen war, aber er lag nackt auf dem Fußboden im Badezimmer.«

Elsa konnte sich denken, was geschehen war: Michael war Diabetiker, und es klang, als ob er sein Insulin vergessen, etwas Falsches gegessen oder zuviel getrunken hatte. Sie erinnerte sich daran, daß Monika gelernt hatte, mit medizinischen Notfällen umzugehen, als sie im Pflegeheim gearbeitet hatte.

»Was hast du gemacht?«

»Ich habe ihm kräftig ins Gesicht geschlagen, aber das half nicht. Ich hab' versucht, ihn hochzuheben, aber ich konnte ihn nicht von der Stelle kriegen, also bin ich nach nebenan gelaufen, und ein paar Nachbarn haben mir geholfen, ihn ins Auto zu bringen. Dann hab' ich ihn ins Krankenhaus gebracht. Der Arzt hat gesagt, wenn ich später gekommen wäre, hätte Michael sterben können.«

Monika hatte Elsa alle Einzelheiten des Kollapses mitgeteilt – bis auf eine. Sie erzählte ihr nicht, daß sie und Michael zwei Tage zuvor eine stürmische Auseinandersetzung geführt hatten, in deren Verlauf sie ihm in der Hitze des Gefechts angedroht hatte, sie werde die Hochzeit absagen.

Michael hatte einen Freund eingeladen, einen ehemaligen

Marinesoldaten, den er in Los Angeles kennengelernt hatte und den er schon vorher einige Male mit in die Wohnung gebracht hatte. Sie wollten etwas zusammen trinken und ihre Vietnam-Erfahrungen austauschen. Monika bemerkte, daß Michael seine Besuche voll Ungeduld erwartete und daß er aufzuleben schien, wenn sie über Krieg, Waffen, Uniformen oder Söldner sprachen. Es überraschte sie nicht weiter, weil es sein Beruf war, aber manchmal dachte sie, daß er nicht aufrichtig zu seinem Freund war. Michael hatte ihr erzählt, daß er Vietnam wegen seiner Diabetes frühzeitig hatte verlassen müssen, aber seinem Freund gestand er es nicht ein; sie fand auch, daß er mit einigen seiner Heldentaten während des Krieges übertrieb, um den Freund zu beeindrucken. Und wenn Michael damit angab, daß er einer einflußreichen Familie in England angehörte, dann sah ihm das gar nicht ähnlich. Natürlich glaubte sie zu wissen, warum er das tat: aus männlichem Stolz. Der Official Secrets Act hinderte ihn daran, über seine Arbeit zu sprechen, also schmückte er seine Kriegsgeschichten aus, damit er nicht von seinem Freund in den Schatten gestellt wurde. Sie verstand es, aber es ärgerte sie, daß Michael das Bedürfnis hatte, um die Anerkennung dieses bärtigen, ehemaligen Marinesoldaten zu werben, der arbeitslos war und es anscheinend auch nicht eilig hatte, wieder Arbeit zu finden.

Und dann war sie völlig verblüfft, als Michael plötzlich seine Rolex Armbanduhr abnahm und sie dem Gast überreichte.

»Michael, bist du verrückt?« sagte sie, nachdem der Ex-Marinesoldat gegangen war. »Das war eine Dreitausend-Dollar-Uhr.«

Als Kind hatte Monika gelernt, sich mit durchschlagender Wirkung auszudrücken; als Erwachsene klang sie noch eindringlicher, dezidierter und unverblümter.

»Was ist los mit dir? So was macht man einfach nicht!«

In dem Versuch, sich zu verteidigen, meinte Michael, sein Freund sei ›ein guter Kumpel‹. Davon abgesehen, könne er sich eine neue Uhr leisten.

Was sie gesehen hatte, gefiel Monika nicht: Michaels ›Freund‹ hatte ihm geschmeichelt und ihn manipuliert, er hatte

Anspielungen darauf gemacht, daß ihm Michaels Uhr gefiel. Die Auseinandersetzung des Paares artete in gegenseitiges Anschreien aus, und Monika drohte an, daß sie die Hochzeit noch absagen würde.

Am folgenden Tag fand sie Michael bewußtlos auf dem Badezimmerfußboden.

»Hat er vergessen, sein Insulin zu nehmen?« fragte Elsa.

»Der Arzt nimmt es an. Er meint, daß Michael wieder gesund wird, aber er muß noch ein paar Tage lang auf der Intensivstation bleiben.«

»Meinst du nicht, daß du seine Mutter anrufen und ihr erzählen solltest, was passiert ist und daß er okay ist?« fragte Elsa. Monika konnte da nur zustimmen.

Als sie im Krankenhaus eintraf, berichtete ihr die Schwester, daß Michael das Bewußtsein wiedererlangt hatte, und scherzhaft sagte sie, daß die Schwestern der Intensivstation wahrscheinlich froh wären, wenn er noch im Koma läge. Sobald er aufgewacht sei, habe er darauf bestanden, das Krankenhaus zu verlassen, und er beschimpfe und beleidige die Schwestern. Als Monika an sein Bett kam, sah sie gleich, daß er in verdrießlicher Stimmung war: er verfluchte gerade eine Schwester, die versuchte, ihm ein Krankenhaushemd anzuziehen. Er lag nackt unter der Bettdecke und weigerte sich, es zu tragen.

Michael weigerte sich auch, mit Monika zu sprechen, selbst nachdem sie ihm gesagt hatte, ihre Drohung, die Hochzeit abzublasen, sei nicht ernst gemeint gewesen. Ihr wurde klar, daß sie einen Monolog führte. Michaels Augen waren fest geschlossen, und er ging einfach nicht auf sie ein. Sie hatte schon vorher erlebt, wie unnahbar er sein konnte, wenn er schmollte und hatte ihm in solchen Fällen stets befohlen, sie wenigstens anzusehen. Aber diesmal schwieg er, bis sie vorschlug: »Ich denke, wir sollten deine Mutter in Australien anrufen und ihr erzählen, was passiert ist.«

Ganz plötzlich öffnete Michael seine Augen und brach in

einen Wutanfall aus. »*Nein!* Meine Mutter schert sich einen Dreck um mich. Sie ist ein altes Miststück.«

»Wie meinst du das?«

Als er ein Kind gewesen sei, sagte Michael, habe sich seine Mutter nie um ihn gekümmert, und daran habe sich bis heute nichts geändert.

Monika sagte, sie sei sicher, daß seine Mutter ihn liebe und bestimmt gern wüßte, daß es ihm gut ging, nachdem er so knapp dem Tod entronnen sei.

»Nein, sie macht sich nicht das Geringste aus mir. Ich will nicht, daß du sie anrufst.«

Als Monika ihn am folgenden Tag wieder im Krankenhaus besuchte, sagte Michael, daß er so bald wie möglich in London sein müsse.

»Sie werden dich jetzt noch nicht entlassen«, wandte sie ein. »Man hat mir gesagt, daß du noch nicht soweit bist, daß du gehen kannst.«

Michael bestand darauf, daß er gehen werde, und bat sie, ihm seinen Paß aus der Wohnung zu holen. Er könne ihr nicht erklären, warum, aber er müsse eiligst nach England zurück; es handele sich um Regierungsgeschäfte, und wenn er nicht zurückfliege, könne er vielleicht ernsthaft Schwierigkeiten bekommen.

Monika holte seinen Paß aus der Wohnung und packte seine Tasche. Zurück im Krankenhaus, wurde sie von der Oberschwester vor Michaels Zimmer abgefangen: nicht nur sei der Patient noch nicht in der Verfassung, das Krankenhaus zu verlassen, sagte sie, sondern er dürfte auch *einfach* nicht gehen, weil er seine Rechnung von fast zehntausend Dollar noch nicht bezahlt habe.

Vollständig angekleidet, erschien Michael plötzlich vor seinem Zimmer und sagte, er sei fertig zu gehen. Als die Schwester protestierte, versprach er, daß die Rechnung beglichen werde, weigerte sich aber anzugeben von wem. Dann kehrte er ihr den Rücken zu und verließ das Krankenhaus, während Monika ihm nachlief. Sie fuhr ihn zum Los Angeles International Airport, und er nahm einen Flug nach London.

Drei Tage später rief Michael an und sagte, sein Chef habe sich geweigert, seinen Urlaub noch weiter zu verlängern, und er bat Monika, nach England zu kommen: sie fehle ihm schrecklich. Sie sagte, dafür sei es jetzt zu früh, weil es vor der Hochzeit noch so viel zu tun gäbe; außerdem wolle sie ihre Stellung so lange wie möglich behalten, damit sie für England etwas Geld sparen könne. Aber Michael blieb beharrlich: Jeden Tag rief er an und bat sie inständig zu kommen. Bei vielen seiner Anrufe hörte sie oft als erstes eine Aufnahme von Tony Bennetts ›I Left My Heart in San Francisco‹. Dann stimmte Michael zu einem Duett mit ein. Er bekräftigte seine telefonischen Bitten mit Briefen. Einem davon fügte er ein Flugticket bei und sagte, er sei auf der Suche nach einem Haus in der Nähe von London, das sie zusammen mieten könnten.

Anfang März schließlich kapitulierte Monika: Sie kündigte ihre Stellung bei Reynolds & Reynolds und flog ab nach England und hinein in die Ungewißheit, wie ihr wohl bewußt war.

10. Kapitel

Als er Monika am Flughafen Heathrow abholte, erzählte Michael, daß er ein möbliertes Haus in Royal Tunbridge Wells angemietet hatte, einer Großstadt in Kent, eine Autostunde südöstlich von London. Dort würden sie wohnen, bis sie sich ihr eigenes Heim kauften.

Monika erhielt ihren ersten flüchtigen Eindruck von England auf einer Strecke, die über drei Jahrhunderte hinweg von Mitgliedern des britischen Königshauses befahren worden war, seit nämlich 1606 öffentlich verkündet wurde, daß eine stark eisenhaltige Mineralquelle in Tunbridge Wells das Leben verlängern, die Potenz erhöhen und die von überreichlichem Eß- und Trinkgenuß verursachten Beschwerden lindern könne. Als sie im

Frühjahr 1981 dort ankam, war ›Tun Wells‹ – wie die Ortsansässigen es nannten, im Begriff, sich in Windeseile zu einer Schlafstadt für Pendler nach London zu entwickeln. Wenngleich Teile des einstigen königlichen Kurortes so abgenutzt aussahen, wie solche Orte in der ganzen Welt aussehen, wenn sie ihre Blütezeit hinter sich haben, wurde doch das Zentrum von Tun Wells geziert von elegant restaurierten, mit Säulengängen versehenen Gebäuden aus dem 18. Jahrhundert (viele davon mit Boutiquen und Antiquitätenläden) sowie von den architektonischen Wahrzeichen einer späteren Ära, riesigen viktorianischen Backsteingebäuden, die mit Schornsteinen, Türmchen und Kuppeln geschmückt waren.

Monikas erste Briefe nach zu Hause zeugten von ihrem Entdeckergeist: ›Ich wußte ja nicht, daß ich so viel über die englische Geschichte lernen muß . . . Es gibt hier so vieles zu sehen, und ich versuche, mir so viel anzueignen, wie ich kann.‹ Die idyllische britische Landschaft gefiel ihr sehr. ›Es ist atemberaubend‹, schrieb sie an ihre Mutter. ›Der Frühling ist wunderschön hier. Jeder hat einen Garten. Man kann die Stadt verlassen, und fünf Minuten später ist man von einer großartigen Landschaft umgeben.‹ Sie sagte, sie sei auch überrascht über das Ausmaß an Armut, die sie in Teilen Englands zu sehen bekomme. Wie der größte Teil der Welt, steckte auch England im Sumpf einer hartnäckigen Rezession, und wenn diese auch im Moment durch die bevorstehende Hochzeit des Prinzen von Wales mit Lady Diana Spencer an Bedeutung überragt wurde, so waren ihre Auswirkungen doch offensichtlich in Tunbridge Wells. ›Ihr würdet Euch wundern, wie manche Leute hier untergebracht sind‹, schrieb sie. Angesichts der Rezession, schrieb Monika, werde es wahrscheinlich schwierig für sie werden, Arbeit zu finden, aber sie werde so bald wie möglich eine Stellung annehmen; sie lese jeden Tag die Sparte mit den Stellenangeboten.

Kurz nach Monikas Ankunft sagte Michael, daß ihn seine Vorgesetzten davon in Kenntnis gesetzt hätten, daß er das volle Trainingsprogramm wieder aufnehmen müsse, um die Kurse nachzuholen, die er während seines Urlaubs verpaßt hatte.

Dies bedeutete, daß er wahrscheinlich gelegentlich von zu Hause weg sein werde. Von Zeit zu Zeit würden auch kurzfristig Einsatzaufträge vorkommen, sagte er, und er werde nicht mit ihr darüber sprechen können.

Michael fuhr jeden Morgen auf seinem Motorrad nach London und blieb gelegentlich über Nacht weg, während sich Monika daran machte, ihr gemietetes Haus in ein Heim zu verwandeln. Das Haus Nummer 12 in der Poona Road war geräumig, aber – an kalifornischen Maßstäben gemessen – nicht übermäßig groß. Es war eines jener schiefergedeckten Sandstein-Reihenhäuser, die Schulter an Schulter wie eine Reihe von Wachtposten in einer der unbedeutenderen Wohngegenden von Tunbridge Wells standen. Die Einrichtung war zweckmäßig, aber nicht stilvoll, und Monika beschloß, es in dem viktorianischen Stil zu renovieren, den sie in Kalifornien lieben gelernt hatte. Michael hatte ihr versprochen, dafür zu sorgen, daß das SAS ihre Möbel nach England transportiere. Viktorianische Antiquitäten vom kalifornischen Goldland nach England zu bringen, war, wie sie zugab, so etwas wie Eulen nach Athen tragen, aber sie wollte es eben gern. Da Michael so oft weg war, hatte sie auch Zeit, in den Antiquitätenläden am Ort nach Gelegenheitskäufen zu suchen; in ihren Briefen nach zu Hause berichtete sie stolz, Schnäppchen für einen Bruchteil dessen gekauft zu haben, was sie in Amerika wert waren. Da sie bisher noch keiner Arbeit nachging, hatte sie außerdem viel Zeit zum Lesen – Bücher über die englische Geschichte, über Architektur und Antiquitäten sowie Agatha-Christie-Krimis.

An einem seiner freien Tage drängte Michael sie, mit ihm hinten auf seiner Harley nach London zu fahren. Nachdem sie sich, während Michael sich durch das Verkehrsgewühl schlängelte, an einem Auto den Ellbogen geprellt hatte, verkündete sie, dies sei das letzte Mal gewesen, daß sie eine derartige Einladung angenommen habe; aber es war doch ein Abenteuer, von dem sie noch monatelang sprach. Im Hyde Park Hotel, gegenüber dem großen Häusermeer der Londoner Innenstadt, aßen sie zu Mittag; sie besichtigten Trafalgar Square, Westminster Abbey, Piccadilly Circus und den Tower von London, von wo aus Monika eine Ansichtskarte zu ihren Freunden im Reynolds & Reynolds Büro in Sacramento schickte:

Liebe Sammye, Roger, Chappie, Barbara und alle anderen, ich wollte Euch nur wissen lassen, daß ich nicht ganz vom Angesicht der Erde verschwunden bin. Hoffe, es geht Euch gut. London ist wunderbar, was Unterhaltung, Essen und Geschichte angeht – wie diese Karte zeigt. Ihr fehlt mir alle.

Alles Liebe,
Monika

An den Abenden, an denen Michael zu Hause war, gingen sie für gewöhnlich auf ein paar Drinks und ein Essen in einen Pub; dort war es meistens Monika und nicht Michael, die als erste mit Fremden ins Gespräch kam. Mehr Zuschauer als aktiv Beteiligter, neigte ihr Verlobter in Gesellschaft von Fremden zur Schweigsamkeit, Monika jedoch schloß wie besessen Freundschaften: sie fing ohne Probleme mit anderen Gästen ein Gespräch an, oft zu deren Erstaunen, denn viele von ihnen waren ebenso reserviert wie Michael. Sie hatte aus Kalifornien eine Offenheit mitgebracht, die in England selten war. Sie sagte, was sie dachte, und die Lebhaftigkeit und Herzlichkeit, mit der sie ihre Freundschaft offerierte, empfanden viele als entwaffnend. Nach der einhelligen Meinung ihrer britischen Freunde hatte sie hierin eine ungewöhnliche Gabe: man hatte sie einfach gern.

Wenn Michael weg war, ging Monika oft mit Freunden einkaufen, die sie in der Nachbarschaft oder in Pubs kennengelernt hatte. Wenn sich jemand nach seinem Beruf erkundigte, sagte sie einfach: »Er arbeitet bei der Regierung.« Das genügte ihnen.

11. Kapitel

Monika kehrte vom Einkaufen nach Hause zurück, öffnete die Haustür und legte Portemonnaie und Pakete auf einem antiken Tisch ab, den sie für ein paar Pfund auf einem Flohmarkt erstanden hatte. Das Haus war, wie erwartet, leer. Michael war wegen eines Auftrags über Nacht weggeblieben.

Sie räumte ihre Lebensmittel weg und ging ins Schlafzimmer. Es war vollkommen durcheinandergebracht: die Kommodenschubladen waren herausgezogen, Decken waren vom Bett gerissen, die Matratze lag schief. Blitzschnell überprüfte sie alles. Michaels Amateur-Funksprechanlage war unbeschädigt; von ihrer Kleidung war nichts gestohlen worden, und auch die reich verzierte viktorianische Uhr, die sie vor kurzem gekauft hatte, fehlte nicht. Da fielen ihr die Perlen ein, die ihr Michaels Mutter geschenkt hatte. Sie ging zu der Schublade, in der sie sie aufbewahrte, und stellte fest, daß sie verschwunden waren. Später sagte sie zu Elsa: »Das einzige, woran ich denken konnte, war: *Was soll ich Michaels Mutter sagen?*«

Ein Constable der Polizei sagte ihr, der Dieb sei anscheinend durch ein unverschlossenes Fenster ins Haus gelangt. Beamte der örtlichen CID (Criminal Investigation Division) würden festzustellen versuchen, ob die Kette von irgendwelchen ortsansässigen Hehlern zum Verkauf angeboten werde, aber der Beamte vermutete, daß eine so wertvolle Perlenkette wie Monikas wohl rasch veräußert worden sei. Er machte ihr wenig Hoffnung, daß die Kette je wiedergefunden würde, redete vielmehr so, als seien die Perlen längst in die britische Unterwelt verschwunden.

In Santa Rosa bestellte Elsa Einladungskarten zur Hochzeit, eine Band, einen Fotografen und einen Bankettsaal für die Hochzeitsfeier. Mit Briefen und transatlantischen Telefongesprächen hielt sie Monika und Michael darüber auf dem laufenden, was sie erledigt hatte, und drängte sie, sich auf eine Gästeliste für die Hochzeit zu einigen. ›Bitte sag Michael, daß er mir alle Anschriften geben und die Unterlagen an die Kirche in Santa Rosa zurückschicken soll (bitte die Anschriften in Druckschrift schreiben, damit ich sie lesen kann)‹, schrieb sie Anfang Mai. ›Und sag Michael, er soll ein paar Tanzschritte lernen. Alles Liebe an Euch beide . . .‹

Unter Monikas Anleitung lernte Michael mehrere Tanzschritte, aber bezüglich der Aufstellung der Gästeliste war er weniger entgegenkommend. Er sagte, seine Familienangehörigen wohnten über die ganze Welt verstreut, er brauche Zeit, die Adressen aufzutreiben.

Im Juli, fast drei Monate nach Monikas erster Reise über den Atlantik, kehrten Michael und sie nach Kalifornien zurück, um ihre Hochzeitsvorbereitungen zu vollenden. Monika vertraute Elsa an, daß ihr Sexualleben nicht mehr so schön und intensiv wie in der Zeit am Lake Tahoe und auf den Bermudas sei und daß sie großes Heimweh nach Kalifornien verspüre, aber dennoch glücklich sei. Sie bestätigte Elsas Wahl bezüglich des Empfangs und der Hochzeitstorte, und gemeinsam entschieden sie sich für einfache viktorianische Sackkleider für ihre Brautjungfern und Sammye Hynes, ihre erste Brautjungfer. Für ihr eigenes Kleid suchte sich Monika ein üppiges weißes Brokatmuster aus, nach der Vorlage des Kleides einer hübschen viktorianischen Braut, deren Bild sie an der Wand eines Antiquitätengeschäfts in Tunbridge Wells gesehen hatte. Eine Schneiderin in Tun Wells versprach, es mit Stoff aus Amerika ganz genau zu kopieren. Nachdem Monika den Brokat für ihr Kleid bestellt hatte, kaufte sie eine Schußwaffe für Michael, einen .357 Magnum Colt Python. Er brauche sie für seine Arbeit, sagte er, aber als britischer Staatsbürger könne er sie nicht selbst kaufen. Dem Eigentümer des Jagdgeschäftes, machte Monika weis, daß sie allein lebe und zu ihrer Sicherheit eine Waffe brauche; sie wurde auf ihren Namen gemeldet.

Als Elsa ihren zukünftigen Schwiegersohn erneut dringend um die Anschriften seiner Verwandten bat, sagte er, daß er sie immer noch nicht habe. Als sie mit Elsa allein war, warnte Monika sie vor: »Ich glaube nicht, daß Michael dir die Adresse seiner Mutter geben wird. Er nennt sie ein ›altes Miststück‹ und sagte, daß er sie bei der Hochzeit nicht dabeihaben will.«

»Ich meine, daß wir sie schon aus Höflichkeit einfach einladen *müssen*«, sagte Elsa. »Sie ist seine Mutter. Wir können doch nicht so unverschämt sein.«

Monika versprach, sich Michael noch einmal vorzunehmen, aber sie lernte allmählich, daß er sehr dickköpfig sein konnte.

Michael und Monika kehrten nach knapp einer Woche nach England zurück. Monika versprach, ungefähr sechs Wochen später wiederzukommen, um Elsa bei den letzten Vorbereitungen für die Hochzeit am 12. September zu helfen.

Am Abend vor ihrer Abreise sagte Michael zu Lou, daß er sich nochmals entschuldigen möchte, weil er bezüglich seines Berufs so wenig mitteilsam war, wegen des Official Secrets Act.

»Ist schon gut, ich versteh' das«, versicherte ihm Lou.

Michael sagte, es gäbe da noch etwas über ihn selbst, was er Lou nicht erzählt habe: seine Familie, sagte er, sei ziemlich einflußreich und berühmt in England.

Lou überlegte, ob das vielleicht eine Andeutung sei, daß Michael von seiner englischen Familie aus Widerstand erwartete gegen seine Entscheidung, Monika zu heiraten, und ob das vielleicht erklärte, warum er sich dagegen sperrte, Elsa eine Liste von seinen Familienangehörigen zu geben. Er fragte Michael: »Bedauert es deine Familie, daß du eine Amerikanerin heiraten willst?«

»O nein«, antwortete Michael. »Schon vor langer Zeit haben Männer aus meiner Familie Amerikanerinnen geheiratet.«

Monikas Koffer war ebenso ordentlich wie ihr Haus: Blusen, Röcke und Pullover waren sorgfältig übereinandergeschichtet wie in dem Regal einer Boutique in Londons Regent Street. Als sie nach der Ankunft in England ihre Kleidung aus dem Koffer nahm, ertasteten ihre Finger etwas Hartes auf dem Boden. Sie griff hinein und zog einen Revolver heraus. Es war der Revolver, den sie in Kalifornien für Michael gekauft hatte.

Sie war entsetzlich wütend.

»Michael! Warum hast du *mich* deine Waffe durch den Zoll bringen lassen?« Sie hätte festgenommen werden können, wenn ihr Gepäck durchleuchtet worden wäre. »Wenn du eine verdammte Waffe nach England schmuggeln willst, schmuggel sie in deinem eigenen Koffer 'rüber!«

Da sie ja unter ihrem Namen gemeldet war, sagte Michael, habe er es für das beste gehalten, daß sie in ihrem Koffer transportiert wurde. Aber das beschwichtigte Monika nicht – und diese Auseinandersetzung war nicht die einzige im Anschluß an die Reise nach Kalifornien.

Nach vier Monaten des Zusammenlebens begannen sich Spannungen in ihrer Beziehung zu zeigen. Vielleicht findet ein solcher Prozeß in allen ehelichen Gemeinschaften statt: mit der Zeit treten Verschiebungen im Kräftegleichgewicht zwischen zwei Menschen auf; Rollen ändern sich, weil sie geformt werden durch die täglichen emotionellen Vorgänge, die Intimität des Ehebetts, das Wechselspiel der jeweiligen Stärken und Schwächen und die Demaskierung verborgener Gefühle. Monika war wortgewandter als Michael, schlagfertiger und im Unterschied zu ihm entschlossen, ihr Leben unter Kontrolle zu haben – alles Charakterzüge, die ihr von Kindheit an zu eigen gewesen waren. Sie fing an, sich als das dominante Mitglied ihrer Partnerschaft zu behaupten. Und sie begann, Michael von einer Seite kennenzulernen, von der sie in Kalifornien nur einen flüchtigen Eindruck erhalten hatte: er war oft launisch, übernervös und aufsässig. Es konnte eine Woche oder mehr vergehen, und er war so ausgeglichen und freundlich wie eh und je, aber seine Stimmung konnte innerhalb eines kurzen Augenblicks in Verdrossenheit oder Gereiztheit umschlagen, so als wäre er ein verwöhntes Kind. Eines Abends zum Beispiel nahmen sie eine Einladung in das Haus eines Paares an, das sie in einem Pub kennengelernt hatten: Christine Percy, die in Tun Wells in einer Bank arbeitete, und ihr Freund, David Wallis, ein Handelsvertreter. Sie wollten Backgammon mit niedrigen Einsätzen spielen. Nachdem er ein paar Schillinge verloren hatte, wurde Michael plötzlich still und dann verdrießlich. Er stand auf, warf die Würfel auf den Tisch und sagte: »Das ist ein doofes Spiel. Ich gehe nach Hause.«

Nach einem Augenblick peinlicher Stille sagte Monika: »*Los Michael, komm, setz dich hin und spiel.*«

Als er sich weigerte, sagte sie: »Michael, bitte, du machst dich doch zum Narren. Setz dich *hin*!«

Sie war wie eine Mutter, die ihr ungezogenes Kind zurechtweist. Michael kehrte an den Tisch zurück, war aber für den Rest des Abends trübsinnig.

Monika schrieb seine Launenhaftigkeit seiner Diabetes zu, der Belastung durch seine Arbeit und zum Teil auch ihrem eigenen Verhalten: weil sie Heimweh hatte, trank sie zu viel in England. Manchmal machte es sie reizbar.

Sie fand weiterhin Entschuldigungen für Michael, selbst als sie eine noch dunklere Seite seines Charakters entdeckte – eine Seite, von der sie sich entschloß, ihren Eltern nichts zu erzählen.

Als Kind, erzählte Michael, hatte er ein enges Verhältnis zu einer Tante gehabt (die Schwester seiner Mutter), die in London lebte, und auch zu ihren Kindern. Auf Monikas Drängen hin arrangierte er es, daß sie einen gemeinsamen Abend mit einem seiner Cousins in London verbrachten. Bevor sie Tun Wells verließen, bat er sie, nicht zu erwähnen, daß das Datum für die Hochzeit festgelegt war, weil er nicht wollte, daß seine Mutter schon davon erfuhr.

Sie trafen sich zum Abendessen im Hyde Park Hotel, wo sie bei Monikas erstem Besuch in London zu Mittag gegessen hatten. Michaels Cousin Christopher war drei Jahre älter als Michael und von Beruf Anwalt. Monika mochte ihn sofort und auch seine Frau Mary, die etwa im gleichen Alter war wie sie. Nach dem Essen waren die beiden Frauen in eine Unterhaltung vertieft, als Monika hörte, wie Christopher ihrem Verlobten eine Frage stellte:

»Hast du Alison und Matthew kürzlich gesehen?«

Monika fragte sich, wen er meinte, und horchte auf Michaels

Antwort. Er sah ihren schnellen Seitenblick und antwortete mit Schweigen. Plötzlich kam die Unterhaltung der vier zum Stillstand, so als ob ein Vorhang gefallen sei.

Michaels Cousin sah erst Michael an, dann Monika.

»Michael, weiß Monika nichts von Alison?« fragte er.

Michael schwieg noch immer.

»Michael, meinst du nicht, daß du es ihr erzählen solltest? Ich denke, du erzählst es besser auch ihren Eltern.«

12. Kapitel

»Mutter, Michael und ich kommen morgen nach Hause.«

Aufgeschreckt durch den Anruf am frühen Samstagmorgen und noch mehr durch die tiefe Besorgnis in Monikas Stimme, fragte Elsa: »Was ist los, Liebes? Was, um alles in der Welt, ist denn passiert?« Monika hatte vorgehabt, frühestens in einem Monat nach Santa Rosa zurückzukehren.

»Michael und ich möchten nicht am Telefon darüber sprechen«, sagte Monika. »Wir werden morgen abend da sein, und dann sprechen wir darüber.«

Nachdem sie ihre Mutter angerufen hatte, rief Monika Sammye Hynes in Sacramento an. »Die Hochzeit findet nicht statt. Der Dreckskerl hat mich angelogen. Er ist schon verheiratet.«

»Du machst Witze«, sagte Sammye.

»Das ist erst die halbe Wahrheit.«

Erst als Monika und Michael in Santa Rosa ankamen, erzählten sie Lou und Elsa, daß Michael verheiratet und Vater eines zweijährigen Sohnes war.

Vor drei Jahren, sagte Michael, als er in Australien gewohnt habe, habe er eine achtzehnjährige Engländerin geheiratet, nachdem er ihr stürmisch den Hof gemacht hatte. Wenn er auch schon bald merkte, daß es ein Fehler gewesen war, so war sie doch innerhalb weniger Wochen schwanger, und es war unmöglich geworden, sie zu verlassen. Sie zogen nach England, wo ihr Sohn Matthew geboren wurde und siedelten sich in Torquay an. Lou erinnerte sich daran, daß Michael ihm einmal erzählt hatte, er wohne in Torquay, jedoch behauptet hatte, seine Zimmergenossen seien von der Royal Marines. Michael erklärte, daß er ihnen allen aus verschiedenen Gründen vorher nichts von der Ehe erzählt habe. Es sei ihm unangebracht erschienen, mit Leuten, die er gerade erst kennengelernt hatte, über eine gescheiterte Ehe zu sprechen. Für ihn war die Ehe beendet, gefühlsmäßig jedenfalls, wenn auch nicht rechtlich, und er hatte nie damit gerechnet, daß er sich in ihre Tochter verlieben würde. Als er nach Sacramento fuhr, erwähnte er es zunächst aus denselben Gründen Monika gegenüber nicht; und als er sich dann in sie verliebte, hatte er Angst, daß er sie verlieren würde, wenn er ihr gestand, daß er nicht von Anfang an aufrecht zu ihr gewesen war. Eine Lüge führte zur nächsten. Sobald Monika seinen Heiratsantrag angenommen hatte, flog er nach Australien, um von seiner Frau Alison die Scheidung zu erbitten, und sie willigte ein. Deshalb war er nach Australien gereist, nachdem Monika seinen Ring angenommen hatte: Alison war zu der Zeit bei seiner Mutter und seinem Stiefvater in Sydney zu Besuch gewesen.

Monika unterbrach ihn: »Der Grund, warum Michael so verärgert war, als wir in St. Eugene's waren, war der, daß der Monsignore ihm so viele Fragen stellte, daß er befürchtete, man könnte ihm schon dort auf die Schliche kommen.«

Es habe ihn emotionell sehr belastet, das Geheimnis für sich zu behalten, sagte Michael. Es habe ihn launisch und nörglerisch gemacht, und es habe Zeiten gegeben in Tunbridge Wells, in denen er Monika nicht gut behandelt habe. Er habe unter zu großem Druck gestanden.

Lou hörte Michael verständnisvoll zu: aus eigener Erfahrung wußte er, daß eine Lüge zur anderen führen konnte.

Monika, die neben Michael auf dem Sofa saß, sah erschöpft aus. Es war ein langer Flug gewesen von London hierher, spontan und ungeplant angetreten. Statt ihrer Kontaktlinsen trug sie ihre große Brille mit dem breiten Rahmen, hinter der ihre Augen noch größer erschienen als sie wirklich waren. Sie wirkte ein wenig desorientiert; manchmal sprach sie ganz undeutlich.

»Erzähl ihnen den Rest, Michael«, sagte Monika.

Michael sagte, es gäbe noch zwei weitere Dinge, die er Lou und Elsa von sich erzählen möchte.

Das erste hatte mit seiner Familie zu tun.

Er erinnerte Lou daran, daß er ihm einmal erzählt hatte, er komme aus einer einflußreichen Familie in England.

»Habt ihr schon mal von den Vesteys gehört?«

»Nein«, sagte Lou, »ich glaube nicht.«

»Nein«, stimmte Elsa zu.

Wären Lou und Elsa in London statt in Sausalito gewesen an dem Sonntagmorgen im Oktober, als Michael Henry Maxwell Telling auf einer neuen, in begrenzter Stückzahl hergestellten Harley-Davidson in ihr Leben fuhr, dann wäre ihre Antwort vielleicht anders ausgefallen. An jenem Morgen hatte ein Artikel über Michaels Familie einen Großteil der Titelseite der *Sunday Times* eingenommen. Der Artikel war Teil einer Serie, die über lange Zeit fortgesetzt wurde, und begann folgendermaßen:

GEWALTIGE STEUERHINTERZIEHUNG
BEI REICHSTER FAMILIE
SIE MACHTEN 2,3 MILLIONEN PFUND PROFIT ...
SIE ZAHLTEN NUR 10 PFUND STEUERN
WARUM?

Wegen einer schwerwiegenden Lücke im Steuergesetz entgehen der Staatskasse jährlich Millionen von Pfund an ungezahlten Einkommensteuern und Steuerzuschlägen. Die Gesetzeslücke wurde im House of Lords aufgedeckt, durch einen sensationellen Steuerfall, in den die Vesteys – die reichste Familie in Großbritannien – verwickelt sind. Während der Verhandlung des Falles erwies sich, daß die Vesteys

– Mitglieder des House of Lords, ehemals Schüler in Eton, Freunde der königlichen Familie, Polospieler, Oberleutnants der Reserve für ihr Land, Säulen des britischen Establishments – diese und andere Lücken des Gesetzes seit über sechzig Jahren ausgenutzt haben, um zu vermeiden, daß sie enorme Einkommensteuersummen zahlen mußten.

Die Vesteys, mit Lord ›Spam‹ Vestey (39) und seinem Cousin Edmund (48) an ihrer Spitze, leiten ein weltweites Imperium mit Reedereien, Textilhandel, Versicherungen, Läden und Fleischhandel (ihnen gehört die Ladenkette der Dewhurst-Fleischereien). Das Finanzamt entschied, daß sechs Mitglieder der Familie, darunter auch Lord Vestey selbst, über einen Zeitraum von vier Jahren Einkommensteuer auf 4,3 Millionen Pfund und Steuerzuschläge auf 7,3 Millionen Pfund zu zahlen hatten. Aber die Law Lords entschieden – so wie sie es in der Vergangenheit auch in anderen Vestey-Fällen getan haben –, daß die Familie keinen Pfennig zu zahlen braucht. Der Zeitschrift ›British Tax Review‹ zufolge schlug der Schock dieser Entscheidung innerhalb der Steuerwelt ›wie eine Atombombe‹ ein.

Es war nicht verwunderlich, daß Lou und Elsa den Namen nicht kannten. Bis zu jenem Sonntag morgen kannten auch nur wenige Briten den Namen der wohlhabendsten Familie Englands (von dem Königshaus abgesehen); während des größten Teils des Jahrhunderts hatten sich die Vesteys krampfhaft darum bemüht, ihre Angelegenheiten für sich zu behalten.

13. Kapitel

Chicago, Sommer 1876

Selbst nachdem er viele Reisen nach Chicago gemacht hatte – sogar nachdem er sein Glück dort gemacht hatte – haßte William Vestey den Gestank der Union Stock Yards, jener stinkenden Quadratmeile aus Schweineställen, Schlachthäusern und Pferchen, die Upton Sinclair den *Dschungel* nannte. Die Gerüche, die von den blutbeschmierten Fleischverpackungsfabriken ausgingen – ein ›scheußlicher Geruch von allen toten Dingen des Universums‹ schrieb Sinclair –, waren in der Nähe der Südseite von Chicago so durchdringend, daß die Männer und Frauen, die in dieser schlecht riechenden Schlachtzone arbeiteten, ihm nie entrinnen konnten. Er haftete an ihrer Kleidung und ihren Haarsträhnen, folgte ihnen nach Hause, verfolgte sie, wohin sie gingen. Michael Tellings Urgroßvater haßte den Geruch. Aber als sich ihm in den Viehhöfen von Chicago eine günstige Gelegenheit bot, wußte er, wie er reagieren mußte.

William Vestey war siebzehn und im Auftrag seines Vaters unterwegs, als er 1876 in Chicago ankam; es war das Jahr, in dem General George Custer in der Schlacht am Little Big Horn starb und Alexander Graham Bell sich das Telefon patentieren ließ. Die amerikanische Pionierzeit neigte sich ihrem Ende zu, und eine Nation, die noch die Wunden des Bürgerkriegs pflegte, stand im Begriff, ihre industrielle Macht auszuspielen. Und bevor ein paar Jahre darauf Henry Ford das Automontageband einführte, bewies nichts so deutlich die Genialität des amerikanischen Unternehmertums großen Stils wie die Union Stock Yards. Täglich liefen Züge von einem Dutzend Eisenbahnlinien in Chicago ein, die Tausende von Schafen und brüllenden Rindern für den Schlachthof geladen hatten, und wenn die Schlachter in den stinkenden Backsteinhäusern ihre Arbeit getan hatten, transportierten die Züge die Tierkadaver zurück zu den Eßtischen Amerikas.

Im viktorianischen England stand die industrielle Revolution unterdessen in voller Blüte, und das Land feierte eine neue weltliche Religion: Unternehmertum und den Aufbau eines Imperiums. Eine Generation hart arbeitender Bürgerlicher – Kaufleute, Industrielle und Unternehmer – häufte Vermögen an und begann, sich in eine Aristokratie hineinzudrängen, die sich lange auf Blutsverwandschaft, Ahnentafel und das Erstgeburtsrecht gestützt hatte.

William Vesteys Vater Samuel war ein wohlhabender Lebensmittelmakler aus Liverpool, dessen Vorfahren ihre Wurzeln in den armen, rückständigen Gegenden des ländlichen Yorkshire hatten. Er schickte seinen ältesten Sohn nach Chicago, um dort Lebensmittel zu besorgen, die er dann weiterverkaufen konnte an Ladenbesitzer und an die Kapitäne der Schiffe, die in die Bucht von Liverpool einliefen. Der Teenager aus Lancashire war verblüfft über die Verschwendung, die er in Chicago beobachtete. Die Fließband-Fleischereien warfen jede Woche so viele Schweine-und Rindfleischreste weg, daß man davon Tausende von Briten hätte ernähren können – und er überlegte, wie er die Sachen verpacken und zu Hause gewinnbringend verkaufen konnte. Mit seinem eigenen Unternehmergeist und dem Kapital seines Vaters richtete er ein Verpackungswerk ein, um die Überreste aus den Schlachthäusern in Dosen einzumachen. Er konnte diese Reste für wenig Geld kaufen, weil die Amerikaner sie nicht haben wollten. Damit trug er zu der Erfindung eines Produktes bei, das seinen Nachkommen einen Spitznamen einbrachte: ›Lord Spam‹. Sein Beitrag zur Erfindung eines Vorläufers des Dosenfleisches, das später als Spam bekannt wurde, machte William Vestey schon mit Anfang Zwanzig zum Multimillionär. Mit Anfang Dreißig setzte er sich auf einem prächtigen Landsitz an der Irischen See zur Ruhe und übergab das Management des Chicagoer Betriebs an seinen jüngeren Bruder Edmund. Da er aber mit einer überwältigenden Arbeitsmoral belastet war, die der Vater in ihm geprägt hatte, war er als Landedelmann ruhelos, und nur wenige

Monate nachdem er sich zur Ruhe gesetzt hatte, begab er sich an Bord eines Schiffes nach Südamerika, um seine berufliche Neugier zu stillen: Er hatte gehört, daß Armour, Swift und andere amerikanische Gesellschaften in großem Umfang die Fleischkonservierung in Dosen betrieben. Als er 1889 in Argentinien ankam, war er überwältigt vom Anblick der riesigen Viehherden ringsum in der Pampa – und noch mehr von den dürftigen Preisen, zu denen die Rancher bereit waren, sie zu verkaufen. Stiere wurden nur um ihrer Häute willen geschlachtet, und ihre abgezogenen Kadaver ließ man auf dem baumlosen Grasland zum Verwesen liegen. William überlegte – so wie er es einst in Chicago getan hatte –, wie er das argentinische Rindfleisch verpacken und gewinnbringend in England verkaufen konnte, und zwar nicht in Dosen, sondern als *Frisch*fleisch.

Er entschloß sich, mit einem Experiment den britischen Markt für gefrorene Rebhühner auszutesten; die Vögel waren beinahe in Argentinien ebenso zahlreich vorhanden wie Rinder. Obwohl das Grundprinzip der mechanischen Kälteerzeugung schon 1834 patentiert worden war, hatte bisher noch kein Unternehmer diese Methode dazu benutzt, um gekühlte Lebensmittel über große Entfernungen übers Meer zu transportieren. William kaufte mehrere Hunderte Rebhühner, fror sie ein und schaffte sie in Schiffen mit Eiskammern nach England. Nachdem sie sicher angelangt waren, errichteten Edmund und er eine Fabrik für Kaltlagerung in Argentinien und eine weitere in Liverpool. Dann schickten sie eine Ladung tiefgefrorener geschlachteter Rinder nach England; sie konnten das Fleisch zu einem wesentlich geringeren Preis verkaufen, als das im Inland erzeugte Rindfleisch und immer noch einen Profit dabei machen. Nach weiteren Experimenten gaben sie den Bau eines Schiffes in Auftrag, das speziell mit Kühlräumen ausgestattet wurde, und fingen mit dem regelmäßigen Rindfleischhandel nach England an. Bald darauf ließen sie noch mehr Schiffe bauen, und die Gebrüder Vestey hatten sich ihr zweites Vermögen verdient.

Aber das war noch nicht alles. Sie führten ein genügsames Leben und investierten ihre Gewinne in den Ausbau des

Geschäfts: für den Bau weiterer Schiffe und Kälteanlagen und um die Welt nach neuen Märkten abzusuchen. In China und Rußland entdeckten sie riesige Mengen an billigen Eiern, Hühnern und anderen Waren, sowie eine Nachfrage nach Produkten aus britischer Herstellung; schon bald erwarben sie ihr drittes und größtes Vermögen.

Zur Jahrhundertwende zeigten die Wandkarten in ihrem Liverpooler Hauptsitz den Standort von Vestey-Verpackungswerken in über einem Dutzend Ländern an – und das war erst der Anfang. Um den wachsenden Markt für billigere Lebensmittel, den sie in England aufbauten, zu versorgen, kauften sie in vielen Ländern große landwirtschaftliche Betriebe und Viehfarmen sowie Schaf- und Rinderzuchtfarmen. Wohin sie gingen, richteten sie Verpackungswerke und Anlagen zur Kältelagerung ein, und sie erkämpften sich fast immer eine so dominierende Position auf den einheimischen Märkten, daß sie nicht nur Angebot und Nachfrage regulieren konnten, sondern auch die Preise, die sie den Bauern und Ranchern für die Nahrungsmittel zahlten. Sie weiteten das Geschäft auch auf andere Bereiche aus. Warum sollten andere an dem Rindfleisch verdienen, das sie aus Argentinien importierten? Sie eröffneten über dreitausend Fleischerläden in England; ihre Dewhurst Metzgereien wurden zur festen Einrichtung in praktisch jeder Großstadt und jedem Dorf des Landes. Warum sollten Reedereien sich an den Gebühren bereichern, die für den Transport der Vestey-Waren über den Ozean erhoben wurden? Die Vesteys gründeten eine der führenden Reedereien weltweit, die Blue Star Line. Sie wurden zu einem der größten Leder- und Strickwarenhersteller der Welt, denn warum sollten sie andere am Gerben, an den Fellen und an der Weiterverarbeitung der Wolle ihrer Tiere verdienen lassen?

Im Jahre 1913 wurde William Vestey von der britischen Regierung mit der Würde eines Baronets ausgezeichnet – dem angesehensten Titel gleich nach der Peerswürde; Begründung: Er hatte dazu beigetragen, daß dem britischen Normalverbraucher billigere Lebensmittel leichter zugänglich gemacht wurden. Der Ausbruch des Ersten Weltkrieges ein Jahr danach bot den

Brüdern eine weitere Gelegenheit, ihrem Land zu dienen – und sich ein weiteres Vermögen zu erwerben. Ihre weitläufigen Viehfarmen, Weiterverarbeitungsfabriken und ausgedehnten Schiffahrtslinien waren bereits etabliert, und so schaffte die Union Cold Storage Ltd., das Aushängeschild des Unternehmens, mit der Effizienz eines Fließbandes Lebensmittel über den ganzen Erdball. Sie wurde zu einem der wichtigsten Verpflegungslieferanten für britische Landser in Frankreich und trug dazu bei, Mägen in ganz Europa zu füllen.

Der Krieg hatte allerdings zweischneidige Auswirkungen auf das Vermögen der Vestey-Brüder.

Im Jahre 1915 erneuerte das Parlament die Steuergesetze der Nation, um Geld für den Krieg zu beschaffen; eine Änderung befand sich darunter, die William Vestey als direkten Angriff auf das weltweite Unternehmen empfand, das er aufgebaut hatte. Zuvor war keine Einkommenssteuer erhoben worden für die Gewinne, die Firmen britischer Eigner im Ausland erzielten, es sei denn, die Erträge wurden nach Großbritannien gebracht. Das neue Gesetz erweiterte das Netz der britischen Steuereintreiber derart, daß jetzt *alle* Erträge britischer Firmen einbezogen wurden.

Bisher hatten die Brüder ihre Gewinne steuerfrei investieren und ihre unaufhörliche Expansion fortsetzen können. Das neue Gesetz sei unfair, erklärten sie 1915 der Royal Commission on Taxation, allein schon deshalb, weil ihre Konkurrenz von der amerikanischen Fleischverpackungsindustrie Fleisch an Briten verkaufen konnte, ohne in Amerika oder Großbritannien Steuern dafür zu zahlen. Die Vesteys würden dafür bestraft, Engländer zu sein: sollte das Gesetz bestehen bleiben, werde damit ihre Überlebensfähigkeit zerstört, und das würden sie sich nicht gefallen lassen. ›Wenn ich in Argentinien ein Tier töte und dieses Produkt in Spanien verkaufe, kann dies Land keine Steuern für das Geschäft einnehmen‹, erklärte William der Royal Commission. ›Machen Sie, was Sie wollen, aber Sie bekommen es nicht.‹ Ihre Proteste blieben ungehört. Das Gesetz blieb bestehen, und im November 1915, auf dem Höhepunkt des Krieges, zogen William und Edmund mit ihren Familien nach Argentinien. Nach einem von ihren amerikanischen Rechtsanwälten und Williams Sekretär und Finanzberater Edward Brown erstellten Plan verlegten die Brüder den Hauptsitz ihres Unternehmens nach Amerika – zunächst nach Chicago, dann nach New York – und traten die Kontrolle über die Vermögensgegenstände an eine neue amerikanische Gesellschaft ab. Nichts von ihren Erträgen gelangte je in die Vereinigten Staaten, also wurden in den USA keine Steuern fällig; die Erträge flossen den Brüdern in Buenos Aires steuerfrei zu, und da Argentinien keine Einkommensteuer erhob, konnten sie sie behalten oder in die weitere Expansion investieren. Während des Krieges verdoppelten sie ihre Flotte von Kühlschiffen, kauften noch mehr landwirtschaftliche Betriebe und Viehfarmen auf und faßten in einem halben Dutzend weiterer Nationen Fuß. Und dennoch stimmte für die Vestey-Brüder etwas nicht mit dieser Regelung: England fehlte ihnen. ›Ich bin in der guten alten Stadt Liverpool geboren, und ich möchte in diesem Land sterben‹, sagte William der Royal Commission.

Als der Krieg vorbei war, kehrten sie triumphierend nach England zurück – dank einer Reihe rechtlicher Manöver, die britische Steuerberater über Generationen hinweg vor Ehrfurcht erstarren ließen, die ihr Vermögen unangetastet ließen und den Vesteys dabei halfen, den Weg von der Liverpooler Fleischerfamilie bis in die britische Aristokratie zu vollenden.

Kurz nach dem Waffenstillstandstag gingen in London Gerüchte um, daß Premierminister Lloyd George als Ausgleich für Beiträge an seine Liberale Partei Ritter- und Peerswürden sowie auch andere Ehrentitel anbieten würde. Den Gerüchten zufolge betrug der Preis für die Peerswürde zwanzigtausend Pfund. Es war nicht gerade etwas Neues, sich Titel und Stellung im Adel zu erkaufen: als König James I. 1611 das Geld fehlte, um Truppen nach Ulster zu schicken, verkaufte er Baronetstitel für zweitausendzweihundertfünfundneunzig Pfund das Stück. Lloyd George wurde allerdings bezichtigt, nicht nur bei der Vermarktung von Titeln aggressiver zu sein als seine Vorgänger, sondern auch weniger gewissenhaft zu entscheiden, wessen Geld er annahm.

Zweimal pro Jahr legte der Premierminister dem König die List of Honors, eine Aufstellung der vorzunehmenden Auszeichnungen, vor, und die ungeschriebene britische Verfassung erforderte es, daß er die Titel verlieh. 1922 enthielt die List of Honors auch den Namen von William Vestey als Anwärter für den Titel eines *Barons* – eines Mitgliedes des Oberhauses und eines echten Mitgliedes des britischen Adels, mit einem Titel, den er an seine Nachkommen weitergeben konnte. Fast sechzig Jahre später berichtete die *Sunday Times* in einer im Oktober und November 1980 veröffentlichten Artikelserie über die Familie Vestey, daß sich hinter der Ernennung von Baron William Vestey ein Skandal verbarg, der bis in den Buckinghampalast reichte. In einem ungewöhnlichen Bruch mit der parlamentarischen Etikette, so berichtete die Zeitung, hatten mehrere Parlamentsmitglieder öffentlich die Auszeichnung verurteilt, weil sie empört waren über die Fahnenflucht nach Argentinien, die die Brüder während des Krieges begangen hatten; ein Peer des House of Lords forderte von Angesicht zu Angesicht, daß William zu dem Vorwurf Stellung nehme, er habe seinen Titel erkauft – eine Herausforderung, auf die das neue Oberhausmitglied nicht reagierte. Nachdem er von diesem Schlagabtausch gehört hatte, befaßte sich König George V. erneut mit Williams Kommentaren, die dieser während des Krieges vor der Royal Commission on Taxation abgegeben hatte und in denen er großspurig kundgetan hatte: ›Die gegenwärtige Sachlage paßt mir ausgezeichnet. Ich bin im Ausland; ich zahle nichts.‹ Nach Angaben Phillip Knightleys, des Autors der *Times*-Serie, schickte daraufhin der König ›einen Brief an Lloyd George (jetzt im Archiv des Oberhauses abgeheftet), der in Ton und Inhalt wohl zu den kritischsten gehören dürfte, die ein britischer Monarch je an seinen Premierminister geschickt hat‹. Er war auf den 3. Juli 1922 datiert und begann wie folgt:

Lieber Premierminister,
ich kann Ihnen nicht die tiefe Besorgnis verhehlen, die ich angesichts der unangenehmen Situation empfinde, welche sich aus der Auszeichnungsfrage ergeben hat. Die Peerswür-

den, die mir empfohlen wurden ... an Sir William Vestey zu verleihen, haben die Dinge ziemlich auf die Spitze getrieben; gleichwohl gibt es bereits seit einiger Zeit sichtbare Anzeichen für eine öffentliche Unzufriedenheit angesichts der übergroßen Anzahl der verliehenen Titel, des Charakters einiger ihrer Empfänger und der fragwürdigen Umstände, unter welchen in bestimmten Fällen die Würden verliehen wurden ... In den letzten Jahren hat es Fälle gegeben, in denen Würden verliehen wurden, bei denen anschließende Informationen die mangelnde Sorgfalt offenbart haben, mit der Erkundigungen über die Eignung der für die Auszeichnung ausgewählten Personen eingeholt worden sind. Ich bitte dringendst um die Einsetzung irgendeines gut funktionierenden und zuverlässigen Verfahrens, um die Krone und die Regierung vor der Möglichkeit ähnlich peinlicher – um nicht zu sagen demütigender – Vorfälle zu schützen; ein Wiederholungsfall muß unweigerlich zu einem Unheil führen, das für das soziale und politische Wohl des Staates gefährlich ist.

In seiner Antwort verteidigte der Premierminister seine Methode der Auswahl von Peers, räumte aber ein, daß er nicht über Baron Vesteys Schachzüge zur Steuerminderung und über dessen Weggang nach Argentinien während des Krieges informiert gewesen sei; hätte er davon gewußt, so gab er zu verstehen, hätte er ihn nicht für die Ernennung zum Baron vorgeschlagen. Aber es war zu spät: trotz des königlichen Protests und des ministeriellen Bedauerns durfte sich der Mann aus Liverpool, der seine Schulausbildung abgebrochen und in Chicagos Union Stock Yards sein Vermögen gemacht hatte, jetzt Baron Vestey of Kingswood (County Surrey) nennen. Er erwarb eine goldene Adelskrone, gab die Erstellung eines Familienwappens in Auftrag, auf dem drei Eier auf einem Eisberg zu sehen waren (in Anerkennung der Ursprünge seines Reichtums) und entschied sich für einen Familienwahlspruch: ›*E Labore Stabilitas*‹ – ›Stabilität durch Arbeit‹.

Inzwischen legten sich die Vestey-Brüder und ihre Rechtsanwälte einen neuen Finanzplan zurecht, und zwar einen, der es den Brüdern ermöglichte, wieder in England zu wohnen und trotzdem keine Einkommensteuer zu zahlen.

Das Kernstück des neuen Plans war die im Jahre 1921 durchgeführte Begründung zweier Familienstiftungen in Frankreich – für jeden Bruder eine. Die Leitung des Geschäfts wurde nominell den französischen Stiftungen übertragen, die von loyalen Gefolgsleuten der Familie verwaltet wurden. Sie trugen die Einkünfte aus den weltweit verteilten Unternehmen der Brüder in Paris zusammen und schickten ihnen das Geld nach England. Ihre Juristen entdeckten, daß sie nach geltendem britischen Recht auf Einkünfte aus Stiftungen im Ausland keine Steuern zu zahlen brauchten. William und Edward konnten wieder nach England ziehen und vom Gewinn der Stiftungen leben, brauchten keine Steuern dafür zu zahlen und konnten zusehen, wie ihr Vermögen wuchs.

1924 starb nach einundvierzig Ehejahren Williams Frau, die Mutter seiner vier Söhne. Ein Jahr darauf heiratete er mit fünfundsechzig in New York City Evelyn Brodstone aus Superior (Nebraska), die Tochter eines aus Norwegen immigrierten Farmers. Sie war kurz vor dem Krieg im Chicagoer Büro der Vesteys als Schreibkraft für zwölf Dollar pro Woche eingestellt worden und hatte damit eine Laufbahn begonnen, die sie zu einer der erfolgreichsten leitenden weiblichen Angestellten einer Geschäftsleitung in England oder Amerika machen sollte – und das zu einer Zeit, in der Frauen ohne Stenoblock in der Hand nur selten die Räume der Geschäftsführung von innen zu sehen bekamen. Da sie die Art von Fleiß und Initiative bewies, die William schätzte, stieg sie zu der einflußreichen Stellung einer Leiterin des Finanzwesens der Gesellschaft auf, zum Alter ego ihres zukünftigen Mannes und schließlich zu seiner Ehefrau, die sich genau wie er zielstrebig darum bemühte, die Firma zu vergrößern und größere Gewinne zu erzielen.

Indem er eine Amerikanerin zu seiner zweiten Frau nahm, folgte er dem Beispiel seines Bruders Edmund, der 1887 ein Mädchen aus Passaic (New Jersey) geheiratet hatte. Und nachdem *er* sich mit einer Amerikanerin verlobt hatte, würde nun auch Michael Henry Maxwell Telling, einer von Williams Urenkeln, sagen, er habe dasselbe getan wie sie: er hatte sich in ein amerikanisches Mädchen verliebt, die einen guten Geschäftssinn hatte.

Das Vermögen der Gebrüder Vestey vervielfachte sich nach dem Ersten Weltkrieg weiterhin, trotz der wirtschaftlichen Depression und mehrerer angestrengter Versuche von seiten des Parlaments und der britischen Steuereinnehmer, die Gesetzeslücke zu schließen, die die Vesteys ausnutzten, um Steuerzahlungen zu umgehen. Im Jahre 1936 verfügte das Parlament, daß die Briten Einkünfte aus Stiftungen im Ausland, die unter ihrer Leitung standen, zu versteuern hatten. Schon bald fanden die Juristen der Vesteys ein anderes Schlupfloch: nach ihrer Interpretation des Gesetzes konnten Steuern *nur* auf das Einkommen der *ursprünglichen Begründer* der Stiftung erhoben werden und nicht auf das der ›passiven Nutznießer‹, einschließlich der Söhne, Töchter und anderer Nachkommen.

Unmittelbar vor dem Zweiten Weltkrieg verkaufte die Familie schätzungsweise siebzig Prozent des in Großbritannien konsumierten Fleisches. Sie besaßen Geschäfte und ausgedehnte Ländereien in Argentinien, Australien, Brasilien, Frankreich, Madagaskar, Neuseeland, Paraguay, Portugal, Südafrika, Spanien, den Vereinigten Staaten und Venezuela. Der Zweite Weltkrieg brachte ihnen noch mehr Reichtum. Ein Maß für die Rolle, die sie spielten, war der Umfang ihrer Verlustliste: die Vestey-Gesellschaften verloren während des Krieges neunundzwanzig Schiffe durch Feindeinwirkung.

Kurz bevor die deutschen Truppen nach Paris einmarschierten, wurden die Familienstiftungen von Frankreich aus in das neutrale Uruguay verlegt. Die Gewinne häuften sich weiterhin steuerfrei in Übersee an, während die Treuhänder ›gelegentlich und nach Gutdünken‹ Zahlungen an die Familienmitglieder in England vornahmen. Um sicherzustellen, daß seine Nachkommen die Früchte seines Erfolgs teilen konnten, wies Baron Vestey vor seinem Tode 1940 seine Erben an, ›weiterhin gute Dienste zu leisten und den anderen (Familien-)Mitgliedern je nach ihrem Verdienst und ihrem Bedarf finanzielle und sonstige

Unterstützung zukommen zu lassen‹. Die britische Steuereinzugsbehörde, die Inland Revenue, war allerdings noch nicht fertig mit den Vesteys. Im Jahre 1948 klagte sie, daß in den Nachkriegsjahren viele wohlhabende Familien es den Vesteys gleichtaten, und zur Steuerumgehung Stiftungen im Ausland einrichteten; die Inland Revenue überredete Großbritanniens Oberstes Gericht, die Law Lords, zu einer Überprüfung des Gesetzes von 1936. Das Gericht erkannte den Standpunkt der Inland Revenue an, daß – im Gegensatz zu der Behauptung der Vesteys – das Parlament beabsichtigt hatte, *jegliche* Einkünfte aus ausländischen Stiftungen mit Steuern zu belegen, und nicht nur diejenigen Beträge, die an die Begründer der Stiftung gingen. Die Inland Revenue, die seit den zwanziger Jahren versucht hatte, die Steuerumgehungspläne der Vesteys zu vereiteln, legte ihren Sieg sehr großzügig aus und behauptete, sie habe jetzt das Recht, nicht nur die Einkünfte zu besteuern, die Williams und Edmunds Erben tatsächlich von der Stiftung erhielten, sondern auch jegliche Gelder, die von den Stiftungen im Ausland einbehalten wurden. Sie nahm außerdem das Recht für sich in Anspruch, *potentielle* Nutznießer zu besteuern, wobei Säuglinge und Kinder sowie jeder, der ihrer Meinung nach später Anspruch auf das Vermögen erheben konnte, einbezogen wurden. Mit einer Versöhnungsgeste, die sie schließlich ins Verderben führte, erklärte die Steuereinzugsbehörde allerdings, sie werde ihre Handlungsvollmacht nicht voll ausschöpfen; sie werde statt dessen nur einen gewissen Anteil des Einkommens der Stiftung mit Steuern belegen und diesen nach einem von ihren Angestellten erarbeiteten Schema auf die Familienmitglieder aufteilen.

Die Rechtsberater der Vesteys gingen wieder vor Gericht und setzten ihren juristischen Kampf gegen die Inland Revenue weitere dreißig Jahre lang fort. 1979 kam der Fall wieder vor das höchste Gericht des Landes. Diesmal behielten die Vesteys die Oberhand.

Mit der Revidierung des Gerichtsentscheids von 1948 bestimmten die Law Lords, daß die Familie recht hatte: so wie es geschrieben stand, sollte das Gesetz von 1936 nur die Einkünfte aus Stiftungen im Ausland besteuern, welche die Begründer der Stiftungen erhielten, und nicht die, die an ihre Nachkommen gingen. Das Gericht entschied außerdem, daß das System der Inland Revenue, wonach sie das Einkommen proportional unter den Familienmitgliedern aufteilte, verfassungswidrig sei, da nur das Parlament – und nicht etwa eine Verwaltungsbehörde der Regierung – zur Festlegung von Steuersätzen berechtigt sei.

Es war ein vollkommener Sieg für die Vesteys. Die Entscheidung bedeutete, daß Mitglieder der Familie die Einkünfte aus den Stiftungen im Ausland wieder steuerfrei einnehmen konnten, egal wo sie wohnten.

Der von William und dem 1953 verstorbenen Edmund Vestey gegründete Mischkonzern war jetzt weltweit die größte multinationale Gesellschaft in privater Hand – Großbritanniens letztes großes Handelsimperium. Sein Wert wurde auf vier Milliarden Dollar geschätzt, es hatte siebzigtausend Beschäftigte und umfaßte über zweihundertfünfzig Gesellschaften in siebenundzwanzig Ländern. Es war das Paradebeispiel eines vertikal integrierten Mischkonzerns mit weltweitem Einflußbereich – ein Fleischimperium vom lebenden Tier bis auf den Markt, von oben bis unten unter strenger Kontrolle: einer der größten Fleischeinzelhändler der Welt, der weltweit größte Hersteller von Leder für die Bekleidungsindustrie und einer der größten Textilproduzenten der Welt.

Und nach über einem Jahrhundert war noch immer alles in der Familie.

Das Vestey-Vermögen war nicht nur intakt, sondern hatte sich um ein Vielfaches vermehrt, während das Vermögen vieler der reichsten Familien Englands durch Erbschaftssteuern und die Einkommensteuerprogression dezimiert worden war. Mit Ausnahme der Windsors – der königlichen Familie – waren die Vesteys Englands reichste Familie; sie war die steile Wand der britischen Gesellschaft emporgeklommen bis zu einem Horst dicht unter dem Gipfel.

Ihre Kinder besuchten Eton und Harrow, Cambridge und Oxford; sie wurden ersucht, den besten Clubs und den Scots

Guards, dem besten militärischen Eliteregiment des Landes, beizutreten. Sie verkehrten gesellschaftlich mit der königlichen Familie und saßen in den Räumen, von denen aus in Großbritannien Macht ausgeübt wird. Sie lebten in nahezu feudaler Isolation auf riesigen Landsitzen und zahlten – dank der völlig legalen Strategien von William und Edmund – praktisch keine Einkommensteuer.

Bei Williams Tod 1940 ging sein Titel auf seinen ältesten Sohn Samuel über. Normalerweise hätte dessen erstgeborener Sohn, Captain William Howarth Vestey von den Scots Guards, den Titel dann geerbt. Dieser erlitt jedoch 1944 in Italien eine tödliche Verwundung, und an seiner Statt erhielt *sein* Sohn – Samuel George Armstrong Vestey -- 1954, im Alter von dreizehn Jahren den Titel. Obwohl er nun offiziell ›Lord Vestey‹ hieß, nannten seine Spielkameraden ihn ›Lord Spam‹.

Vor den *Sunday-Times*-Artikeln im Oktober 1980 war die Familie Vestey, trotz all ihres Reichtums, ihrer Macht und ihrer gesellschaftlichen Stellung, außerhalb der oberen Sphären der britischen Gesellschaft und der Londoner Finanzwelt weitgehend unbekannt. Ihre weltweites Geschäftsimperium leiteten sie privat, während ihre privilegierten Mitglieder ihr Leben weit ab von den Augen der Öffentlichkeit lebten; und genau so wollte es die Familie auch. So sagte der dritte Baron 1972 zur *Financial Times*: ›Seit über achtzig Jahren haben wir völliges Stillschweigen über unsere Angelegenheiten bewahrt. Wir sind schließlich ein sehr privates Unternehmen.‹

II

Ebenso wie William und Edmund führt die derzeitige Generation der Vesteys ein Leben abseits der Hauptströmung der britischen Gesellschaft, wozu sie wegen ihres enormen Reichtums in der Lage – oder gezwungen – ist.

PHILLIP KNIGHTLEY, *Die Vestey Affäre*

14. Kapitel

Santa Rosa, Sommer 1981

Nachdem er ihnen offenbart hatte, daß er einer der Erben eines der größten Vermögen der Welt sei, erzählte Michael seinen zukünftigen Schwiegereltern mehr über sich selbst und seine Familie.

Der erste Baron, Lord William Vestey, habe vier Söhne gehabt, erzählte er, von denen einer Michaels Großvater Captain Leonard Vestey gewesen sei, der wiederum zwei Töchter gehabt habe. Michaels Mutter war die älteste. Seinem Zweig der Familie stand sein Cousin zweiten Grades vor, der dritte Baron, Lord Samuel Vestey, der neun Jahre älter war als er. Als direkter Nachfahre des erstgeborenen Sohnes seines Urgroßvaters hatte Samuel nicht nur den Titel, sondern auch den größten Anteil am Vermögen der Familie geerbt – einen *zu großen* Anteil, ließ Michael durchblicken.

Die Stiftungen, die sein Urgroßvater gegründet hatte, waren beide Milliarden wert. Als Nutznießer erhielt er ein monatliches Gehalt, und die Stiftung zahlte alle seine Rechnungen. Jeden Monat schickte er seine Rechnungen an das Familienbüro in London, von wo aus ein Buchhalter namens Brown sie bezahlte. Wenn Monika und er erst einmal verheiratet seien, sagte er, werde Mister Brown ihnen ein Haus kaufen.

Elsa erinnerte sich, daß Michael erwähnt hatte, es gäbe da eine dritte Sache bezüglich seiner Person, die er erklären wolle. Monika fing davon an, noch ehe Elsa es tat: »Michael hat keine Arbeitsstelle. Er hat uns angelogen.«

Im Gegensatz zu dem, was sie glaubten, fuhr Michael fort, sei er nicht beim britischen Geheimdienst oder dem SAS; er habe das während seines ersten Besuchs in Santa Rosa vorgegeben, weil er während seiner Telefonate mit Alison habe allein sein wollen – damit er ein Treffen in Australien mit ihr ausmachen konnte, um die Scheidung zu besprechen. Die Anrufe vom australischen Konsulat, sagte er, hätten nichts mit Geheimdienstarbeit zu tun, und das Charlie Brown Eßgeschirr, das er gekauft habe, sei für Matthew gewesen.

Er sagte, er habe Monika nichts von seiner Familie, seinem Reichtum und davon, daß er keine Arbeit hatte, erzählt, weil er sie nicht habe verlieren wollen. Er wollte nicht, daß ihre Gefühle zu ihm davon beeinflußt wurden. In der Vergangenheit hatte er schon Freunde gehabt, die nur ›Gut-Wetter-Freunde‹ gewesen waren und ihm geschmeichelt hatten, nachdem sie herausgefunden hatten, daß er reich war.

Monika unterbrach ihn: »Er ist jeden Morgen aufgestanden und zur Arbeit gefahren; ich hab' nie etwas davon geahnt. Ich hab' einfach gedacht, es wäre alles ›top secret‹, und er könnte nicht darüber reden. Wir hatten das Geld für die Miete und alles; also hab' ich natürlich gedacht, das käme von seinem Job. Ich hatte nie einen Verdacht. Ich kann nicht glauben, daß er es so weit hat kommen lassen: er hat uns den Termin für die Trauung festsetzen lassen, hat Mom die Einladungskarten bestellen lassen und hat nie etwas gesagt.«

Als sein Lügengespinst größer wurde und die Familie ihn als Geheimagenten akzeptiert hatte, fuhr Michael fort, war es zu einer praktischen Geschichte geworden, die sich gut dazu eignete, seine Ehe zu vertuschen, sein Einkommen und die Zeiten seiner Abwesenheit von Tunbridge Wells zu erklären.

In London drängte er seine Rechtsanwälte, die Scheidung voranzutreiben, so daß er und Monika, wie geplant, im September heiraten konnten; aber es dauerte länger, als sie erwartet hatten. Jetzt, so sagte er, konnte er nur noch Lou und Elsa bitten, ihm zu verzeihen und ihm zu helfen, Monika dazu zu überreden, ihn doch noch zu heiraten.

Von Monika unter Druck gesetzt, sagte Michael, es gäbe da noch etwas, das er klären möchte: es sei nicht wahr, daß er im Vietnamkrieg gedient habe.

Er habe die Geschichte erfunden, sagte er. Als kleiner Junge hatte er seine Vorfahren, die in den Krieg gezogen waren, abgöttisch verehrt. Es war der Traum seiner Kindheit gewesen, in den militärischen Dienst einzutreten, aber seine Diabetes hatte ihn daran gehindert, eine Uniform zu tragen. Aus Verlegenheit hatte er dann die Geschichten über Vietnam erfunden.

Monika sagte, sie sei sehr wütend, aber dennoch bereit, Michael zu heiraten. Wenn Lou und Elsa mehr über seine Kindheit wüßten, sagte sie, würden sie es verstehen.

Seine Mutter, erklärte Michael, sei eine sehr reiche Frau, die auf einer zweihunderttausend Hektar großen Ranch in Australien lebe. Als er heranwuchs, hatte sie sich wenig um ihn gekümmert, hatte ihn in ein Internat geschickt, als er noch sehr klein war; seinen Vater hatte er kaum noch zu Gesicht bekommen, nachdem seine Eltern sich hatten scheiden lassen.

Niemand war mehr gerührt von seiner Geschichte als Monika. Obwohl sie sie schon einmal gehört hatte, mußte sie weinen. Als Tochter eines Alkoholikers aufzuwachsen, war nicht leicht gewesen, aber sie hatte immer gewußt, daß Lou und Elsa sie liebten. Michael schien ohne Liebe aufgewachsen zu sein und brauchte jetzt welche.

Nach zwei Wochen endete ihr Besuch in Hochstimmung: nach Michaels vollständigem Geständnis empfanden Lou und Elsa mehr Zuneigung zu ihm als je zuvor, und Monika sagte, sie liebe ihn mehr denn je. Er entschuldigte sich immer wieder für seine Täuschung und versprach, nie wieder zu lügen. Als Hochzeitsgeschenk – oder vielleicht als Versöhnungsgeschenk – kaufte er Monika ein Pontiac Firebird Sportcoupé und ließ es per Schiff nach England bringen.

Lou war gerührt gewesen von dem Mut, den es ihn gekostet hatte, alles einzugestehen. Er hatte sein Herz ganz ausgeschüttet. Er war ehrlich und direkt gewesen und hatte seinen Fall plausibel dargelegt: wenn Monika alles gewußt hätte, so hätte sie wahrscheinlich sein Heiratsangebot abgelehnt.

Elsa wußte, daß Monika seit ihrer Kindheit von einer kirchlichen Trauung im großen Stil geträumt hatte. Jetzt wußten sie beide, daß das nicht mehr in Frage kam. Sie rief in St. Eugene's an und sagte die Hochzeit ab. Zu Monika sagte sie: »Wenn seine Scheidung durch ist, und du Michael immer noch heiraten willst, laßt euch doch einfach standesamtlich und mit einer kleinen Feier in England trauen; wir fliegen dann dazu rüber.«

Alle waren sich einig darüber, daß das jetzt die beste Lösung sei. Am Abend bevor sie nach England zurückflogen, gab Elsa Monika einen mütterlichen Rat: »Übereil jetzt nichts. Nimm dir Zeit, bis du ganz sicher bist. Heirate nur dann, wenn du dir sicher bist.«

Monika versprach, das zu beherzigen.

15. Kapitel

Michael und Monika kehrten gerade rechtzeitig zu den schönsten Wochen des Jahres nach Tunbridge Wells in Kent zurück. Die Wiesen des Kentish Weald waren grün und saftig, die Obstgärten hingen voller Äpfel und Kirschen. Auf der Fahrt von Heathrow aus kamen sie an Herrenhäusern aus Naturstein vorbei, die auf felsigen Hügeln thronten, und an Fachwerkhäusern mit Strohdächern, bei denen die Dachdecker sich beeilten, die Reparaturen noch vor dem Herbst auszuführen. Die englische Landschaft war überall wunderschön. In der kurzen Zeit, die sie bisher in Großbritannien gewohnt hatte, hatte sich Monika voller Begeisterung mit der englischen Geschichte befaßt. Mit jedem Buch, das sie las, mit jedem Ausflug, den sie unternahm, lernte sie Neues über ihre Wahlheimat und deren Geschichte kennen. Als sie vom Flughafen nach Hause fuhren, wies sie auf markante Punkte in der Landschaft hin, von denen Michael, wie sie vermutete, nichts wußte: die Ruinen von alten römischen Mauern, das Zuhause von Charles Dickens und William Makepeace Thackeray, das Landhaus von Winston Churchill und Schauplätze, die in den Werken von Dickens, Agatha Christie, Arthur Conan Doyle und William Wordsworth, ihrem Lieblingsdichter, vorkamen. Als sie Elsa anrief, um ihr zu sagen, daß sie gut in England angekommen waren, erzählte sie freudig, wie schön der Sommer sei und daß es ein schönes Gefühl sei, zu Hause zu sein.

Einige Tage darauf fuhr Michael nach London, und als er wiederkam, sagte er, daß ihm seine Rechtsanwälte mitgeteilt hätten, das Scheidungsverfahren sei in vollem Gange – wahrscheinlich könnten sie Weihnachten heiraten. Die Rechtsanwälte wollten allerdings, daß Monika vor der Trauung eine voreheliche Einverständniserklärung unterzeichnete, in der sie auf jeglichen Anspruch auf seinen Anteil an der Familienstiftung oder auf das Haus, das die Familie ihnen kaufen wollte, verzichtete. Die Rechtsanwälte und Treuhänder, klagte er, seien verärgert, weil sie Alison nicht gebeten hatten, ein entsprechendes Dokument zu unterzeichnen, und infolge dessen hatte die Familie ihr das Haus in Devon sowie ein Einkommen auf Lebenszeit geben müssen. Monika sagte, sie habe nichts dagegen: sie erwarte nichts von Michaels Familie.

Als Monika anfing, die Londoner Zeitungen nach Stellungsangeboten durchzusehen, erfuhr sie mehr über die Familie, der sie bald angehören sollte. Die Artikel in der *Sunday Times* im vergangenen Herbst hatten zu weiteren journalistischen Nachforschungen über die Vesteys angeregt, von denen nicht alle schmeichelhaft waren. Wenn auch einige Briten die Familie verteidigten – jeder Bürger hat das Recht, Lücken im Steuergesetz auszunutzen, argumentierten sie – so hatten doch die Enthüllungen die Regierung Thatcher in eine peinliche Lage versetzt, und die Premierministerin reagierte darauf mit einer Gesetzgebung, die darauf abzielte, die größte der von Michaels Familie ausgenutzte Lücke im Steuergesetz zu schließen. Phillip Knightley, der Verfasser der *Sunday-Times*-Artikel, schrieb ein Buch, *Die Vestey Affäre,* wodurch noch mehr peinliche Einzelheiten über die Vergangenheit der Familie dazukamen; die Sensationsblätter aus der Fleet Street konzentrierten sich auf das soziale und geschäftliche Leben der Familie, womit sie auflagensteigernd ihre Leser aus der Arbeiterschicht bedienten, die besonders an Enthüllungen über die Oberschicht interessiert waren. Die Blätter berichteten, daß das Vesteysche Geschäftsimperium von den beiden derzeitigen Oberhäuptern der zwei wichtigsten

Familienzweige von einem Londoner Wolkenkratzer aus geleitet wurde: von Michaels Cousin zweiten Grades, Lord Samuel ›Spam‹ Vestey, und Samuels Cousin ersten Grades, Edmund Hoyle Vestey, einem neunundvierzigjährigen ehemaligen Etonschüler, vormals High Sheriff und stellvertretender Lord Lieutenant von Essex, ehemaliger Leutnant der Freisassen der City of London sowie Großgrundbesitzer auf einem einhundertfünfzig Quadratmeilen umfassenden Landgut in den schottischen Highlands. ›Lord Spam‹ (sein offizieller Titel lautete ›Baron Samuel George Armstrong Vestey of Kingswood, County Surrey‹) war ebenfalls ein ehemaliger Etonschüler und – wie sein verstorbener Vater – Offizier der Scots Guards. Er verbrachte seine Zeit teils in einem Londoner Stadthaus und teils in einem Herrenhaus aus dem 17. Jahrhundert. Es hatte fünfundsechzig Zimmer und stand in Stowell Park, einem in den Cotswolds gelegenen bewaldeten Landgut von sieben Quadratmeilen. Die Sensationsblätter berichteten, er ließe sich nach elfjähriger Ehe von seiner Frau scheiden und wolle wieder heiraten, zum Teil deshalb, weil seine erste Frau ihm keinen männlichen Erben geschenkt hatte. Polo, so hieß es, war seine Leidenschaft. Zusammen mit einem Bruder leitete er zwei der erfolgreichsten Poloteams Großbritanniens, wobei er per Hubschrauber zu den Spielen flog. Unter seinen Mannschaftskameraden und engen Freunden befand sich der Prince of Wales.

Michael erzählte Monika, daß viele Mitglieder seiner Familie leidenschaftlich dem Pferdesport frönten (Polo, Springreiten, Fuchsjagd und Vollblutrennen), obwohl er selbst Motorräder bevorzugte. Ein paar Tage später, während einer Fahrt durch die bewaldeten Gegenden Kents, wurden sie Zeugen einer Fuchsjagd. Von ihrem Auto aus sahen sie eine Hundemeute, gefolgt von einer Truppe rotberockter Reiter, die nah bei der Straße in großen Sätzen über eine Wiese jagten und einen Fuchs verfolgten, bis sie im Dunst eines nebligen Morgens verschwanden.

Das Bild blieb Monika im Sinn, und als sie Michael fragte, ob er glaube, daß sie sich ein Pferd anschaffen könnten, sagte er, er werde ihr kaufen, was immer sie begehre, angefangen mit dem Haus ihrer Wahl, an dem Ort, an dem sie wohnen möchte.

London sei zu groß, sagte Monika. Ein Dorf auf dem Lande würde sie vorziehen. Sogar Tunbridge Wells mit seinen Ampeln und Einkaufszentren war zu groß. Sie wollte gern ein Haus auf dem Lande mit Platz für ein Pferd.

Per Telefon hielt sie Sammye Hynes darüber auf dem laufenden, was sie über ihre neue Familie erfuhr; sie sagte ihr, daß ihr die Aussicht dazuzugehören, schreckliche Angst mache. »Ich bin nur ein einfaches Mädchen aus Kalifornien«, sagte sie während eines Telefongesprächs. »Ihr Reichtum ist *unglaublich*. Ich weiß nicht, wie ich da hineinpassen werde.«

»Du wirst davon begeistert sein, wenn du dich erst mal dran gewöhnt hast«, versicherte ihr Sammye.

»Darauf würde ich mich lieber nicht verlassen«, meinte Monika.

Nach dem Anruf wurde sich Sammye klar darüber, daß für ihre beste Freundin ein Traum Wirklichkeit geworden war – vielleicht der Wunschtraum jedes Mädchens. »Sie war wie Aschenputtel«, erinnerte sich Sammye Jahre danach. »Mitten in Kalifornien lernt sie einen Burschen kennen – einen ganz gewöhnlichen Touristen, den ihr ihre Eltern anempfohlen haben – und verliebt sich Hals über Kopf in ihn. Dann entdeckt sie, daß er einer der reichsten Männer Englands ist. Es kam direkt aus dem Märchenbuch. Sie konnten reisen, überall hinfahren, hatten keine Geldsorgen; er konnte ihr alles geben, was sie wollte. Es war ein Märchen, und ich dachte, Monika hätte ihren wahren Märchenprinzen gefunden.«

16. Kapitel

»Wie alt sind Sie, Miss Zumsteg?«

Das war die erste Frage, die Mister Brown stellte. Er lächelte Monika an.

Michael hatte sie zum Machtsitz der Familie Vestey gebracht, einem Gebäude mit acht Etagen, das den größten Teil des City-Häuserblocks in Smithfield, Londons Fleischmarktviertel, einnahm. Man hatte sie eingeladen, damit sie die Männer kennenlernte, die die Schnüre zum Geldbeutel der Vestey-Stiftung in der Hand hielten.

Zunächst war da Lord Spam selbst, der fröhlich erklärte, es würde ihn sehr freuen, sie in der Familie zu wissen. Dann stellte man sie einer Reihe von Angestellten der Familie vor, die schon bald auf das Wesentliche zu sprechen kamen. Edward Brown jun., ein großer graugesichtiger Mann von Anfang Sechzig, war Finanzberater der Familie Vestey. Fast sechzig Jahre zuvor hatte schon sein Vater den Vesteys geholfen, den großartigen Schutzgraben aus Stiftungen anzulegen, der das Familienvermögen umgab. Der Sohn war ein in Anzug mit Weste gekleidetes Musterbeispiel eines loyalen und scharfsinnigen Finanzhelfers, den sich reiche Familien oft an ihre Seite stellen und der ebenso wie seine Arbeitgeber eifrig darauf bedacht war, die Familienangelegenheiten privat und profitabel zu erhalten. In den siebziger Jahren hatte Mister Brown jun. dabei mitgewirkt, die erfolgreiche Erwiderung der Familie auf den Angriff zu inszenieren, den die Inland Revenue auf ihre Stiftungen in Übersee unternommen hatte. Sein Vater hatte die Festung aufgebaut; er hatte sie mit Erfolg verteidigt. Mister Brown (den außer Lord Spam und seiner Frau offenbar niemand anders nannte) kontrollierte jetzt – neben seinen anderen Pflichten – auf Anweisung der Treuhänder die Ausgaben an die Nutznießer der Vestey-Stiftung.

»Vierundzwanzig«, sagte Monika. »Im November werde ich fünfundzwanzig.«

Es ist nicht bekannt, was Mister Brown von der jungen Amerikanerin dachte, die ihm an seinem Schreibtisch als Kandidatin für den Zugriff auf das Vestey-Vermögen gegenübersaß. Aber Monika erzählte ihrer Mutter anschließend, daß sie hoffe, einen guten Eindruck auf ihn gemacht zu haben. »Ich glaube«, sagte sie, »er denkt, daß Alison zu jung war für Michael und daß er eine Frau mit etwas mehr Reife braucht.«

Als nächstes lernte Monika die Rechtsanwälte der Familie

kennen, unter anderem auch Kenneth Dimmick, einen Mann, der wie Mister Brown in dunklen Anzug und Melone gekleidet war, die Uniform seiner sozialen Stellung und seines Berufes – und sie unterzeichnete eine voreheliche Einverständniserklärung, nachdem ihr ihre vertraglichen Rechte erklärt worden waren.

Die Vestey-Stiftung, so sagte man ihr, war eine Stiftung zum Wohle der Nachkommen von Baron William Vestey, welche Zahlungen vornahm, die dem Ermessen des derzeitigen Lord Vestey und anderen Treuhändern unterlagen. Durch die Unterzeichnung der Erklärung verzichtete sie auf jeglichen Anspruch – den sie als Michaels Frau sonst erheben könnte – auf seinen Anteil an dem Vermögen und auf das Haus, das die Stiftung ihnen kaufen wollte. Aber, so betonte man, sie und Michael würden nicht mittellos sein: wenn sie erst einmal verheiratet waren, würde sie ebenso wie Michael eine monatliche Zuwendung für Barauslagen erhalten und sollte sich diese als unzureichend erweisen, so müsse sie die Treuhänder darauf aufmerksam machen. Am Ende eines jeden Monats sollten Michael und sie die Abrechnungen für ihre Kreditkarten und andere Rechnungen in speziellen Briefumschlägen, die sie von ihm erhalten würden, an Mister Brown schicken; unter bestimmten Umständen konnten Rechnungen auch zur Zahlung direkt an sein Büro geschickt werden. Wenn sie verreisen wollten, sollte Monika eine Firma oder Familie anrufen (das Blue Star Reisebüro), und Tickets erster Klasse würden ihnen zugeschickt werden.

Sobald sie es wollten, konnten sie sich nach einem Haus umsehen, sagte Mister Brown. Er gab ihnen keine konkreten Richtlinien, wieviel sie für das Haus ausgeben könnten, aber in einer Bemerkung, die Monika später mit dem Rat eines Betreuers an ein neues Mädchen im Ferienlager verglich, erwähnte er einige der Traditionen in Michaels Familie. Protziges Zurschaustellen ihrer Reichtümer fand die Familie widerwärtig, sagte er. Seit der Zeit Williams und Edmunds befleißigten sich die Vesteys eines unauffälligen Lebensstils; das hieß: von den Zinsen und nicht vom Kapital leben, in gewöhnlichen Autos und nicht in Luxuslimousinen zu fahren, das Geld maßvoll auszugeben.

Er gab ihnen den Namen einer Immobilienfirma, mit denen die Familie geschäftlich verkehrte, und sagte, es werde sich bald jemand bei ihnen melden, um ihnen bei der Wahl eines Hauses behilflich zu sein. Nach einem Gespräch zur Klärung ihrer Wünsche werde der Makler eine Liste mit Objekten in einer oder mehreren Gegenden außerhalb Londons vorlegen, die vielleicht für sie in Frage kämen. Sobald sie drei mögliche Eigenheime in die engere Wahl zögen, werde der Makler dann Verhandlungen einleiten, Preise vereinbaren und Mister Brown die Zahlen vorlegen. Ein Gutachter werde sich die Objekte in der von Monika und Michael gewünschten Reihenfolge genau ansehen, und wenn der ausgehandelte Preis akzeptabel sei, werde man das Haus kaufen, wobei allerdings die Vestey-Stiftung der rechtmäßige Eigentümer sein werde. Sobald sie sich endgültig entschlossen hätten, sagte Mister Brown, könnten sie sich Möbel aussuchen.

Zum Abschluß des Gesprächs fragte Monika, ob sie sich an ein bestimmtes Budget halten sollten.

Nein, eigentlich nicht, sagte Mister Brown. Aber sie sollten mit Überlegung vorgehen: Genau das sei der Stil der Vesteys.

Nachdem sie die Juristen und Buchhalter der Dynastie kennengelernt hatte, nahm Michael seine Verlobte zu einem Besuch bei seiner Lieblingstante mit.

Tante Liz, die jüngere Schwester seiner Mutter, ging auf die Sechzig zu und lebte – abgesehen von mehreren Katzen – allein in einem großen Haus aus dem 19. Jahrhundert im Londoner Stadtteil Royal Borough of Kensington/Chelsea. Als er ein kleiner Junge gewesen sei, sagte Michael, habe sie sich oft um ihn gekümmert und ihm das Gefühl gegeben, ihr dritter Sohn zu sein.

Wie Lord Vestey hieß auch Tante Liz die junge Amerikanerin enthusiastisch in der Familie willkommen. Allerdings sollte Monika ihren Eltern später anvertrauen, ein seltsames Gefühl habe sie während dieses Zusammentreffens beschlichen – ähnlich wie bei der Besprechung mit den Herren Brown und Dimmick; sie habe das Gefühl gehabt, als schätze Michaels Tante sie ab wie ein Objekt unter Glas. Es war ja ganz natürlich, daß eine zukünftige Braut von den Mitgliedern ihrer neuen Familie genau gemustert wurde, sagte sie, aber Michaels Tante und die anderen schienen ihr etwas zu genau Maß zu nehmen.

Während Snoggers, eine ihrer Katzen, auf ihrem Schoß dahindöste und ein dicker, gelblichbrauner Kater namens Asquith hinter ihr auf ihrem Windsorstuhl balancierte, schenkte Tante Liz ihren Gästen Tee ein und sagte: »Hat Michael dir viel über seine Kindheit erzählt?«

Monika nickte verständnisvoll und dachte dabei an seine Einweisung in ein Internat. Inzwischen hatte sie erfahren, daß viele reiche britische Familien ihre Söhne mit sieben Jahren auf ein Internat schickten, und sie haßte diesen Brauch.

»Er hat viel Pech gehabt«, stimmte Tante Liz zu.

»Ja«, antwortete Monika.

Vielleicht könne Monika ihm behilflich sein, einen Lehrer zu finden, damit er einige seiner Bildungslücken beheben könne. Keine seiner Schulen habe wirklich etwas geleistet, sagte Tante Liz.

Sie wandte sich an Michael und fragte ihn, ob er regelmäßig seinen Psychiater aufsuche.

»Ja«, log Michael.

An der Tür, als sie gerade gehen wollten, sprach die Gastgeberin leise mit Monika. »Achte darauf, daß er zu seinen Arztterminen geht.«

Bis zu diesem Augenblick, erwiderte Monika, sei ihr gar nicht bekannt gewesen, daß er zu einem Psychiater gehe.

Tante Liz sagte, es seien wöchentliche Besuche bei einem der besten Londoner Psychiater vereinbart, aber er nehme oft Termine nicht wahr, und Monika solle sich darum kümmern, daß er nicht noch mehr verpasse.

Auf dem Rückweg nach Tunbridge Wells schimpfte Monika mit Michael, weil er ihr nichts von dem Arzt erzählt hatte. Er dagegen sagte wütend, daß Tante Liz unrecht habe. Es gäbe keinen Grund, warum er einen Psychiater aufsuchen sollte.

17. Kapitel

Monika und Michael entdeckten ihr Traumhaus in Buckinghamshire, in der Nähe des Dorfes West Wycombe. Michaels Familie bestätigte die Geschichte zwar nie, aber Freunde von Monika und Michael behaupteten später, daß die beiden West Wycombe nur durch Zufall gefunden hätten. Sie hatten den Makler gebeten, sich in West Wickham, einem Dorf in Kent, nicht weit von Tunbridge Wells, am Südrand von Groß-London, nach einem Haus umzusehen; aber er hatte es mißverstanden und fuhr statt dessen nach West Wycombe, vierzig Meilen nördlich. Wahrheit oder nicht, als Monika und Michael Lambourn House sahen, entschieden sie, daß dies Haus aus dem 18. Jahrhundert an einem Sträßchen auf dem Lande, eine Meile vom Dorf entfernt, genau das Haus war, in dem sie wohnen wollten.

West Wycombe war eines von nur wenigen britischen Dörfern, das ganz im Besitz und unter der Verwaltung des National Trust stand, einer Organisation, deren Hauptaufgabe darin bestand, die historischen Gebäude Großbritanniens zu erhalten. Das britische Volk hatte das Dorf in den dreißiger Jahren mit Spenden gekauft, um seinen historischen Charakter zu erhalten. Monika sagte, es sei dem ländlichen Dorf, von dem sie geträumt und über das sie in Agatha-Christie-Romanen gelesen hatte, so ähnlich wie sie es so nah bei London wohl nur je finden würden.

In einem der Reiseführer, die sie gekauft hatte, um sich eingehend über England zu informieren, wurde West Wycombe von einem Schriftsteller beschrieben:

> Angeschmiegt an die Chiltern Hills, dreißig Meilen westlich von London, strahlt das Dorf West Wycombe noch heute eine Atmosphäre des frühen 18. Jahrhunderts aus. Die Strohdächer sind durch Dachpfannen ersetzt worden, und

einige der Gebäude sind beseitigt oder ersetzt worden, dennoch ist das Dorf zwei Jahrhunderte von der heutigen Zeit entfernt.

Jahrhundertelang hatten Lambourn House und das Dorf selbst zu einem privaten Lehnsgut, dem Gut West Wycombe gehört. Im frühen 18. Jahrhundert stellte Sir Francis Dashwood, ein reicher Seidenhändler, Ländereien für ein Landgut zusammen, das mit der Kutsche von London aus in zwei Stunden zu erreichen war. Als er 1724 starb, setzte sein sechzehnjähriger Sohn, ebenfalls Francis genannt, das Projekt fort, kam jedoch von der Idee des ursprünglich geplanten großen Herrenhauses aus Backstein ab und errichtete statt dessen ein spektakuläres Haus mit Säulengängen, das stark von den Architekten Roms und Griechenlands beeinflußt war. Nach seinen Vorstellungen wurde West Wycombe House eines der führenden Beispiele palladianischer Architektur, mit einem Säulengang, der dem Bacchustempel in der griechischen Stadt Teos nachempfunden war. Vielleicht paßte es ganz gut, daß das Haus dem Gott des Weines Ehre zollte, denn Sir Francis sicherte sich weniger wegen der Pracht seines Hauses oder seiner vierzigjährigen Laufbahn im Parlament einen Namen in der Geschichte, sondern vielmehr wegen der Rituale eines Clubs, den er im West Wycombe House gründete: die Ritter des hl. Francis von Wycombe, besser bekannt als der Höllenfeuerclub. Die Mitglieder, die sich als Mönche verkleideten und Wein aus silbernen Bechern in der Form von Frauenbrüsten tranken, trafen sich in Höhlen in der Nähe des Hauses sowie in einer uralten Abtei in der Nähe mit Frauen, die – zumindest bei ihrer Ankunft – die Ordenskleidung katholischer Nonnen trugen und die sich dem Gelübde verpflichteten, sich ›während ihres Aufenthaltes innerhalb der klösterlichen Wände wie die rechtmäßigen Ehefrauen der Brüder‹ zu verhalten. Der Abt des Clubs führte den Vorsitz über Scheingottesdienste und durfte als erster seine Wahl unter den Frauen treffen. Nach seiner Gründung 1748 lief der Höllenfeuerclub, auf dessen Mitgliedsliste einige der prominentesten Männer Englands standen, über zwanzig Jahre lang gut, bis ein

Streit unter den Brüdern zu peinlichem öffentlichem Aufsehen und zu seinem Untergang führte.

Lambourn House war, wie es britische Architekten ausdrücken, ein ›Umbau‹ – eine vornehme Umschreibung dafür, daß es ehemals eine Scheune gewesen war. Das ausgedehnte Haus war durch die Verbindung mehrerer Gebäude aus dem 18. Jahrhundert entstanden, die einst zu einem Pachthof auf dem Gut gehört hatten, den die Familie Dashwood während einer der immer wiederkehrenden Zeiten der Geldknappheit verkauft hatte. Das Haus, das von fast zwei Jahrhunderten britischer Winter verwittert war, war aus Ziegelsteinen und Naturstein gebaut, hatte ein Schieferdach, stuckverzierte Fachwerkwände und Terrassentüren mit Kristallglasscheiben und weißen Rahmen. Neben dem Haus befand sich ein großer Hof.

Nördlich des Hauses lagen große Weideflächen, die von dunklen Hecken und Ziegelmauern begrenzt wurden; es schloß sich eine steile Hügelkette an, die von dichten Buchenbeständen gekrönt war. Im Innern waren die getünchten Wände durchsetzt von breiten, geschwärzten Eichenbalken und vereinzelt auch von rötlichen Flächen aus Flint und Ziegeln. Einschließlich des großen Hauptschlafzimmers waren vier Zimmer vorhanden. Die Küche und die Badezimmer waren so modern wie man sie in England nur finden konnte. Ein separates Gebäude (Einheimische nannten es das ›Sommerhaus‹, Monika nannte es das ›Nebengebäude‹) wurde noch modernisiert, und der Makler wies Monika darauf hin, daß noch monatelang Handwerker im Wege sein könnten, wenn sie das Haus kauften. Aber sie blieb unbeirrt. Ihr Entschluß wurde während eines Besuchs im Dorf besiegelt, wo sie an einer Anschlagtafel der Gemeinde zwei Anzeigen sah: die eine kündigte einen bevorstehenden Antiquitätenmarkt an, wodurch die Bemerkung des Maklers bestätigt wurde, daß der Antiquitätenhandel in den Chiltern Hills beliebt war, die andere warb für eine Reitschule auf Gut West Wycombe – ein mühsamer Versuch seiner Besitzer, die hohen Betriebskosten zu subventionieren. Es wurden Stunden in Springreiten, Hindernisrennen und Jagdreiten angeboten.

Lambourn House sei ideal, erklärte Monika: ein rustikales, weitläufiges Haus auf dem Lande, in der Nähe eines malerischen Dorfes, mit Platz für ein Pferd und so nah bei London, daß sie per Zug oder Auto in weniger als einer Stunde dorthin gelangen konnten.

Anfang Oktober rief sie aufgeregt bei Elsa an: »Mutter, Michaels Rechtsanwalt hat angerufen und gesagt, daß wir nächsten Monat heiraten können. Dann wird seine Scheidung rechtskräftig.«

»Ist es denn jetzt wirklich so eilig, Monika?« fragte ihre Mutter, weil sie daran dachte, daß gerade alles so gut zu laufen schien. »Warum die Eile?«

Monika sagte, Michael und sie brannten förmlich darauf, zu heiraten. Außerdem ließ ihr Visum nur einen sechsmonatigen Aufenthalt in Großbritannien zu, und es lief bald ab; und wenn sie erst einmal verheiratet wären, würde es einfacher für sie sein, eine Stellung zu finden.

»Ich werde auch nach der Hochzeit meinen eigenen Namen behalten, ›Zumsteg-Telling‹; Michael ist damit einverstanden«, sagte Monika. »Wir hoffen, daß wir am 24. November heiraten können. Michael wird euch Tickets für dich und Dad und die anderen zuschicken, damit ihr rüberfliegen könnt.«

Elsa erkannte das Datum: Lous und Monikas Geburtstag.

18. Kapitel

Als Monika sie in Heathrow in einer Limousine mit einem livrierten Chauffeur namens Alex abholte, erkannten Lou und Elsa zum ersten Mal wirklich, wie sehr sich Monikas Leben durch ihr zufälliges Zusammentreffen mit Michael in Sausalito vor dreizehn Monaten verändert hatte. Zusammen mit Lous Eltern waren sie mit British Airways nach London gereist, auf

Tickets erster Klasse, die die Vestey-Stiftung über achttausend Dollar gekostet hatten.

Im Lambourn House stellte Monika ihnen ihr neues Haustier vor, einen nervösen weißen Kakadu namens Cocky, dem sie bereits beigebracht hatte ›Hallo‹ und ›Verpiß dich‹ zu sagen. Unglücklicherweise war es ein neurotischer und eifersüchtiger Vogel: Wenn sich in seiner Gegenwart Michael oder ein anderer Mann Monika näherte, flatterte er wütend mit den Flügeln und stieß einen Schrei aus; wenn er nicht eingesperrt war, ging er manchmal mit Schnabel und Klauen auf den Eindringling los.

Weil sie von dem Flug erschöpft waren und noch auf den Rhythmus der kalifornischen Uhren eingestellt waren, beschlossen Lou, Elsa und Lous Vater, ein Nickerchen zu halten. Monikas Großmutter hingegen sagte, sie sei ganz versessen darauf, etwas über Monikas neues Leben in England zu erfahren. Monika gab ihr ein Glas Wein und schenkte sich selbst, wie es schien, eine Cola ein. Während die anderen schliefen, unterhielten sich die beiden fast zwei Stunden lang.

Monika erklärte ihr, wer die Vesteys waren, womit sie ihr Geld verdienten und daß Mister Brown alles bezahlte, was sie und Michael haben wollten. Das Haus hatte etwa dreihunderttausend Dollar gekostet, und es gab nur wenige Einschränkungen bezüglich der Summe, die sie ausgeben konnten, obwohl man alles mißbilligte, wodurch irgendwie Aufmerksamkeit auf die Familie gelenkt wurde. In geringem Ausmaß hatte sie bereits die Mißbilligung der Familie diesbezüglich kennengelernt: als sie und Michael eine Badewanne aus Kalifornien bestellten, bemerkte sie einen Seufzer des Mißfallens bei Mister Brown.

Monika erzählte ihrer Großmutter von ihrem Entschluß, Reitstunden zu nehmen und ein Pferd zu kaufen; sie sagte, wenn sie erst einmal gut genug wäre, würde sie sich Michaels Familie bei einer Parforcejagd anschließen. Die Aussicht darauf sei sehr aufregend für sie, sagte sie. Mit Ausnahme von Michael bestand die ganze Familie aus Pferdenarren.

Ebenso wie Lou und Elsa, hatte auch Monikas Großmutter keine Ahnung von Michaels Reichtum, bis sie in England ankam. Sie freute sich für ihre Enkelin, allerdings nicht wegen des Geldes: sie war beeindruckt davon, wie liebevoll und fürsorglich Michael war. »Weißt du, Monika, du hast wirklich Glück. Michael ist so nett. Du hast Glück, einen Mann zu haben, der so zärtlich und herzlich ist . . .«

Inzwischen hatte Isabella Zumsteg bemerkt, daß Monika nicht nur Coca-Cola trank. Sie hatte zugesehen, wie sie ihr Glas mehrere Male aus einer Flasche mit dunklem Rum nachfüllte, und der hatte ihr die Zunge gelöst, wie Alkohol das immer bei ihr tat.

Monika strich eine Haarlocke zurück, die ihr in die Stirn gefallen war und schenkte ihrer Großmutter ein schuldbewußtes Lächeln.

»Großmutter, er ist meistens nett, aber er ist nicht immer so. Er hat manchmal Wutanfälle wie ein Kind. Ich nenne dir mal ein Beispiel . . .«

Und dann erzählte sie ihrer Großmutter eine Geschichte, die sie noch niemand anderem in der Familie erzählt hatte.

Als sie noch in Tunbridge Wells gewohnt hatten, hatten sie ihre Freunde David und Christine (»Du wirst sie bei der Trauung kennenlernen«) eines Abends auf ein paar Drinks eingeladen. Es war ein Dienstag, und Michael hätte seinen Psychiater in London aufsuchen sollen. Sie erfuhr, daß er bezüglich der Einhaltung des Termins gelogen hatte, und sie hatten eine Auseinandersetzung; Michael schmollte noch, als ihre Gäste ankamen und war weiterhin eingeschnappt. Sie bat ihn nach oben und sagte ihm, daß ihr sein Schmollen peinlich sei. Nach weiterem Schelten brach Michael plötzlich in einen heftigen Wutanfall aus.

»Er wurde zu einem Verrückten; ich hatte ihn noch nie so gesehen«, sagte Monika. »Er war wie in Trance.« Mit glasigen Augen hatte er sich an ihr vorbeigeschoben, das Geländer an der Treppe gepackt und angefangen, mit Gewalt daran zu rütteln. Es war zerbrochen, und er hatte Stücke des Handlaufs die Treppe hinuntergeworfen; dann hatte er die senkrechten Holzstützen einzeln ausgerissen und weggeschleudert, während Christine und David von unten aus zusahen.

Monika sagte, sie habe Michael geschüttelt und gesagt: »*Hör auf! Hör auf!*« Nach einer Weile hatten seine Augen wieder ihren normalen Ausdruck angenommen, und er war aus der Trance erwacht. Als sie ihm das zerstörte Treppengeländer gezeigt hatte, hatte er gesagt: »Mach dir keine Sorgen, ich kann es mir leisten, es in Ordnung bringen zu lassen . . .«

»Was hat ihn veranlaßt, das zu tun?« fragte Monikas Großmutter, die die Geschichte verblüffte.

Monika sagte, der Wutausbruch könnte durch seine Diabetes ausgelöst worden sein – er hätte vielleicht zuviel getrunken oder etwas Falsches gegessen. Seit damals hatte er weitere, ähnliche Wutanfälle gehabt. Und das war noch nicht alles, was sie über ihn erfahren hatte, seit sie nach England gezogen war. »Großmutter, Michael ist süß, da hast du ganz recht. Aber er ist sehr verwöhnt, und er ist es gewohnt, seinen Willen durchzusetzen, und wenn das nicht klappt, wird er sehr launisch. Er hatte eine schreckliche Kindheit.«

»Was ist denn passiert?«

Monika erzählte ihr davon, daß Michael in ein Internat gesteckt worden war, als er erst sieben war, so wie es bei den reichen Familien in England Brauch war. »Michael sagt, und wenn es das letzte ist, was er tut, er wird unsere Kinder nicht aufs Internat schicken. Jedenfalls hat er auf dem Internat keine gute Ausbildung genossen, und jetzt möchte seine Familie, daß ich einen Lehrer für ihn finde.« Sie sagte, seine Rechtschreibung sei schlecht, seine Handschrift manchmal kaum leserlich.

Seine Verwandten, drängten sie auch, sicherzustellen, daß er dienstags zu seinem Psychiater in London gehe – etwas, das sie auf seine Bitte hin nicht ihrer Familie erzählen solle. Monika meinte, Michael werde seinen Fähigkeiten nicht gerecht, aber sie glaubte, sie werde ihm helfen können.

Monikas Großmutter war über siebzig und glaubte, ein wenig Lebenserfahrung zu haben. Da sie schon seit langer Zeit skeptisch beobachtet hatte, daß Monika ein Interesse daran hatte, psychisch schwachen Menschen zu helfen, sprach sie aus, was sie dachte: »Weißt du, Monika, du kannst im Leben niemanden verändern. Die einzige Person, die du ändern kannst, bist du selbst.«

Michaels endgültiges Scheidungsurteil wurde kurzfristig verzögert, was den Besuch um ein paar Tage verlängerte und eine Trauung an Lous und Monikas Geburtstag unmöglich machte. Alex, der Chauffeur, der bei Michaels Familie angestellt war, fuhr die Familie nach London, wo sie einen Tag lang Besichtigungen machten, und nahm sie dann mit auf eine Rundfahrt durch das Themsetal und nach Oxford, wo Monika verkündete, daß sie hier einen Immatrikulationsantrag gestellt habe. Sie meinte, falls Oxford einige ihrer Leistungsnachweise aus Kalifornien anerkannte, könnte sie wahrscheinlich in zwei oder drei Jahren ihren Universitätsabschluß erreichen.

Am Abend vor der Hochzeit war Lou in einem Restaurant mit Blick auf die Themse einige Augenblicke lang allein mit Monika. Sie erzählte ihm, wie Michael das Treppengeländer in Tunbridge Wells kaputtgemacht hatte und davon, daß er ihr verschwiegen hatte, daß er seit seiner Kindheit immer wieder eine Zeitlang einen Psychiater aufgesucht hatte. Trotz seiner Versprechen, ehrlich zu sein, sagte sie, lüge er immer noch, prahle vor Fremden mit erfundenen Heldentaten im britischen Geheimdienst und erfinde andere Geschichten über sich selbst.

Wie so viele junge Frauen am Vorabend vor der Hochzeit, dachte Lou, hatte auch Monika Zweifel hinsichtlich des Mannes, den zu heiraten sie beschlossen hatte. Es überraschte ihn nicht; er hatte so etwas schon öfter erlebt.

»Denkst du, ich sollte ihn heiraten?« fragte sie.

Anstatt die Flagge elterlicher Vorsicht zu hissen, antwortete Lou mit einer Frage: »Was empfindest *du* für ihn?«

»Ich liebe ihn«, sagte sie.

»Nun«, sagte er, »da hast du deine Antwort. Wenn ich an deiner Stelle wäre, würde ich meinem Gewissen folgen.«

19. Kapitel

Michael und Monika wurden am 27. November 1981 nachmittags auf dem Standesamt in High Wycombe getraut – einen Tag nachdem Michaels Scheidungsurteil rechtskräftig geworden war. Das standesamtliche Zeremoniell, das weniger als zehn Minuten dauerte, verlieh Monika eine Art Unsterblichkeit: die Eintragung ihres Namens hinter dem ihres Ehemannes in *Debrett's Peerage*, der Namensliste der britischen Adelsfamilien.

Das Brautpaar und seine Gäste versammelten sich um drei Uhr im Lambourn House. Dann brachte der Chauffeur Michael und Monika nach High Wycombe, einer fünfzehn Autominuten von West Wycombe entfernten Stadt. Unter grauem Himmel folgten die Gäste dem roten Mercedes wie in einer Karawane.

Mehrere Stunden zuvor hatte Elsa, als sie das Frühstück zubereitete, einen Schluck aus einem Glas Orangensaft genommen, das Monika auf der Spüle stehenlassen hatte. »Monika!« rief sie. »Der ist ja *mit Schuß*. Warum hast du denn Alkohol in deinen Orangensaft getan?«

Monika sagte, sie wolle nur schon etwas früher mit dem Feiern beginnen.

Christine Percy war Monikas Trauzeugin, Michaels Cousin Christopher war der Trauzeuge. Unter den anderen Gästen befanden sich noch weitere Cousins und mehrere Freunde aus Tunbridge Wells. Michaels Mutter schickte eine schriftliche Entschuldigung, in der sie sagte, sie könne Australien unmöglich verlassen, da ihr Mann wegen chronischer Polyarthritis an den Rollstuhl gefesselt sei. Auch Michaels Vater fehlte. In einem mit ›Sam‹ unterzeichneten kurzen Brief entschuldigte sich Lord Vestey für seine Abwesenheit und teilte mit, daß er an Michaels

Hochzeitstag in Hong Kong sein müsse. Er schickte Mister Brown als seinen Vertreter.

Auch Tante Liz schickte ein kurzes Entschuldigungsschreiben, zusammen mit einem Scheck. Snoggers, schrieb sie, sei noch einmal operiert worden, ›so daß ich nicht gern weit von zu Hause weggehe . . .‹

Als Elsa den Brief sah, wurde sie an eine von Monikas Beobachtungen über die Briten erinnert: ›Mutter, für manche Menschen hier sind Tiere wichtiger als Menschen.‹ Am Tag zuvor hatte sie noch weitere Beweise hierfür in einer Fernsehdokumentation über Michaels Cousin zweiten Grades, Lord Spam, gesehen. Es hieß dort, daß seine zukünftige Frau eine so leidenschaftliche Pferdeliebhaberin sei, daß sie manchmal ihr Lieblingspferd zu einem Nachmittagsimbiß ins Haus einlade. Elsa gewann noch einen weiteren Eindruck von Michaels Familie: nach den teuren Fahrten in der Limousine und den Tickets erster Klasse war sie überrascht darüber, wie *gewöhnlich* ihre Hochzeitsgeschenke an Michael und Monika ausfielen. Die Vesteys schickten *schöne* Geschenke (Bettwäsche usw.); aber keines davon war übertrieben oder besonders teuer. Sie hatte schon ausgefallenere Geschenke auf den Hochzeiten der Kinder ihrer Freunde in Santa Rosa gesehen. Als sie eine Bemerkung darüber machte, sagte Monika: »Mom, für Michaels Familie bedeuten Geschenke nicht so viel wie für andere Leute. Diese Leute können hingehen und sich kaufen, was immer sie möchten. Jeder weiß das, und sie finden, daß es von schlechten Manieren zeugt, mit seinem Geld zu prahlen oder etwas großspurig zur Schau zu stellen.«

Monika hatte das Standesamt mit Rosen und anderen Blumen geschmückt, um sein frostiges bürokratisches Äußeres etwas abzumildern. Dennoch war es ganz anders als die Kathedrale, in der sie zu heiraten gehofft hatte. Im Anschluß an die Zeremonie, deren Vorsitz ein hagerer, nüchterner und sachlicher Beamter hatte, kehrte die Kolonne nach Lambourn House zurück, zu Champagner, Kuchen und einem angelieferten Abendessen. Michael und Monika kamen mit Alex zurück, der sie später zu ihrer Hochzeitsnacht zum Hyde Park Hotel fuhr. Michaels Cousin Christopher und seine Frau boten Lou und Elsa an, mit ihnen nach Lambourn House zurückzufahren.

Auf der Fahrt nach West Wycombe sagte Christopher, er freue sich sehr für Michael. »Ich glaube, Monika wird sehr gut für ihn sein.«

»Ihr wißt doch über Michaels Hintergrund Bescheid, oder?« fragte er.

Lou glaubte, eine gewisse Schärfe in seiner Stimme zu hören.

»Ja«, sagte er, »Monika und Michael haben uns erzählt, daß er als Kind emotionelle Probleme hatte.«

Ein sorgenvoller Ausdruck trat für einen kurzen Augenblick in Christophers Augen.

Er drehte sich im Fahrersitz des Jaguars um und starrte Lou einen Moment lang an. Er schien noch etwas sagen zu wollen, blickte dann aber wieder auf die Straße und schwieg während der verbleibenden kurzen Fahrt nach Lambourn House.

III

Eine Geschichte besser nie geschrieben
Ein Herz, dem
Unglück nur beschieden

Der Tod versetzt den letzten Schlag
und jener Kummer ist
ein Schmerz, der viel zu langsam wirkt

Doch Liebe, von der Seele neu entdeckt
hat den Körper überwunden
die Trauer unterlag

MONIKA ZUMSTEG, *20. März 1974*

20. Kapitel

West Wycombe, Winter 1981/82

England hielt keinen warmen Willkommensgruß für die Braut aus Kalifornien bereit. Der Winter nach Monikas und Michaels Hochzeit war in Großbritannien einer der kältesten des Jahrhunderts. Stürme, die sich vor der Nordsee zusammenbrauten, beutelten die Hügelketten und das Tiefland der Chiltern Hills immer wieder und luden dabei Berge von Schnee ab, die Lambourn House häufig vom Dorf abschnitten. Die Stürme machten die schmalen Straßen von West Wycombe so unsicher, daß Monika oft Angst hatte, das Haus in ihrem neuen Pontiac zu verlassen. Nachdem sie sich zu einem Computer-Programmierkurs in High Wycombe angemeldet hatte, um ihre Zeit sinnvoll zu nutzen, verpaßte sie die erste Zusammenkunft wegen der glatten Straßen. Beim zweiten Treffen ließ sie sich von Alex in der Limousine, die für die Mitglieder von Michaels Familie auf Abruf bereitstand, zu dem Kurs fahren. Sie begann an den besonderen Vergünstigungen des Reichtums Gefallen zu finden.

Kurz nach der Hochzeit traten die unberechenbaren Stimmungswechsel bei Michael erneut auf, und er fing an, sich – manchmal wütend – darüber zu beschweren, daß ihm kein direkter Zugriff auf seinen vollen Anteil an der Familienstiftung gewährt wurde. Es ärgerte ihn, daß er, wenn er etwas besonders Teures kaufen wollte (noch ein Motorrad, zum Beispiel), dies zuvor über Mister Brown arrangieren mußte, der es ihm gelegentlich auszureden versuchte, indem er ihn an den Stil der Vesteys erinnerte. Dieser Ratschlag von dem Angestellten seiner Familie machte ihn zornig: wenn das wahr war, warum lebte dann Lord Vestey in einem Herrenhaus mit achtunddreißig Zimmern, während seine Verwandten auf den Knien um ihren rechtmäßigen Anteil an dem Vermögen bitten mußten, fragte er Monika. Es war doch reines Pech, daß nicht *er*, sondern sein

Cousin den Titel innehatte; Monika wäre dann Lady Vestey. Als sie Elsa gegenüber diese Bemerkung wiederholte, sagte Monika, sie sei sich nicht sicher, aber sie vermute, daß Michael meine, nur ein verrückter Zufall habe ihn des Titels und noch größeren Reichtums beraubt.

Obwohl die Regenstürme Michael und Monika oft zu Gefangenen im Lambourn House machten, begannen sie, auf andere Leute zuzugehen und Freundschaften zu schließen. In Australien hatte Michael mit dem Hobby des CB-Funkens begonnen, wobei man billige Sende- und Empfangsgeräte benutzte, um mit anderen, ähnlich ausgerüsteten Fans zu sprechen, von denen viele Fremde waren. In einem nicht genutzten Zimmer im Lambourn House installierte er seine Ausrüstung sowie eine stärkere Amateurfunk-Radiovorrichtung mit großer Reichweite und taufte das Ganze den ›Radio-Schuppen‹.

Schon nach kurzer Zeit ging in CB-Kreisen das Gerücht um, ein reicher Neuling sei nach Buckinghamshire gezogen – nach ›Bucks‹, wie die Einheimischen ihre Grafschaft nannten. Das Gerücht war allerdings noch nicht in ein Haus vorgedrungen, das wenige Meilen von der Radnage Lane entfernt im Dorf Land End lag und wo Richard Richardson eines Abends über seine Anlage gebeugt saß, als er eine unbekannte Stimme hörte:

»Hat irgend jemand mein Känguruh gesehen? Ich hab' mein Känguruh verloren.«

»Gerade vor ein paar Minuten ist eins an meinem Fenster vorbeigekommen«, erwiderte Richardson, »aber wie sieht *dein* Känguruh denn überhaupt aus?«

Michael antwortete:

»Es sieht komisch aus, groß und schlank.«

»Nein, das, das ich gesehen habe, war kurz und dick – sah aus wie ein Kaninchen. Das war nicht *dein* Känguruh«, gab Richardson zurück.

Nachdem sie mehrere Minuten lang über Känguruhs geflachst hatten, machte Michael Schluß mit einem Abschiedsgruß, den andere CB-ler bereits von ihm übernommen hatten: »Ein Bier, ein Prost und gebt acht auf die Homos.«

Als Richard Richardson sein Radio abstellte, sagte er zu seiner Frau Cheryl: »Der Knabe, mit dem ich gerade gesprochen habe, ist genau so'n Irrer wie ich.«

Richardson war ein kleiner, drahtiger Mann, der 1942 in Indien geboren worden war. Seine Mutter war die Tochter eines britischen Beamten, sein Vater war ein britischer Infanterist, der kurz nach Richards Geburt in Singapur umkam. Nachdem er aus Indien evakuiert worden war, verbrachte er den Krieg in einem Lager für Zwangsumsiedler in Südafrika und wurde dann in ein Flüchtlingslager in Schottland zurückgeführt, wo er seine Jugend verbrachte. Da er als Mechaniker und Ingenieur in Schottland keine Arbeitsstelle finden konnte, zog er nach Bucks, wo er Cheryl kennenlernte, eine umgesiedelte Londonerin, die ebenfalls während der mageren Nachkriegsjahre nach Bucks ausgewandert war.

Nachdem sie sich noch häufiger über CB-Funk unterhalten hatten, beschlossen Richard und Michael, sich persönlich zu treffen, und zwar zusammen mit ihren Frauen in dem Pub ›The Boot‹ in Bledlow Ridge, einem Dorf, das sich auf einem langen Sattel der Chiltern Hills ausdehnte und drei Meilen vom Lambourn House entfernt lag. Vor dem Gasthaus hing ein Schild in Gestalt eines Stiefels, über dessen Rand von innen her ein Teufel spähte; darunter stand der eher prosaische Hinweis: ›Gutes Essen‹. Dieser Pub war das wichtigste soziale Zentrum für die etwa zweihundert Einwohner von Bledlow Ridge und die Täler der Umgebung. Die meisten der Stammgäste kamen aus ortsansässigen Arbeiterfamilien, obwohl ein zunehmender Prozentsatz aus gutgestellten Bewohnern vornehmerer Einzugsgebiete bestand, die – wie Monika und Michael – nach Buckinghamshire gezogen waren, weil sie Abgeschiedenheit und ländliche Schönheit zu schätzen wußten.

Der Eigentümer des Pubs führte von der Mitte einer großen, U-förmigen Bar aus die Aufsicht, wie der Kapitän eines Schiffes auf seiner Brücke, während seine Frau unter ihm in einer Kellerküche Sandwiches, Fish and Chips und gelegentlich auch etwas anspruchsvollere Kost zubereitete. Zu seiner Linken bediente der Wirt weitgehend männliche Gäste aus dem Ort, deren Familien einander seit Generationen kannten. Zu seiner Rechten bediente er hauptsächlich Paare und Reisende in der vornehmeren Saloon Bar, die seine Frau etwas feiner gestaltet hatte mit Drucken von Buckinghamshire an den Wänden, gepolsterten Stühlen und dicken Tischplatten aus dunkler Eiche.

In dem Augenblick, als Monika und Michael den Pub betraten, beobachteten Richard und Cheryl eine seltsame Szene, die sie nie vergaßen: so als ob eine Uhr geschlagen hätte, wurde der Raum plötzlich still. Sprechende verstummten, und praktisch jede Bewegung wurde abgestoppt. Sogar der Arm eines Mannes, der auf das Dartboard zielte, hielt mitten im Wurf inne, als Monika zur Tür hereinkam. Praktisch jeder Mann drehte sich nach ihr um, um sie zu begutachten, und war zunächst von ihrer zierlichen Figur gefesselt und dann von ihrem Lächeln, das nicht vor der Aufmerksamkeit zurückschreckte. Später beobachteten Richard und Cheryl oft, daß Monika diese Wirkung auf Männer ausübte. Sie strahlte sexuelle Energie aus. Es war eine sinnliche Kraft, die jeden Raum füllte, den sie betrat und die auf jeden Mann ausstrahlte, dem sie begegnete. Sie erwiderte ihre Blicke, lächelte und schaute dann weg.

Das zweite, was Cheryl und Richard an Monika auffiel, war, daß sie ihnen gegenüber argwöhnisch war: als ihre Getränke gebracht wurden, richtete sie ihren Blick auf Richard, um zu sehen, ob er sich erbot, dafür zu zahlen. Erst nachdem Richard, der sich ihres prüfenden Blicks nicht bewußt war, ein paar Münzen auf den Tisch warf, entspannte sie sich langsam. Wochen darauf gestand sie Cheryl, daß sie ihnen gegenüber mißtrauisch gewesen sei, und sie erklärte ihr auch den Grund. Als sie Michael erst ganz kurze Zeit kannte, hatte sie bemerkt, daß Fremde ihn oft ausnutzten; sobald sie erfuhren, daß er reich war, scharwenzelten sie um ihn herum, schmeichelten ihm und versuchten, ihn auszunutzen. Im Laufe des letzten Jahres hatte er bereits drei teure Rolex-Armbanduhren an Leute verschenkt, die er kaum kannte.

Als sie alle ihre Getränke hatten, bestellten sie sich ein Abendessen, teilten sich die Rechnung und verabredeten, sich in ein paar Tagen wieder im ›Boot‹ zu treffen. Der Abend hatte ihnen allen Freude gemacht, und es war der Beginn einer

Freundschaft. Monika hatte zufällig gehört, wie Michael gegenüber Richard behauptet hatte, er habe einen Posten bei der Regierung, über den er nicht sprechen könne, weil er unter den Official Secrets Act falle; aber sie wollte den Abend nicht verderben und schwieg deshalb.

In der Nachbarschaft fand Monika noch zwei Freunde. Ein paar Tage vor der Hochzeit hatte sie bei einem Nachbarhaus an der Radnage Lane angeklopft und gefragt, ob sie das Telefon benutzen dürfe, weil ihres noch nicht installiert war. Während sie sich vorstellte, schoß sie auf den Ofen im Wohnzimmer zu, denn sie fröstelte wegen der Feuchtigkeit, die sie von Kalifornien her nicht kannte.

Ettie Turner hieß sie im Dorf willkommen und bot ihr eine Tasse Tee an. Monika entschuldigte sich, sagte, sie sei Amerikanerin und noch nicht zur Teetrinkerin geworden und bat um einen Kaffee. Nach ihrem ersten Besuch kam Monika dann drei- bis viermal die Woche. Als Ettie erkannt hatte, daß Monika während eines Besuchs eine ganze Kanne leertrinken konnte, hatte sie immer Kaffee für sie bereitstehen.

Ettie und ihr Mann Alf hatten vor mehreren Jahren bei Oxford, fünfundzwanzig Meilen nördlich von West Wycombe, eine kleine Farm gekauft, nachdem Alf seinen Abschied aus der Royal Air Force genommen hatte; aber sie hatten die Farm vor kurzem aufgegeben und waren nach West Wycombe gezogen. Ihr Heim hatte einst – ebenso wie das größere Haus der Tellings – zum Gut West Wycombe gehört. Ettie hätte gern in der Nähe einer Großstadt gewohnt, nachdem sie die Farm aufgaben, aber Alf wollte lieber aufs Land, und er hatte sich durchgesetzt.

Wie so viele Briten, die ihr begegneten, waren auch die Turners zunächst verwundert, wie schnell Monika ihre Freundschaft anbot, waren aber dann entzückt davon. Sie hatte nicht die britische Gabe zum Understatement oder sich zu verstellen: sie hatte keine Hemmungen, bildete sich schnell eine Meinung und brachte sie direkt zum Ausdruck.

Ettie und Alf Turner waren fast ein halbes Jahrhundert älter als sie, aber, wenn es überhaupt eine Rolle spielte, wuchs ihre

Freundschaft dadurch nur um so schneller, und es wurde eine sehr tiefe Freundschaft. Seit ihrer Kindheit hatte Monika Zuneigung zu älteren Menschen verspürt, und schon bald waren die Turners so etwas wie Ersatzgroßeltern geworden. Nachdem Ettie gesagt hatte, daß sie Schuldgefühle hatte, wenn sie Alf allein ließ, um an den Treffen des Clubs für Sechzigjährige teilzunehmen, fing Monika an, ihm Gesellschaft zu leisten. Sie kam dann meistens mit einem Tablett voller Kekse an, die Ettie zum Altenclub mitnehmen konnte. Manchmal bereitete sie auch ein Eintopfgericht fürs Abendessen zu. Zur Feier der goldenen Hochzeit der Turners lud sie Nachbarn nach Lambourn House ein. Doch es war eine Freundschaft, von der beide Seiten profitierten. Über Monikas Leben begannen sich düstere Wolken zusammenzuziehen, und als der große Regen einsetzte, waren Alf und Ettie Turner in der Nähe und hörten ihr verständnisvoll zu.

21. Kapitel

Seit ihrer High-School-Zeit hatte Monika gelegentlich Marihuana genommen, aber keine harten Drogen. Da sie es in England nicht so leicht bekam, kaufte sie eine winzige Marihuanapflanze und versuchte, sie im Haus unter einer hellen Lampe zu ziehen. Nach mehreren Wochen ging die Pflanze ein. Während der Pausen zwischen den Stürmen machte sie in den Antiquitätenläden Buckinghamshires Gelegenheitskäufe und begann davon zu träumen, auf einem der Antiquitätenmärkte der Umgebung ihren eigenen Stand zu haben. Bis sie eine Arbeitsstelle gefunden hatte, erklärte sie Elsa, hätte sie dadurch etwas zu tun und könnte sich ein paar Pfund verdienen. Abgesehen von ihren Einkäufen und der Beaufsichtigung der Renovierungsarbeiten hatte sie in England nicht viel zu tun gefunden.

Monika wollte nicht nur das Haus in Schuß bringen. Während der ersten paar Wochen der Ehe nahm sie sich auch eines anderen Rehabilitationsprojektes an: Michael.

Sie ging mit ihm neue Kleidung kaufen, setzte ihn auf Diät, überredete ihn, den Friseur zu wechseln und drängte ihn, sich nach einer Arbeit umzusehen, die ihm Spaß machen würde. Abwechselnd willigte Michael in ihre Kampagne ein, widersetzte sich ihr oder gab vor, sich zu fügen. Er versprach, sich Arbeit zu suchen, sagte aber, daß ihn keine der Positionen, nach denen er sich erkundigt hatte, interessiere. Ein paar Tage lang fuhr er ein Taxi, gab es dann aber auf. Er meldete sich zu einem Elektroniklehrgang an, verlor jedoch bald das Interesse daran. Er kaufte sich einen neuen Anzug für Vorstellungsgespräche, trug aber nur selten etwas anderes als Jeans und T-Shirts, von denen er fast einhundert Stück besaß – über zwei Dutzend davon mit dem Harley-Davidson Logo bedruckt.

Eines Dienstags, nachdem er ohne die üblichen Einwände gegen das Einhalten seines Termins in London das Haus verlassen hatte, rief Monika im Büro seines Arztes an und fand heraus, daß er nicht nur seinen Termin verpaßt hatte, sondern sie auch bezüglich anderer Termine belogen hatte.

Die Tage gingen dahin und Michaels Lügen, sein Widerstreben, sich nach einer Arbeitsstelle umzusehen, regelmäßig seinen Arzt aufzusuchen oder sich mit dem Privatlehrer zu treffen, den sie auf Bitten seiner Familie für ihn engagiert hatte, fingen an, zunächst Spannungen und dann bittere Auseinandersetzungen auszulösen.

Alf und Ettie Turner wußten meist, wenn es wieder einmal eine Meinungsverschiedenheit im Lambourn House gegeben hatte. Zuerst hörten sie einen Motor aufheulen, dann das Quietschen von Reifen. Es war Michael, der auf einem seiner Motorräder davonfuhr, oder Monika, die in ihrem weißen Pontiac an ihrem Haus vorüberjagte.

Während ihres ersten Winters in West Wycombe klagte Monika oft über Heimweh. Sie erklärte Michael, sie werde nie ihre amerikanische Staatsangehörigkeit aufgeben, nie eine *richtige* Engländerin werden; und sie zählte ihm die Dinge auf, die ihr an England mißfielen: Sie mochte das kalte Wetter nicht, welches die Leitungen zur Badewanne hatte zerbersten lassen, noch ehe sie sie benutzt hatten und dann die Rohrleitungen im Haus zerstört und alles überflutet hatte; sie mochte die Pizzas aus britischen Pizzerias nicht; sie mochte es nicht, daß sie jedesmal um Eis bitten mußte, wenn sie in einer Gaststätte einen Drink bestellte; sie mochte die Feuchtigkeit nicht; sie mochte die deprimierenden Wolken nicht, die sich jeden Nachmittag über die Chiltern Hills niedersenkten und ihr wieder eine Entschuldigung lieferten, sich noch einen Drink zu genehmigen.

Ihren Freunden zufolge hatte Monika in Sacramento in Maßen getrunken. An ihrem Hochzeitstag jedoch trank sie zum Frühstück Benediktiner mit Orangensaft; in den darauffolgenden Monaten wandte sie sich immer mehr dem Alkohol zu. In Telefongesprächen mit Sammye Hynes schrieb sie dies zum Teil der Langeweile zu: sie und Michael hatten zu viel Zeit; sie konnte keine gute Stellung finden und das einzige, woran er Interesse hatte, waren seine Motorräder, seine CB-Ausrüstung, seine Lieblingsfußballmannschaft, die Spurs (Londons Tottenham Hotspurs), oder das Feiern mit Freunden, an denen sie keinen Gefallen fand.

Sammye, die ihre beste Freundin noch immer um ihr märchenhaftes Leben beneidete, versuchte, sie während eines dieser transatlantischen Telefonate aufzuheitern: »Ihr habt's doch gut: ihr habt ein Haus, ihr zahlt keine Miete, braucht kein Auto abzuzahlen, braucht nicht zu arbeiten und reist, wohin ihr wollt. Für mich hört sich das ziemlich gut an.«

»Ja, aber es *gibt nichts* zu tun«, sagte Monika.

»Wie meinst du das?«

»*Es gibt einfach nichts zu tun.*«

Sie hatten Geld, soviel sie wollten, und sie ging gern einkaufen, aber »man kann nur soundso viele Stunden pro Tag mit Einkaufen verbringen«. Und sie sagte, daß Michaels Verwandtschaft sie nicht gerade mit der Aufforderung bedrängt hätte, sich ihren sozialen Kreisen anzuschließen.

Auf einer Party im Landhaus von Lord Vestey, sagte sie, seien Michaels Cousin zweiten Grades und seine Frau ganz reizend gewesen, aber ein Herr Rothschild habe sie brüskiert. ›Es gab da zu viel verlogene englische hochtrabende Scheiße‹, erklärte sie. Monika sagte, sie habe das Gefühl, einige von Michaels Verwandten hielten nicht viel von seiner Entscheidung, eine Amerikanerin zu heiraten, noch dazu eine ohne gesellschaftliche Stellung. Als sie einer seiner Verwandten bei einer Party erzählt habe, daß sie Reitstunden nehme und vorhabe, ein Pferd zu kaufen und Parforcejagden zu reiten, habe die Frau dies mit einem herablassenden Lächeln beantwortet, ganz so, als plane Monika, in eine Welt einzudringen, in die sie nicht hineingehöre.

»Ich sag' mir, zum Teufel mit ihnen – die werden nie eine Britin aus mir machen«, sagte Monika. Sie sagte, sie vermute allmählich, daß Michaels Verwandte ihn als schwarzes Schaf betrachteten und daß sie nur deshalb nett zu ihr gewesen seien, weil sie glaubten, sie könne ihn aus seinen psychischen Schwierigkeiten befreien und der Familie damit peinliche Situationen ersparen. Sie bedrängten sie ständig, dafür zu sorgen, daß Michael sich bessere. Sie verachteten ihn; sie erkenne das daran, wie sie ihn behandelten, und es ärgere sie. Herablassend stellten sie ihm Fragen über seine Motorräder, dabei wisse sie, daß ihnen das völlig egal sei; scheinbar amüsiere es sie. Mister Brown, der die Schnüre des Familiengeldbeutels in der Hand hatte, habe sie sogar gebeten, Michael dazu zu bewegen, seine Ausgaben zu mäßigen, was unmöglich sei.

»Ich dachte, ihr bekämt so viel Geld, wie ihr wollt, von seiner Verwandtschaft und könntet überall reisen, wohin es euch beliebt«, sagte Sammye.

»Das stimmt, aber wenn wir eine Reise machen wollen, müssen wir alles bei einem familieneigenen Reisebüro in die Wege leiten. Es ist, als ob wir an einer Leine gehalten würden. Wir können nicht einfach unsere Sachen packen und abreisen. Michael haßt das. Ich versuche, ihn von der Familie unabhängiger zu machen.«

Geld sei nicht das Problem. Sich kaufen zu können, was sie wolle, mache Spaß und sie tue es sehr gern, fügte Monika hinzu, aber ihr fehle die innere Befriedigung, die ihr ein Job geben würde.

»Warum suchst du dir nicht einfach eine Stellung?« fragte Sammye.

Monika sagte, sie versuche es, aber es sei praktisch unmöglich für eine amerikanische Frau, eine Management-Laufbahn im Computerbereich anzufangen, besonders während einer Rezession; abgesehen davon wolle Michael nicht, daß sie arbeite. »Er sagt, es wäre peinlich für die Familie, wenn ich das täte. Ich glaube, es ist ihm nicht mal recht, daß ich mich um einen Platz in Oxford beworben habe.«

Es hatte noch mehr Einladungen auf Lord Spams Besitzung Stowell Park in den Cotswolds und in die Häuser anderer Familienmitglieder gegeben. Monika erzählte Sammye, sie fühle sich bei diesen Partys nie richtig wohl, weil sie immer den Eindruck habe, genau beobachtet zu werden. Mit der Zeit seien immer weniger Einladungen gekommen. Sie habe sich Mühe gegeben, akzeptiert zu werden, aber ihre Aufrichtigkeit und Offenheit, die in Pubs gut ankamen, wurden bei den meisten von Michaels Verwandten und deren aristokratischen Freunden nicht als gesellschaftliche Tugend angesehen.

Auf einem Antiquitätenmarkt in Chinnor, einem Dorf wenige Meilen nördlich von West Wycombe, stellte sich Monika mehreren Frauen vor, die hinter einer mit Silber, Glaswaren, Schmuck und anderen Gebrauchsgegenständen überhäuften Reihe von Holztischen die Stellung hielten; sie erkundigte sich bei ihnen, wie man einen Stand miete. Die Frauen redeten ihr gut zu, und nachdem sie einen kleinen Bestand an viktorianischen Ringen, Broschen und anderen Schmuckstücken sowie mehrere antike französische Uhren gekauft hatte, führte sie regelmäßig einen eigenen Stand auf dem monatlich stattfindenden Markt. Die Frauen waren nett, und Monika lud zwei von ihnen zu einer Party nach Lambourn House ein. Die Party war jedoch kein Erfolg; weder die Frauen noch ihre Ehemänner (Geschäftsleute mit leitenden Positionen, die von Bucks nach London pendelten) fanden gemeinsame Gesprächsthemen mit den Gästen, die Michael eingeladen hatte: Motorradfans in Lederjacken mit kahlgeschorenen Köpfen, die sich den ganzen Abend nur über Harley-Davidsons unterhielten. Das nächste

Mal, als Monika die Frauen zu einer Party einlud, erklärten diese, sie hätten schon etwas anderes vor.

22. Kapitel

Am ersten Weihnachtstag, nicht einmal einen Monat nach ihrer Hochzeit, hatte Michael zum ersten Mal Monika geschlagen. Während einer Auseinandersetzung versetzte er ihr einen harten Schlag, der sie zu Boden streckte und ihr ein blaues Auge eintrug. Michael behauptete, sie hätte ihn provoziert: Sie trinke zuviel, nörgele zu sehr an ihm herum und verlange ununterbrochen mehr Eis für ihre Drinks – eine vorsätzliche Brüskierung seiner selbst und Englands.

Einige Tage später – ihr Augenlid war noch blau verfärbt – flog Monika mit einer Freundin aus Tunbridge Wells, der Frau eines Rechtsanwalts, in einen österreichischen Skiort. Am Tag darauf folgte ihr Michael, entschuldigte sich, gab ihr einhundert Pfund und bat sie dringend, nach Hause zu kommen. Obwohl sie im Hotelzimmer miteinander schliefen, weigerte sie sich abzufahren, und nachdem Michael einen Disput mit der Frau des Rechtsanwaltes gehabt hatte, fuhr er allein wieder ab.

Nach ihrer Rückkehr aus Österreich besuchte Monika in London Michaels Tante und erzählte ihr, daß Michael sie in einem Wutanfall geschlagen hatte. Tante Liz vertraute ihr mehrere Einzelheiten aus seiner Vergangenheit an, von denen ihr die Familie bisher nichts erzählt hatte.

»Hat Michael dir erzählt, daß er als Junge eine Zeitlang im Krankenhaus war?«

»Nein«, antwortete Monika. Sie wußte von seinem Internat, aber nichts von einem Krankenhaus.

Michael sei ein Problemkind gewesen, sagte Tante Liz; er habe ernsthafte Schwierigkeiten gehabt, die es erforderlich gemacht hätten, ihn für mehrere Jahre in eine psychiatrische Einrichtung einzuweisen. Deshalb sei es auch so wichtig, daß

Monika darauf achte, daß er jetzt regelmäßig seinen Arzt aufsuche.

Monika sagte, sie versuche es, aber Michael sei sehr eigensinnig. Er wehre sich dagegen, Anordnungen von ihr oder sonst jemandem entgegenzunehmen, und er hasse es ganz besonders, zu seinem Psychiater zu gehen.

Die Familie zähle auf sie, rief Tante Liz ihr in Erinnerung.

Monika versprach, ihr Bestes zu tun.

Während der nächsten Wochen bekam Monika allmählich immer öfter Michaels schlechte Seiten zu sehen. Es war, als ob mehrere hintereinander geschaltete Vorhänge für ein Bühnendrama sich nacheinander geöffnet hätten, um jeweils mit einer neuen Überraschung aufzuwarten. Im Januar hatten sie wieder einen Streit, dessen Ausgang noch bedrohlicher war als der vom Weihnachtstag. Monatelang verschwieg Monika es ihren Eltern, weil sie deren gute Meinung von Michael nicht zerstören wollte. Erst später erzählte sie Elsa, was passiert war.

Sie hatten eine Auseinandersetzung gehabt, als Michaels Gesicht sich plötzlich zu demselben glasigen Ausdruck der Besessenheit verzerrte, den sie an jenem Abend gesehen hatte, als er in Tunbridge Wells das Treppengeländer herausgerissen hatte. Diesmal zertrümmerte er einen Stuhl und mehrere Fenster. »Als ich versuchte, ihn zurückzuhalten, jagte er mich mit einer Schußwaffe nach draußen, stieß mich nieder und ließ mich zehn oder fünfzehn Minuten lang auf den Knien im Schnee hocken. Er drohte mir an, mich umzubringen. Mutter, aus irgendeinem Grund brachte ich nichts anderes heraus als: ›Mom, Mom ... bitte hilf mir ...‹«

Anschließend, sagte sie, habe Michael sich entschuldigt und einen gestörten Blutzuckerspiegel für seine Raserei verantwortlich gemacht.

Einige Tage darauf, an einem Samstag Ende Januar, waren sie zur Hochzeit von einem von Michaels Cousins nach Guildford (Surrey) eingeladen.

Es war eine sorgfältig arrangierte, feierliche Hochzeit mit

großem Gefolge, in der Art, wie Monika es sich für sich selbst vorgestellt hatte. Während der Feier äußerte sie Michael gegenüber, daß sie ein wenig traurig sei, daß sie sich nicht auch eine Hochzeitsfeier in diesem Stil geleistet hatten. Das löste einen Streit aus, der noch hitziger wurde, als Michael ihr vorwarf, sie trinke zuviel und flirte mit einem seiner Verwandten. Dann bemerkte er, daß die Frau eines seiner Cousins einen Pelzmantel trug. Da brannte bei ihm eine Sicherung durch: Warum hatte *sie* einen Pelzmantel, wenn Monika keinen hatte? Er sah sich nach Mister Brown um und sagte, er werde sich auf der Stelle darüber beschweren, aber Monika hielt ihn zurück. Als Michael sagte, er werde nach Hause gehen und ihr befahl mitzukommen, erwiderte Monika, daß sie sich amüsiere. Sie weigerte sich zu gehen. Wenn er unbedingt gehen wolle, werde sie schon allein den Weg nach Hause in West Wycombe finden. Michael begab sich zum Parkplatz, setzte sich hinters Steuer seines frisierten Mini Coopers und wartete.

Monika verließ die Feier später zusammen mit anderen Gästen; sie stieg in ein Auto ein, das dem Mann einer Cousine von Michael gehörte. Michael ließ den Motor seines Wagens an und trat mit dem Fuß aufs Gas; sein Mini schoß nach vorn und krachte in das andere Auto. Er setzte zurück, schaltete und knallte erneut dagegen. Während Monika und die anderen aufschrien, legte er den Rückwärtsgang ein, raste dann wieder vorwärts und krachte ein letztes Mal gegen den Wagen, ehe er davonjagte.

Als noch andere Gäste aus dem Gebäude geströmt kamen, fand Monika einen von Michaels Cousins und erzählte ihm, daß Michael ihr einige Tage zuvor angedroht hatte, sie zu töten. Sie hatte Angst, nach Hause zu gehen. Er hatte ein geheimes Waffenlager im Lambourn House. Was noch schlimmer war: er konnte vielleicht mit einer Waffe wieder auf der Hochzeit auftauchen.

Michaels Verwandte versammelten sich um sie herum und drängten sie, die Polizei anzurufen. Während sie sich auf die Suche nach einem Telefon machte, raste Michael in Richtung West Wycombe mit seinem orangefarbenen Mini Cooper, dem

Auto, von dem er sagte: ›der beste Straßencooper der Welt: hundertdreißig Meilen pro Stunde, geht los, wie 'ne Rakete ... kommt auf einem Zehncentstück zum Stehen ... läßt sich handhaben wie 'ne gute Frau ...‹

23. Kapitel

Cheryl und Richard Richardson waren sehr erstaunt über das, was sie sahen, als sie aus der einspurigen, von Hecken flankierten Feldstraße herauskamen, die sie als Abkürzung zwischen Lane End und West Wycombe benutzten: Im Schatten des grauen Zwielichts zog eine dicke Rauchsäule in Schwaden aus einem Fenster des Lambourn House. Sie sahen sich nach Feuerwehrwagen um, aber die Radnage Lane lag so verlassen da wie gewöhnlich. Außer einem gelegentlichen Tagesausflügler, der sich auf der Suche nach den Höhlen des Höllenfeuerclubs verlaufen hatte, benutzen neben Handwerkern und einigen Anwohnern nur wenige Leute die schmale Straße. Als sie auf das brennende Haus zurasten, sah Richard einen Polizisten an der Garage stehen und hielt neben ihm an.

»Hier wohnen Freunde von uns«, sagte er. »Können wir irgend etwas tun?«

Richard sagte, er kenne den Grundriß des Hauses und könne der Feuerwehr helfen, die, wie er annahm, unterwegs war.

»Nein, wir kümmern uns um alles«, antwortete der Polizist.

Richard sagte, er mache sich Sorgen um seine Freunde: »Kann ich reingehen und nachsehen, was ich tun kann?«

Nein, sagte der Polizeibeamte, es sei alles unter Kontrolle.

»Okay, aber Sie sollten wissen, daß hinten im Haus ein Kakadu ist, ganz in der Ecke, und wenn den nicht jemand rausholt, wird er ersticken.«

»Wir haben alles im Griff«, beharrte der Polizist und warf dann einen Blick auf das Auto. »Ihr Auto?«

»Nein, es gehört einem Nachbarn.«

»Na, dann fahren Sie lieber weiter, sonst sind Sie dran, weil Ihr Standlicht nicht funktioniert.«

Richard fuhr wieder nach Hause und rief im Lambourn House an. Der Mann, der ans Telefon ging, stellte sich als Polizeibeamter vor. Richard erklärte, daß er das Feuer gesehen habe und sich Sorgen mache um seine Freunde, denen das Haus gehöre.

Der Kriminalbeamte sagte, das Feuer sei aus, die Frau des Hauses sei nicht daheim und ihr Mann sei in Sicherheit.

»Kann ich ihn sprechen?« fragte Richard.

»Nein, tut mir leid«, sagte der Polizeibeamte.

Erst später erfuhr Richard, daß Michael verhaftet worden war und aus welchem Grund. Nachdem er das Hochzeitsfest verlassen hatte, war er nach Lambourn House zurückgekehrt und hatte einige von Monikas Erinnerungsstücken aus Kalifornien in Brand gesetzt: Familienfotos, Unterlagen vom College, Nachrichten und Briefe von Familienangehörigen und Freunden, Empfehlungsschreiben von früheren Arbeitgebern und andere Andenken. Die Polizeibeamten von der Thames Valley Constabulary fuhren nach Lambourn House, nachdem sie einen dringenden Anruf aus Surrey erhalten hatten, demzufolge dort ein geheimes Waffenlager mit illegalen Schußwaffen gemeldet worden war. Ihnen war es zu verdanken, daß das Feuer, das Michael gelegt hatte, gelöscht wurde, bevor es ernsthaften Schaden anrichtete.

Als sie den .357 mm Magnum Revolver fanden, den Monika für Michael in Kalifornien gekauft hatte, mehrere andere Schußwaffen und fast zweihundert Schuß Munition, bezichtigten sie ihn, ein irischer Terrorist zu sein. Die verbotene Irisch Republikanische Armee hatte vor kurzem ihre Terrorkampagne in England verstärkt und stand unter dem Verdacht, in der Nähe von London ein Waffenlager angelegt zu haben. Michael rief seinen Rechtsanwalt Kenneth Dimmick an, der die Kriminalbeamten von der CID darüber informierte, daß sein Mandant ein Vestey war, also kaum jemand, der in die IRA gepaßt hätte. Die Polizeibeamten waren nicht davon überzeugt, aber er wurde gegen Kaution freigelassen, während ein Gerichtsverfahren anhängig war, in dem er sich wegen der Schußwaffen sowie wegen des mutwilligen Autorammens bei der Hochzeit in Surrey zu verantworten hatte.

Michael bat Monika inständig, zu ihm zu halten – jetzt brauche er sie mehr denn je; er könne nicht ins Gefängnis. Da sie nicht wollte, daß ihre Großeltern sich Sorgen machten und auch nicht deren Zuneigung zu Michael untergraben wollte, erwähnte sie die Verhaftung nicht in ihrer Karte zum Valentinstag, die sie ein paar Tage später abschickte:

Liebe Grandma, lieber Grandpa,
vielen Dank für die Valentinskarten an uns beide. Michael mochte seine besonders gern.

Bis jetzt haben wir schon zweimal knietiefen Schnee hinter uns; es ist der schlimmste Winter seit etwa einunddreißig Jahren. Ich werde wahrscheinlich im April zu Besuch kommen, aber es ist noch nicht hundertprozentig sicher. Ich mache zur Zeit einmal wöchentlich einen Programmierkurs an einem hiesigen College und warte immer noch darauf, daß die Universität von Oxford meine Bewerbung bearbeitet. Wir sind auch immer noch beim Umbau des separaten Gebäudes, das uns gehört (das bei unserem Fischteich); es geht sehr langsam voran.

Wir wünschen Euch beiden einen schönen Valentinstag, und bitte richtet Tante Bertha dasselbe aus.

Liebe Grüße an Euch beide,
Monika und Michael

Zum Valentinstag schenkte Monika ihrem Ehemann einen elektronischen Luftreiniger für seinen ›Radioschuppen‹, wo sein Kettenrauchen einen permanenten Rußgeruch hinterlassen hatte. Er schenkte ihr noch ein blaues Auge. Sie hatte sehr viel getrunken, es kam zu einem erbitterten Streit, in dessen Verlauf sie Michael androhte, ihn zu verlassen. Nachdem sie eingeschlafen war, schluckte Michael eine Handvoll Schlaftabletten und schrieb dann zwei kurze Briefe, ehe er das Bewußtsein verlor.

In einem teilte er Monika mit, daß er sich umgebracht habe, weil er nicht ohne sie leben könne. Der zweite war an Lou adressiert. Er schrieb, er habe Monika mehrmals geschlagen und bereue das, aber ›die Worte sprudeln ständig aus ihr heraus, und ich kann mich nicht mit ihr verständigen‹. Sie trinke zuviel und brauche Hilfe. ›Sie sagt, sie liebt mich, und trotzdem kritisiert sie mich dauernd.‹ Wenn er sie berührte, fügte er hinzu, drohe sie, die Polizei zu rufen; das Gefängnis würde er nicht ertragen. Die Aussicht darauf mache ihm Angst. Aus diesem Grund habe er beschlossen, Selbstmord zu begehen. In einem Postscriptum schrieb er, er liebe Monika noch immer; er habe sie geliebt von dem Tage an, an dem sie sich kennengelernt hatten.

Als Monika mehrere Stunden später erwachte, fand sie Michael im Koma und brachte ihn schnell in ein Krankenhaus in High Wycombe. Sie sagte einer Schwester, sie bange um ihr eigenes Leben, und bat sie, ihn nicht gehen zu lassen, wenn er zu sich komme. Wenn sie es doch täten, könne er vielleicht jemandem etwas antun. Inzwischen wachte Michael langsam aus seiner Bewußtlosigkeit auf. Im Krankenhausbericht wurde Monika als eine unangenehme, betrunkene Amerikanerin mit einem blauen Auge beschrieben, die ständig Whisky aus einer Taschenflasche aus Sterlingsilber nippte, während sie sich mit einem halb bewußtlosen Ehemann stritt, welcher darauf bestand, nicht ins Krankenhaus zu wollen. Monika lief weg, als die Schwestern sich damit abmühten, Michael ein Krankenhausnachthemd anzuziehen. Im Weggehen sagte sie, sie werde für ein paar Tage nach Devon fahren.

24. Kapitel

Es war eine Fahrt von fast einhundertvierzig Meilen von West Wycombe bis nach Torquay in Devon. Alison Telling, Michaels erste Frau, wohnte mit ihrem Sohn nah am Meer, in einem

Haus namens Fir Tree Lodge, das ihr seine Familie nach der Scheidung gegeben hatte. Monika rief vorher an, um sich anzukündigen: Michael, so sagte sie, sei im Krankenhaus, und sie wolle sich mit Alison und Matthew treffen, um über ihn zu sprechen.

Das Gespräch der beiden Frauen, die in den turbulenten Bannkreis des Michael Henry Maxwell Telling hineingezogen worden waren, begann zunächst etwas verkrampft. Aber nach ein paar Minuten ergab sich eine seltsame Vertrautheit, ja sogar eine Freundschaft, die auf den gleichartigen Erfahrungen mit einem schwierigen Mann basierte, den sie beide liebten. Sie waren ein ungleiches Paar: die eine eine grünäugige amerikanische Schönheit, die sich bei Harrods modisch einkleidete und mit einem Kakadu im Käfig in der Fir Tree Lodge eintraf, die andere eine einfache und unscheinbare zweiundzwanzigjährige Frau aus der britischen Arbeiterschicht, deren Leben, nachdem Michael sie verlassen hatte, sich fast ausschließlich um ihren vierjährigen Sohn gedreht hatte. Und doch stellte Monika fest, daß Alisons Leben mit Michael in vieler Hinsicht sehr dem ihren entsprochen hatte: eine Achterbahnfahrt wechselnder Stimmungen . . . glückliche Zeiten, die von depressiven Phasen abgelöst wurden . . . Schmollen und manchmal gewalttätige Wutanfälle, wenn er nicht seinen Willen bekam . . . mysteriöse Abwesenheiten . . . phantastische Geschichten über erfundene Heldentaten . . . eine fanatische Begeisterung für Schußwaffen, Uniformen und Harley-Davidsons.

Obwohl sie immer über genug Geld verfügt hätten, so Alison, sei Michael nie zufrieden gewesen. Permanent habe er sich geärgert, daß er keinen direkten Zugang zu seinem gesamten Anteil am Familienvermögen hatte. Trotz all der Ähnlichkeiten mit Alisons Schicksal, erkannte Monika, daß es einen wichtigen Unterschied zwischen ihrer beider Leben gab: Alison hatte nicht versucht, Michael zu ändern. Sie sagte, sie habe einfach nur versucht, damit fertig zu werden. Mitmachen war einfacher, als gegen Michael anzukämpfen.

Ihr erstes Ehejahr sei recht angenehm verlaufen, aber dann hatten sie sich auseinandergelebt, besonders nachdem Matthew geboren war. Michael habe sich dagegen gewehrt, die Verantwortung eines Familienvaters auf sich zu nehmen, sagte sie, obwohl er Matthew liebe, habe er es ihr verübelt, daß sie ihm so viel Aufmerksamkeit schenkte. Bald sei er immer wieder für mehrere Tage verschwunden und habe angefangen immer häufiger zu lügen, um sich vor jeglicher Art von Verantwortung zu drücken.

Monika fand heraus, was mit der Halskette geschehen war, die aus der Poona Road verschwunden war: Michaels Mutter hatte beabsichtigt, sie Alison zum Geschenk zu machen; er dagegen gab sie Monika, und nachdem seine Mutter entdeckt hatte, was passiert war, holte er sich die Perlen zurück, indem er einen ›Einbruchsdiebstahl‹ vortäuschte.

Es stellte sich heraus, daß Michael sich manchmal mit Alison und Matthew in Torquay oder Bristol getroffen hatte, wenn er seinen Angaben zufolge Tunbridge Wells in geheimer Mission für das SAS verlassen hatte. Und Monika erfuhr noch andere Dinge über Michael, die ihr seine Familie verschwiegen hatte.

Ob sie wisse, fragte Monika schließlich Alison, daß Michael als Jugendlicher mehrere Jahre in einer Nervenklinik verbracht habe.

Ja, erwiderte Alison, das wisse sie.

Wußte *sie* denn, fragte Alison, daß Michael, als er noch ein Kind war, sein Internat in Brand gesteckt und beinah alle anderen Kinder damit getötet hatte? Oder daß er versucht hatte, seine Mutter mit einem Tranchiermesser zu töten?

Nein, sagte Monika, das habe ihr niemand erzählt.

Alison sagte, sie habe es bis nach ihrer Hochzeit auch nicht gewußt; dann habe Michaels Mutter es ihr verraten.

Angesichts der Schwierigkeiten in ihrer Ehe, sagte Alison, sei sie nicht überrascht gewesen, als Michael sie um die Scheidung gebeten habe, nachdem er Monika kennengelernt hatte. Sie hatten beschlossen, seiner Mutter die Neuigkeit in Australien beizubringen, als sie sie mit Matthew zu Weihnachten besuchten – das war kurz nach Michaels Motorradkauf in Kalifornien. Aber kurz nach ihrer Ankunft in Sydney verschwand Michael; er sagte, er wolle etwas aus dem Wagen holen, kam aber nicht wieder. Statt dessen, so hatte sie später erfahren, war er zurück nach Kalifornien geflogen, um wieder zu Monika zurückzukehren, und Alison mußte Michaels Mutter erzählen, daß er sich in eine Amerikanerin verliebt hatte und sich scheiden lassen wollte. »Er sagte, er sei sehr verliebt in Sie«, sagte Alison.

Als es wieder an ihr war, etwas zu sagen, erzählte Monika, (wobei sie zwischendurch an ihrer Taschenflasche nippte), daß Michael sie mehrfach geschlagen habe, aber daß sie ihn trotzdem immer noch liebe und daß sie entschlossen sei, ihm zu helfen, sein Leben in die richtige Bahn zu lenken. »Er hat eine schreckliche Kindheit gehabt«, sagte sie.

Einer Freundschaft zwischen den beiden Frauen stand ihre Eifersucht im Wege. Es ärgerte Alison, daß Monika ihr ständig darin zustimmte, daß Michael sie, Monika, in der Tat sehr liebe und behaupte, nicht ohne sie leben zu können. Auf Alison wirkte das wie Schadenfreude.

Als sie am anderen Morgen aufwachten, trank Monika zu ihrem Frühstück Drambuie, während ihr Kakadu von seinem Käfig aus den Eßtisch genau im Auge behielt. Sie sagte Alison, daß sie Schuldgefühle habe, weil sie Michael verlassen hatte und fragte, ob sie das Telefon benutzen dürfe, um ihn im Krankenhaus anzurufen.

»Es tut mir leid, Mrs. Telling«, sagte ihr eine Schwester im Wycombe General Hospital. »Ihr Mann ist nicht hier.«

»Was?«

»Er hat gestern auf eigene Verantwortung das Krankenhaus verlassen.«

Monika war wütend: »Sie haben ihn entlassen? *Ich habe Ihnen doch gesagt, Sie sollten ihn nicht gehen lassen. Er ist nicht in der Verfassung, daß er nach Hause gehen kann.*«

»Mister Telling ist auf eigene Verantwortung gegangen«, sagte die Schwester kurz angebunden.

Monika rief zweimal im Lambourn House an, aber es wurde nicht abgenommen.

»O mein Gott« sagte sie, »ich hoffe, er hat nicht wieder was Dummes gemacht.«

Er hatte es.

Am Tag zuvor hatte es im Krankenhaus einen regelrechten Kampf gegeben: Michael weigerte sich, die Schwestern eine Blutprobe entnehmen zu lassen und verließ, noch in sein Krankenhausnachthemd gekleidet, das Hospital, winkte ein Taxi heran und wies den Fahrer an, ihn nach Lambourn House zu bringen, wo er, wie er sagte, das Fahrgeld von seiner Frau bekommen werde. Als sein Pochen an der Haustür nicht beantwortet wurde, zerschlug er mit einem Stein ein Fenster, öffnete ein Schnappschloß und verschaffte sich Einlaß. Nachdem er sich sein Fahrgeld geholt hatte, fuhr der Taxifahrer direkt zum Haus von Alf und Ettie Turner, erzählte ihnen, was geschehen war und legte ihnen nahe, die Polizei anzurufen. Aber Alf erkannte der Beschreibung nach den Fahrgast als Michael und sagte, wenn ein Mann in sein eigenes Haus einbrechen wolle, dann sei das sein gutes Recht.

Während sie sich unterhielten, wanderte Michael durch Lambourn House und zerschlug alles, was ihm in die Quere kam, zerstückelte Stühle und Tische, zerbrach noch mehr Fenster, riß die Türen von Küchenschränken aus ihren Angeln. Er stellte das viktorianische Sofa, das Monika aus Kalifornien mitgebracht hatte, auf den Kopf und schleuderte eine ihrer antiken französischen Uhren an die Wand. Dann brach er bewußtlos zusammen.

Nach ihrem zweiten erfolglosen Anruf im Lambourn House versuchte Monika Cheryl und Richard Richardson zu erreichen, erhielt aber keine Antwort. Als nächstes rief sie Frank Collier an, einen Gärtner und Freund aus Bledlow Ridge, den sie von den vorherigen Bewohnern des Lambourn House übernommen hatten, und sie fragte ihn, ob er wohl mal bei Michael vorbeischauen würde. »Ich fürchte, er könnte was Dummes angestellt haben. Am Sonntag hat er Tabletten geschluckt und versucht, sich das Leben zu nehmen. Ich habe ihn ins Krankenhaus gebracht, aber dort hat man mir gerade gesagt, er sei weg und sie wüßten nicht, wo er sei. Ich habe im Haus angerufen, aber es geht niemand ans Telefon.«

Als Collier am Haus anklopfte, drang nur Stille an sein Ohr.

Während er Michaels Namen rief, verschaffte er sich Einlaß, ging dann von Raum zu Raum und schaute sich den Schaden an, den Michael seinem eigenen Haus zugefügt hatte. Überall lagen Trümmer: die Möbel waren in Stücke geschlagen, Vorhänge von ihren Stangen gerissen; überall zerbrochenes Glas und Geschirr. Er fand Michael bewußtlos im großen Schlafzimmer; zuerst rief er einen Krankenwagen und telefonierte dann mit Monika.

Die Ärzte sagten, daß Michaels Diabetes nach dem Selbstmordversuch noch nicht wieder unter Kontrolle gewesen sei, als er auf eigene Verantwortung das Krankenhaus verlassen hatte; hätte Collier ihn nicht zu dem Zeitpunkt gefunden – und hätte Monika ihn nicht gebeten vorbeizuschauen – so wäre Michael möglicherweise innerhalb weniger Stunden gestorben.

Nach einer rasanten Fahrt von Devon aus traf Monika im Krankenhaus von High Wycombe ein. Sie war beschwipst, und ihre Augen waren gerötet. »Bitte«, flehte sie während eines tränenreichen Telefonats mit Mister Brown, »Michael braucht *Hilfe.*« Wenn nicht irgend jemand etwas unternehme, werde er sich selbst oder anderen etwas antun. Dann rief sie Michaels Rechtsanwalt und Tante Liz an und brachte die gleiche dringende Bitte vor: »Ich schaffe es nicht allein. Michael müßte eigentlich in einer Klinik sein, in der er psychiatrische Hilfe bekommt.«

Ein paar Tage später brachte Alex sie und Michael nach Northampton, einer Großstadt in den Midlands, etwa eine Autostunde nördlich von West Wycombe. Der Mercedes fuhr in einen hohen, von einer Mauer umgebenen Gebäudekomplex. Man hätte meinen können, sie seien in einem privaten Erholungsort auf dem Lande angekommen.

St. Andrew's Krankenhaus war von mehr als vierzig Hektar üppigem Waldland umgeben. Seit beinahe eineinhalb Jahrhunderten hatte es hinter seinen bewachten Mauern für die diskrete und kostspielige Betreuung solcher Mitglieder betuchter britischer Familien gesorgt, deren emotionelle oder geistige Gesundheit gestört war. Einige hatten ihr ganzes Leben in seiner beruhigenden Privatclubatmosphäre verbracht; es gab hier sogar einen Golfplatz.

Nachdem Michael in das Krankenhaus aufgenommen worden war, rief Monika ihre Mutter an und teilte ihr mit, daß sie zurückkommen werde. Es war Alex, der sie nach Heathrow fuhr. Monika begab sich an Bord eines Jetliners nach San Francisco, unsicher, ob sie jemals zurückkehren würde.

25. Kapitel

Melinda Stevens mißbilligte Alkohol – sie war eine ›Wiedergeborene‹. Aber sie tat, was sie zu tun hatte: Sie schenkte ihren Passagieren in der ersten Klasse des TWA-Jets mit berufsmäßigem Lächeln nach, während das Flugzeug sieben Meilen über dem Nordatlantik dahinflog.

Der tägliche Flug von London über Boston nach San Francisco war bei den Besatzungsmitgliedern der TWA sehr beliebt; jeder von ihnen bemühte sich um eine Zuteilung zu diesem Flug. Als eine der dienstältesten TWA-Flugbegleiterinnen mit fast fünfzehnjähriger Berufserfahrung hatte Melinda Stevens schon unzählige Passagiere gesehen, die sich an Bord betranken. Aber noch nie hatte sie sich solche Sorgen um einen Passagier gemacht wie Ende Februar 1982 im Fall der jungen amerikanischen Frau.

Schon als die Amerikanerin in Heathrow an Bord kam, hatte sie desorientiert und erschöpft gewirkt, als hätte sie seit Tagen nicht mehr geschlafen. Sie sprach undeutlich und schien überreichlich getrunken zu haben. Die Ränder ihrer Augen waren geschwollen, ihre Wangen blaß. Unmittelbar nachdem sie sich gesetzt hatte, bat sie um einen Wodka mit Eis. Als sie in der Luft waren, bestellte sie noch einen – und dann noch einen.

Nach dem Essen unterhielten sie sich. Monika sagte, sie habe in Kalifornien einen gutaussehenden britischen Touristen kennengelernt, habe sich in ihn verliebt und sei nach England gezogen, um ihn zu heiraten. Jetzt, sagte sie, sei sie auf dem Weg nach Hause; die Ehe sei gescheitert. Obwohl sie Melinda nicht alles über den Verlauf der letzten Tage erzählte, deutete sie doch an, daß die Ehe mit einer Explosion geendet hatte.

Als Monika um einen weiteren Drink bat, sagte Melinda: »Ich glaube, das wäre keine gute Idee.« Monika erhob keine Einwände. Einige Augenblicke später sah Melinda, wie sie ein Tablettenfläschchen aus ihrer Handtasche zog und den Verschluß abnahm. Die Stewardeß vermutete, daß es sich um Tranquilizer oder Sedativa handelte. Sie begab sich zu der Passagierin und warnte sie davor, in großer Höhe gleichzeitig Medikamente und Alkohol zu sich zu nehmen. Monika behauptete, nur Medikamente gegen eine Erkältung einzunehmen. Das war natürlich eine Lüge. Als das Flugzeug begann, über Nova Scotia herunterzugehen und der Flugkapitän sich in das Landesystem von Botsons Logan International Airport einschaltete, konnte sich Monika kaum noch verständlich ausdrücken.

Melinda zwang sie dazu, eine Tasse Kaffee zu trinken, die aber nur geringe Wirkung zeigte. Nach der Landung hielt Melinda sie auf ihrem Platz, während die anderen Passagiere das Flugzeug verließen; sie stützte Monika ab und führte sie in die Zoll-und Einwanderungshalle im Flughafengebäude. Sie drängte darauf, daß Monika, die sich kaum auf den Beinen halten konnte, ihre Reise nach San Francisco erst am nächsten Tag fortsetzte, und bot ihr an, in ihrem Apartment in Boston zu übernachten. Aber die betrunkene Dame behauptete beharrlich, sie werde schon zurechtkommen. Ein paar Augenblicke später hörte die Flugbegleiterin Monikas Schreie durch das großräumige Gepäckkontrollzentrum hallen. Sicherheitsbeamte waren gekommen und hatten sie gepackt. Melinda versuchte einzugreifen, aber sie schnallten die Betrunkene auf eine Trage und verschwanden mit ihr in einem Krankenwagen.

Es war Freitag abend, und Lou und Elsa warteten darauf, daß Monika anrief und sie wissen ließ, daß sie sicher in San Francisco gelandet war und jetzt für die Fahrt von neunzig Minuten bis Santa Rosa ein Auto mieten würde. Statt dessen hörte Elsa, als sie zum Telefon ging, die Stimme einer Fremden: »Mrs. Zumsteg?«

»Ja.«

»Mein Name ist Melinda Stevens. Ich bin eine TWA-Flugbegleiterin. Ich war heute mit Ihrer Tochter auf dem Flug von London. Machen Sie sich keine Sorgen – es ist ihr nichts passiert –, aber sie wird sich etwas verspäten. Sie ist in einem Krankenhaus in Boston.«

»O mein Gott, was ist denn passiert?«

»Als wir landeten, gab es am Flughafen ein paar Schwierigkeiten, und Monika war etwas verwirrt. Ich glaube, sie hatte etwas zu viel getrunken und irgendwelche Tabletten genommen, und ich denke, diese Kombination war der Auslöser. Ich bin eine ›Wiedergeborene Christin‹, und ich hatte ihr angeboten, sie bei mir übernachten zu lassen, aber man hat sie ins Krankenhaus gebracht. Sie wird wieder ganz in Ordnung kommen. Ich wollte es Ihnen nur sagen, damit Sie sich keine Sorgen machen.«

Am nächsten Morgen, die Wirkung der Beruhigungsmittel hatte sich verflüchtigt, wachte Monika in der Psychiatrischen Abteilung eines Bostoner Krankenhauses auf. Sie lag auf dem Rücken und war unfähig, sich zu bewegen, da ihre Arme und Beine am Bett festgebunden waren. Ihre Rufe brachten einen Arzt und eine Schwester herbei.

»Warum bin ich hier? Warum bin ich so festgeschnallt? Bitte lassen Sie mich aufstehen. Ich muß zur Toilette.«

Als der Arzt der Schwester sagte, sie solle mit ihr zum Badezimmer gehen, protestierte Monika: »Herr Doktor, ich bin nicht gefährlich – ich werde niemandem etwas antun. Bitte nehmen Sie mir diese Dinger ab, damit ich allein zur Toilette gehen kann.«

Der Arzt erklärte ihr, warum sie im Krankenhaus war: Sie hatte einen Zollbeamten geschlagen und sich dann mit Sicherheitsbeamten des Flughafens und mit dem Krankenwagenpersonal geprügelt.

Es ist nicht bekannt, ob Monikas Drohung, sie werde das Krankenhaus wegen Freiheitsberaubung verklagen, zu der Entscheidung beitrug, sie zu entlassen. Jedenfalls wurde ein Taxi gerufen, und die TWA gab ihr einen Platz auf ihrem ersten Flug nach San Francisco. Am Flughafen stellte sie fest, daß sie kein Geld hatte: ihr Wunsch, das Krankenhaus zu verlassen, war so dringend gewesen, daß sie ihr Geld, ihre Uhr und ihren Schmuck dort liegengelassen hatte. Aber sie hielt sich nicht damit auf, ihre Sachen abzuholen; sie wollte so schnell wie nur möglich nach Hause.

26. Kapitel

Monika trank langsam eine Tasse Kaffee, während sie Elsa erzählte, was Michael getan hatte und was Alison und Tante Liz ihr über seine Kindheit verraten hatten.

Es habe auch noch andere Probleme in ihrer Ehe gegeben, erklärte sie ihrer Mutter. Da er Diabetiker war, hatte Michael manchmal Schwierigkeiten mit seiner sexuellen Leistungsfähigkeit; er war nicht impotent, aber unberechenbar, und manchmal mußte sie die Initiative ergreifen, was ihm peinlich war. Sie mochten nicht dieselben Freunde; sie wollte Karriere machen, er nicht; er wollte alles ausgeben, was sie besaßen, sie wollte sparen. Wenn sie davon sprach, ihn zu verlassen, schüchterte er sie mit Morddrohungen ein. Sie vermutete jetzt, daß er das beinahe tödlich verlaufene Koma damals, als sie in Van Nuys wohnten, absichtlich herbeigeführt hatte, weil sie damals gedroht hatte, ihn zu verlassen. Es war eine Art Erpressung.

Und doch, sagte sie, liebe sie ihn; schließlich hätten sie auch schöne Zeiten miteinander verbracht. Im allgemeinen mache es Spaß, mit ihm zusammenzusein; er versuche, ihr Freude zu machen, und habe einen herrlichen Sinn für Humor. Aber das Leben mit ihm sei, als säße man auf einer Landmine: Man wußte nie genau, wann sie explodieren würde. Der Druck, der auf ihr lastete, trieb sie zum Trinken, wie der Vorfall in Boston bewies. »Aus irgendeinem Grund bin ich durchgedreht, und sie haben mich ins Irrenhaus gesteckt.«

Lou war nicht zu Hause gewesen, als Monika angekommen war. Gerade als sie diese Worte sprach, trat er in die Küche.

»Hi, Dad.«

»Monika, ich glaube, du hast ein Problem.«

»Ja, Dad. Ich hab' ein Problem.«

»Ich glaube, du brauchst professionelle Hilfe«, sagte er, »und ich glaube, ich weiß, wo du sie kriegen kannst.«

Am folgenden Tag fuhren sie nach Calistoga, einer kleinen Stadt am Nordende des Napa Valley, und teilten sich in einem italienischen Restaurant eine Pizza; danach ließ sich Monika in einer Trinkerheilanstalt namens Myrtledale aufnehmen.

»Wenn Michael anruft«, sagte sie zu ihren Eltern, »dann sagt ihm bitte nicht, wo ich bin.«

Das Hauptgebäude des St. Andrew's Krankenhauses war ein riesiges georgianisches Herrenhaus, der Wohnsitz eines längst verstorbenen Landjunkers. Neuere Gebäude mit Einzelzimmern für Patienten, die nur kurze Zeit blieben, lagen im Wald verstreut darum herum. St. Andrew's leistete bahnbrechende Arbeit auf dem Gebiet der Behandlung von Patienten mit psychischen Problemen, die auf Therapien von wenigen Wochen oder Monaten ansprachen. Michaels Rechtsanwälte hatten die Polizei dazu überredet, ihm zu gestatten, bis zu seiner Verhandlung in dieses Krankenhaus zu gehen. Sie hofften, daß dies einer Gefängnisstrafe entgegenwirken würde; sie hatten Sorge, daß der Richter ihm wegen der immer stärker werdenden Terrorkampagne der IRA das volle Strafmaß geben könnte.

Zwei Tage nach seiner Aufnahme schrieb Michael einen Brief an Lou und Elsa, in dem er die Vorfälle der vergangenen Woche wiedergab. Er sagte, er könne sich nicht daran erinnern, das Wycombe General Hospital auf eigene Verantwortung verlassen zu haben und im Lambourn House alles in Stücke geschlagen zu haben. Er schrieb, er sei zur Beobachtung im Haupthaus des Hospitals, hoffe aber, bald in ein eigenes Zimmer in einem der neueren Gebäude verlegt zu werden. Er schrieb, trotz allem wage er zu hoffen, daß Monika zu ihm zurückkommen werde.

Nach Michaels Aufnahme im Krankenhaus schrieb ein Mitglied des Personals in seine Akte:

> 1) Aggressiv; hat zwei- oder dreimal seine Wohnung zertrümmert, das letzte Mal, nachdem er vor seiner erneuten Einweisung hier auf eigene Verantwortung ein Krankenhaus verlassen hatte. 2) Schlägt seine Frau, wenn sie getrunken hat. Sie ist sehr redegewandt und [er] sagt: ›Ich kann sie nicht zum Schweigen bringen.‹ 3) Warf sie zu Boden . . . und verletzte sie ziemlich stark; Ehefrau ist sehr energisch, treibt ihn immer an [sagt er], und wenn sie ein Mann wäre, würde sie eine Firma leiten.

Michaels IQ wurde auf einhundertzehn festgestellt – ›oberer Durchschnitt‹ notierte ein Psychologe. Andere Tests zeigten, daß sein Gehirn organisch in Ordnung war; er litt nicht unter irgendwelchen neurologischen Störungen und war nicht schizophren; er war nicht manisch depressiv und hatte keine Psychose; er konnte die Realität erfassen und war kein Psychopath. Ein Psychiater notierte, Michael sei ›unreif, dem Leben nicht gewachsen und mit einem geringen Selbstwertgefühl ausgestattet‹. Er sagte, Michael sei egozentrisch und fühle sich wegen des Reichtums und der Stellung seiner Familie nur in geringem Maße verpflichtet, sich den normalen Verhaltensregeln der Gesellschaft anzupassen; er erwarte sofortige Befriedigung seiner Wünsche und sei frustriert, wenn man sie ihm versage. Es wurde ein Behandlungsprogramm aufgestellt, das darauf abzielte, daß er sein Selbstwertgefühl steigerte, den Kern seiner Probleme erkannte, sich der Erwartungen, die die Gesellschaft an ihn stellte, stärker bewußt wurde, und daß er seine Gereiztheit unter Kontrolle hielt, wenn es einmal nicht nach seinen Wünschen ging.

Einige Tage nachdem er ins Krankenhaus gekommen war, schrieb Michael an Monika: ›Es geht mir gut, und ich tue, was von mir verlangt wird.‹ Er teilte ihr mit, daß er zweimal pro

Woche schwimmen ging, und im Krankenhaus vielleicht einen Judo-oder Karatekurs mitmachen werde. Er nehme auch ab, was Monika freuen werde: ›Ich werde körperlich und geistig fit. Wenn ich so weitermache, werde ich mich vielleicht selbst überraschen ... Ich habe bisher überhaupt noch nicht mit der Familie gesprochen ... Ich liebe dich, mein Schatz ...‹

Als er keine Antwort erhielt, begann Michael, jeden Tag in Santa Rosa anzurufen; zunächst bat er darum, mit Monika sprechen zu dürfen, dann verlangte er es; als nächstes schickte er ihr jeden Morgen einen Karton voll langstämmiger Rosen.

Da Lou häufig außerhalb der Stadt zu tun hatte, nahm Elsa gewöhnlich seine Anrufe entgegen, und bald schon begann sie sich vor diesen Anrufen zu fürchten.

»Michael, es tut mir leid, Monika ist im Moment nicht hier, sie ist einkaufen gegangen«, sagte sie. Sie mußte immer neue Ausreden erfinden: Monika sei bei Freunden in Sacramento zu Besuch; sie bleibe über Nacht auf der Halbinsel bei alten Schulkameraden aus der High-School; sie sei für einen Tag in San Francisco.

Nach mehreren Tagen schrieb Michael erneut an Lou. Monika fehle ihm, schrieb er, aber seine Behandlung schreite gut voran, und er fühle sich besser; er sei bereits zehn Zentimeter schlanker um die Taille. ›Das Haus ist ganz heil und wird saubergemacht. Wenn Monika wiederkommt, können wir noch einmal von vorn anfangen. Wir können uns auf alle möglichen schönen Dinge freuen, und ich kann dann der Mann sein, der ich schon die ganze Zeit über hätte sein sollen ...‹

Nach drei Wochen wurde Monika aus der Trinkerheilanstalt Myrtledale entlassen: trocken, nüchtern und ein überzeugtes Mitglied der Anonymen Alkoholiker. Jetzt nahm Lou ihre Rehabilitation in die Hand: Es war eine Aufgabe, von der er etwas verstand. Nach seiner offenbarungsartigen Selbsterkenntnis während seiner Motorradfahrt durch die High Sierras trank er nicht mehr und nahm mehrmals in der Woche an den Treffen der A. A. teil. Wie viele andere Männer und Frauen, die von den Anonymen Alkoholikern gerettet worden waren, hatte er mit dem Eifer eines Missionars die Verpflichtung übernommen, anderen dabei zu helfen, denselben Weg zu gehen. Er stand jederzeit – Tag und Nacht – Neulingen zur Verfügung, um sie bei ihrem Kampf gegen das Verlangen nach Alkohol zu unterstützen. Er tat dies getreu dem Grundsatz der Anonymen Alkoholiker: ›Wenn irgend jemand irgendwo seine Hand nach Hilfe ausstreckt, möchte ich, daß die Hand der Anonymen Alkoholiker da ist. Und dafür bin ich verantwortlich.‹ Jetzt war der Alkoholiker, dem er seine Hand reichte, seine eigene Tochter.

27. Kapitel

Monika stürzte sich mit derselben Hartnäckigkeit in ihren Feldzug gegen das Trinken, mit der sie früher ihre Karriere in Angriff genommen hatte. Sie gewöhnte sich auch das Marihuana ab. Mehrmals pro Woche besuchte sie gemeinsam mit Lou die Treffen der A. A., und an anderen Abenden ging sie allein dorthin. Obwohl sie katholisch erzogen worden war, hatte sie sich seit der High-School allmählich von der Kirche abgewandt. Jetzt kehrte sie zu der Religiosität ihrer Kindheit zurück und setzte ihren Glauben in dieselbe ›höhere Macht‹, die ihrem Vater geholfen hatte, das Trinken aufzugeben.

Michaels Anrufe aus England wurden immer verzweifelter. Er warf Elsa vor, daß sie ihn belüge, und Monika, daß sie sich mit anderen Männern treffe. Er sagte, er fühle sich verlassen, und drohte damit, sich umzubringen, wenn sie nicht nach England zurückkehre.

»Monika«, meinte Elsa schließlich, »ich glaube, du schuldest Michael eine Erklärung. Er spricht wieder von Selbstmord. Er setzt mich ganz schön unter Druck. Ich kann ihn nicht weiter anlügen. Ich glaube, er muß wissen, was du machst.«

Monika rief in St. Andrew's an und erzählte ihm, was in

Boston vorgefallen war. Sie erzählte ihm auch von Myrtledale und den A. A., und sie sagte, daß sie mit Gottes Hilfe in der Lage sein werde, für immer mit dem Trinken aufzuhören. Sie gab zu, daß ihr Trinken die Ursache für einige ihrer Eheprobleme gewesen sei. Der Alkohol habe sie manchmal gemein und aufbrausend gemacht, sagte sie. Aber jetzt sei sie optimistisch.

Michael sagte, daß sein Arzt sage, auch *er* mache große Fortschritte, und wenn Monika zurückkomme, könnten sie einen ganz neuen Anfang machen.

Hätten Michaels Ärzte das Telefonat heimlich mitgehört, so wäre ihr Urteil über den Verlauf seiner Therapie wohl weniger optimistisch ausgefallen. Ihren Akten zufolge war Michael ›aufrührerisch, aggressiv und unverschämt‹ sowie dem Personal gegenüber nicht zur Mitarbeit bereit. Andere Patienten kritisierten, daß er während gruppentherapeutischer Sitzungen ständig mit seinem Reichtum prahle, mit seinen Abenteuern im SAS und mit seiner schönen Frau. Schließlich weigerte er sich, überhaupt noch an den Gruppensitzungen teilzunehmen.

Nach fast sechs Wochen in Kalifornien bat Monika ihren Vater, mit ihr nach England zurückzufliegen und ihr zu helfen, einen Einstieg bei den A. A. zu finden. Ihr Gesprächstermin in Oxford rückte näher; auch wollte sie Michael bei seinem Gerichtsverfahren beistehen. Jetzt, da sie nicht mehr trank und er die richtige Hilfe bekam, glaubte sie, daß sie beide es schaffen würden – zumal dann, wenn sie beide eine gute Arbeitsstelle finden konnten und ihre finanzielle Abhängigkeit von Michaels Familie abbauen konnten; sie nannte sie im Scherz ›die britische Mafia‹.

Als Lou und Monika in Heathrow gelandet waren, fuhr Alex sie nach St. Andrew's, wo Michael seine Ehefrau mit Küssen überschüttete, Lou umarmte und ihnen beiden überschwenglich prophezeite, daß jetzt alles gut werde.

Lou machte sich Gedanken darüber, daß Michael sein bevorstehendes Gerichtsverfahren nicht sonderlich ernst zu nehmen schien. Er zeigte nicht nur keinerlei Reue, die britischen Schußwaffengesetze gebrochen zu haben, sondern behauptete sogar beharrlich, nichts Falsches getan zu haben. Er vertrat ernsthaft die Meinung, die Polizei habe einen Fehler gemacht, indem sie sein Eigentum konfisziert hatte. Warum sollte jemand von seiner sozialen Stellung nicht eine Schußwaffensammlung besitzen, fragte er. Es war offensichtlich, daß Michael schreckliche Angst vor dem Gefängnis hatte, aber er wagte die Prognose, daß man alle Anklagepunkte fallen lassen werde, sobald der Richter erfuhr, wer er war. Der Richter werde sich wahrscheinlich noch entschuldigen, wenn er ihn gehen ließ – wenn er auch vielleicht eine geringe Geldstrafe zahlen müsse, damit der Schein gewahrt bliebe.

Auch spürte Lou, daß sein Schwiegersohn die Therapie nicht sehr ernst nahm: Sobald sie allein waren, machte er sich über das Personal lustig und bekannte, daß er nur deshalb an den Gruppentherapiesitzungen teilgenommen habe, weil seine Rechtsanwälte behaupteten, daß ihm dies in seinem Gerichtsverfahren helfen werde. Das Ganze kam Lou wie eine Farce vor.

Um mehr über Michaels Schwierigkeiten zu erfahren, bat Lou seinen Psychiater, ihm genau zu erklären, welcher Art die Probleme waren, unter denen Michael litt. Die vage Antwort, die er erhielt, enttäuschte Lou. Michael leide an keiner psychischen Erkrankung, erklärte der Arzt, sondern sei ›emotional unreif‹. Dieses Problem könne nicht mit einem kurzen Aufenthalt in St. Andrew's behoben werden. Dazu bedürfte es wohl einer mehrjährigen Beratung.

Nachdem er versprochen hatte, seine Therapie auf ambulanter Basis fortzuführen, wurde Michael am 21. April 1982 in St. Andrew's entlassen. Er war dort neun Wochen lang Patient gewesen – nach seinen Worten eine Erfahrung, auf die er gern verzichtet hätte. Lou entschloß sich, bis zu Michaels Gerichtsverfahren im nächsten Monat in England zu bleiben.

Jeden Tag ging er mit Michael zur Polizeistation in High Wycombe, wo er in einem Dienstbuch seine Unterschrift leisten mußte, zum Beweis, daß er nicht während der letzten vierundzwanzig Stunden geflohen war. In der Zwischenzeit erschienen bei den Treffen der Anonymen Alkoholiker in Buckinghamshire allabendlich zwei neue Gesichter.

Zuerst stand ein Mann auf und sagte: »Mein Name ist Lou, und ich bin Alkoholiker . . .« Dann erhob sich eine zierliche Frau mit aufreizenden grünen Augen, stand derselben Versammlung von Fremden gegenüber und sagte: »Hi, mein Name ist Monika . . ., und ich bin Alkoholikerin«.

Was seine Gerichtsverhandlung betraf, erwies sich Michaels kühne Vorhersage als nicht ganz unberechtigt: Der Richter entschuldigte sich zwar nicht, aber Michael wurde auch nicht ins Gefängnis gesteckt. Während Lou und Monika neben ihm saßen, argumentierten seine Rechtsanwälte folgendermaßen: Indem er in einem der besten psychiatrischen Krankenhäuser Englands ein erfolgreiches Behandlungsprogramm abgeschlossen habe, habe der Angeklagte bewiesen, daß er sich auf mündige Weise mit den Problemen auseinandersetzen könne, die ihn während eines untypischen, kurzzeitigen Fehlverhaltens dazu gebracht hatten, verbotene Schußwaffen und einhundertvierundachtzig Schuß Munition zu importieren und dreimal gegen ein Auto zu rammen, in dem seine Frau saß. Er bekam eine Geldstrafe von sechstausendfünfhundert Pfund und eine sogenannte Freilassung: Es wurde ihm eine Bewährungsfrist von zwei Jahren zugebilligt; jegliche ernsthafte Zuwiderhandlung konnte ihn ins Gefängnis bringen. Die Strafe wurde – wie alle Ausgaben in seinem Leben – von der Vestey-Stiftung gezahlt.

Hinterher sagte er zu Lou: »In diesem Land kann man mit fast allem durchkommen, wenn man das nötige Geld hat.«

Nachdem er auf einem von Michaels Motorrädern eine kurze Fahrt durch die Chiltern Hills unternommen hatte, kehrte Lou nach Lambourn House zurück und fand Michael in der Garage, mit einer Flasche Jack Daniel's Bourbon und umringt von einem halben Dutzend junger Männer. Zwei dieser Männer hatten ihre Köpfe völlig kahlgeschoren; das stachelig abstehende Haar der anderen war in einer Vielzahl von Neonschattierungen gefärbt, hauptsächlich pink und grün. Als er sich zu der Gruppe gesellte, beobachtete Lou eine Seite an Michaels Persönlichkeit, die er zuvor noch nicht entdeckt hatte. In Kalifornien war er verschwiegen gewesen, ja es war ihm sogar peinlich gewesen, über den Reichtum seiner Familie zu sprechen; aber hier, wo er unter den schmeichlerischen Skinheads und Punkern hofhielt, gab er damit an: Er konnte sich jedes Motorrad kaufen, das er wollte, einfach *alles*, was er wollte.

Nachdem sie gegangen waren, fragte Lou: »Michael, warum gibst du dich mit solchen Typen ab?«

»Das sind meine Freunde«, antwortete Michael.

»Sind das wirklich *Freunde*?«

Monika habe ihm erzählt, fuhr Lou fort, daß Michael manchmal an solche Freunde teure Geschenke weggebe, auch Rolex-Armbanduhren. »Ist das wahr?«

Michael gab zu, daß es so war.

›Freunde‹, die Andeutungen darüber machten, daß sie teure Armbanduhren haben möchten, seien keine Freunde, gab Lou zu verstehen, sondern habgierige Menschen und Aasgeier.

Michael war verärgert: Sie seien gute Kumpel.

»Michael, du magst kein Alkoholiker sein wie ich, aber ich glaube, du hast einige derselben Probleme, unter denen auch ich litt. Kein Alkoholiker, dem ich je begegnet bin, hatte das kleinste bißchen Selbstachtung. Was tun sie also? Sie gehen in eine Bar und sagen dem Barkeeper: ›Eine Runde für alle.‹ Als ich das noch tat, bekam ich sofort Anerkennung und hatte augenblicklich Kameraden. So geht es dir auch, und ich glaube, es liegt daran, daß du dir nie dein eigenes Brot verdienen mußtest. Irgend jemand aus deiner Familie hat sich immer um alles gekümmert, und ich glaube nicht, daß das gut für dich war.«

Lou hatte während seines gesamten Berufslebens im ›Menschengeschäft‹ gearbeitet, wie er es nannte. Er wußte: Mehr als alles andere mußte ein Mensch sich selbst gut leiden können.

Äußerlich konnte ein Mann körperliche Kraft ausstrahlen, und eine Frau konnte wegen ihrer Schönheit den Neid anderer Frauen erregen; im Innern konnten beide ein Ego besitzen, das so zerbrechlich war wie ein Kristall; ein Ego, das die geringste Kränkung viel größer erscheinen ließ, als sie tatsächlich war, und das sie zu irrationalen Handlungen veranlaßte. Nach Lob zu hungern und gleichzeitig daran zu zweifeln, daß es aufrichtig gemeint war, das Selbstwertgefühl anderer zu zerstören, um damit den eigenen Mangel an Selbstwertgefühl zu kompensieren – das waren typische Verhaltensweisen von Menschen, die sich minderwertig fühlten.

Lou teilte Monikas Meinung, daß Michael sich eine Stellung suchen sollte. Er stimme ihr zu – nicht, weil Michael mehr Geld brauche, sondern weil er mit einem Gehaltsscheck mehr Stolz auf sich selbst empfinden würde. Dann bräuchte er sich diesen Stolz nicht mehr durch das Verschenken goldener Armbanduhren zu erkaufen.

Wenn er keinen konventionellen Beruf ausüben wolle, warum machte er dann nicht einfach mit ihm zusammen ein Export-Import-Geschäft auf? Sie beide kannten doch erstklassiges Motorradzubehör, das es nur im eigenen Land gab, aber nicht in dem des anderen. Sie konnten die wichtigsten und besten Zubehörteile per Schiff auf die jeweils andere Seite des Atlantiks schicken; es würde Spaß machen und Geld einbringen. Michael nahm den Vorschlag sofort bereitwillig an. Ein paar Tage später verhandelten sie über das Alleinverkaufsrecht in den Vereinigten Staaten für den Verkauf der Produkte eines angesehenen britischen Herstellers von Stiefeln und Motorradkleidung. Michael sollte den britischen Teil des Geschäfts übernehmen, Lou die amerikanische Seite.

Bevor er nach Hause flog, hielt Lou auch seiner Tochter noch eine harte Standpauke.

Michael habe versprochen, sich anständig zu benehmen, sagte Lou. »Ich glaube, ich habe ihn davon überzeugt, daß wir alle für uns selbst verantwortlich sind und daß wir alle unsere eigenen Probleme lösen müssen.« Aber, fügte er hinzu, Monika müsse ihren Teil dazu beitragen: Michael finde, sie meckere zu viel an ihm herum, und Lou mußte ihm in diesem Punkt zustimmen.

Monika gab zu, manchmal ein Meckerer zu sein. Aber sie behauptete, Michael *brauche* das: Sie versuche ja nur, ihm zu helfen, ihn dazu zu bewegen, für sich selbst einzustehen, ihn unabhängig von seiner Familie werden zu lassen. Das sei der einzige Weg, den sie kenne, um ihn zu bessern und ihn dazu zu bringen, sich anständig zu benehmen. Sogar seine Familienangehörigen wünschten, daß sie energisch mit ihm war.

Michael brauche mehr Lob und weniger Kritik, erwiderte Lou. »Du bist Alkoholiker, und er hat auch ein Problem: Keiner von euch beiden besitzt genug Selbstachtung. Ich weiß das, weil es mir selbst auch so geht. Es ist mir egal, ob einer aus gestörten Familienverhältnissen stammt oder nicht. Wenn man jung ist, braucht man emotionale Sicherheit, und wenn man sie nicht kriegt, hat man nicht genügend Selbstachtung, wenn man erwachsen wird.«

Lou sagte, wenn sie das Bedürfnis verspüre, Michael zu kritisieren, solle sie daran denken, daß wahre Liebe bedeute, zu geben ohne eine Gegenleistung dafür zu erwarten – und wenn sie besonders viel Kraft brauche, dann solle sie bei ihrer höheren Macht Hilfe suchen und sich an einen Ratschlag der A. A. erinnern: Triff während des ersten Jahres des Trockenseins keine wichtigen Entscheidungen bezüglich deines Lebens.

Monika, die so eifrig wie eh und je um die Anerkennung ihres Vaters bemüht war, versprach ihm, seine Ratschläge zu befolgen. Als sie ihn in Heathrow verabschiedeten, hielten Monika und Michael sich liebevoll an der Hand.

Nachdem er sich an Bord des Flugzeugs begeben hatte, warf er noch einen Blick auf das Paar zurück und stellte fest, daß seine Mission in England ein Erfolg gewesen war. Bei dem Versuch, die Beziehung zwischen seiner Tochter und seinem Schwiegersohn wieder in Ordnung zu bringen, hatte er ihnen geraten, die Grundsätze des Zwölf-Schritt-Programms der A. A. zu befolgen: Erniedrige dich selbst, gib deine Fehler zu und leiste Wiedergutmachung gegenüber denjenigen, die du verletzt hast.

IV.

Hinter den Schatten düster lauernd
liegt ein Teufel in des Menschen Seele
Wirf einen Schatten auf eine Ecke
und die Demütigen ändern ihre Rolle

Stolz wehende Brise über dem Moor
die sacht satanische Pläne haucht
denn in jeder liegt ein Teufel
will die Menschenseele haben

Verworrene Zweige der Bäume
verworrene Zweige des Geistes
Der Teufel ist immer auf der Suche
nach einer Seele auf falschem Weg

MONIKA ZUMSTEG, *14. Juni 1976*

28. Kapitel

West Wycombe, Sommer 1982

Dem kalten Wetter, das Monika und Michael während ihres ersten Winters im Lambourn House zu schaffen gemacht hatte, folgte ein ungewöhnlich warmer Frühling und Sommer. In vieler Hinsicht schien die Wetteränderung ein bildlicher Ausdruck für ihre Ehe zu sein. Nachdem Lou nach Kalifornien zurückgekehrt war, lichteten sich die Wolken über ihrer Beziehung: Monika war nüchtern und genoß die Unterstützung von neuen Freunden bei den A. A.-Treffen, die sie regelmäßig besuchte. Michael ging zu Zusammenkünften der Al-Anon, der Selbsthilfegruppe für die Ehepartner von A. A.-Mitgliedern, und bemühte sich um mehrere freie Arbeitsstellen, die Monika ihm in der Zeitung zeigte. Er zeigte auch Interesse an dem Import-Export-Geschäft, nahm mehrere Bestellungen für in Amerika hergestellte Visiere auf und schickte sie nach Santa Rosa. Er war begeistert von Monikas Vorschlag, er und Richard Richardson könnten doch in High Wycombe ein Geschäft eröffnen, in dem sie Motorräder und Autos reparierten.

Monika verkaufte, solange sie noch die Antwort auf ihre Bewerbung in Oxford erwartete, an zwei bis drei Wochenenden im Monat Antiquitäten und führte in Zeitarbeit Bürojobs aus. Sie wurde zu einer exzentrischen Figur in Buckinghamshire: eine Teilzeitsekretärin in Designerkleidung, die manchmal in einem Mercedes mit Chauffeur zur Arbeit kam.

Ihrer Mutter eröffnete sie am Telefon, daß sie die Hoffnung auf eine Karriere in der britischen Computerbranche aufgegeben habe und daß ihr neues Ziel nach Erhalt ihres Universitätsabschlusses in Oxford darin bestand, Rechtsanwalt zu werden, wie Michaels Cousin Christopher.

Wie sie es Lou versprochen hatte, schmeichelte sie Michaels Ego, in dem sie ihn für seine neue Bereitschaft lobte, sich nach einem Job umzusehen und Al-Anon Zusammenkünfte zu besuchen. Sie überredete ihn auch dazu, einen Teil ihrer jeweiligen monatlichen Zuwendungen von der Familie zusammen mit dem Erlös aus ihrem Antiquitätengeschäft auf einem besonderen Bankkonto anzulegen, als Rückstellung für eine Anzahlung auf ein Wohnhaus. Wenn sie etwas Eigenes hätten, sagte sie, würde sie das unabhängiger von der britischen Mafia machen.

Obwohl das Antiquitätengeschäft und die gelegentlichen Sekretärinnen-Jobs einiges von ihrer Zeit in Anspruch nahmen, langweilte sich Monika immer noch. Alles hing jetzt von Oxford ab. Während ihre Bewerbung noch geprüft wurde, stürzte sie sich in Arbeiten zu wohltätigen Zwecken: Sie führte Kleider vor bei Veranstaltungen, deren Erlös wohltätigen Zwecken zugeführt wurde, sie widmete mehrere Stunden in der Woche einem Altenheim und stellte ihre Zeit freiwillig dem Heim für schwer erziehbare Jungen zur Verfügung, in dem Cheryl Richardson arbeitete. Die Umbauarbeiten gingen weiter, und es wurde eine Sauna in dem unbenutzten Nebengebäude eingerichtet. Sie kauften eine Ente namens Daphne und eine Gans namens Gilbert und ließen sie frei im Hof herumlaufen. Als Zeichen dafür, daß nach ihrem Aufenthalt in Kalifornien das Leben im Lambourn House wieder zur Normalität zurückgekehrt war, luden sie ihre Nachbarn zu einem amerikanischen Barbecue ein. Während Monika an ihrer Cola nippte, grillte Michael die Steaks. Ettie Turner sprach ihm ein Kompliment für das Fleisch aus, und Monika scherzte: »Wir kriegen nicht mal einen Preisnachlaß bei Dewhurst.«

Es waren glückliche Tage für Monika, und als dann noch ein Brief aus Oxford im Postkasten lag, in dem ihr mitgeteilt wurde, daß ihr Aufnahmegespräch erfolgreich verlaufen war, hätte sie eigentlich daraus schließen können, daß ihr Leben in England – genau wie das Wetter in jenem Frühjahr – sich zum Besseren gewendet hatte. Aber sie hatte bereits lange genug dort gelebt, um zu wissen, daß sie bei strahlendem Sonnenschein erwachen mochte und mittags dann doch im Regen stehen konnte.

Einige Wochen nachdem Lou nach Kalifornien zurückgekehrt war, schrieb sie an Elsa:

Liebe Mom,

alles Gute nachträglich zum Muttertag! Ich wußte nicht, daß Muttertag in England nicht am selben Tag ist und habe deshalb völlig vergessen, wann er in den Staaten ist, bis jemand im Kurs davon sprach (es waren natürlich Amerikaner). Ich hoffe, mit Dir und Dad ist alles okay.

Mein Bewerbungsgespräch in Oxford war erfolgreich, und ich muß jetzt zwei allgemeine schriftliche Arbeiten für die Zulassung einreichen. Die Leiterin der Fakultät hat zugunsten der Aufsätze auf die Aufnahmeprüfungen verzichtet, was ganz günstig ist, denke ich. Ich glaube nicht, daß ich jemals zuvor eine härtere Prüfung in einem Gespräch durchzustehen hatte.

Die Dame nannte mir ständig hypothetische Situationen aus der Psychologie und fragte mich, wie ich vorgehen würde, um diese Theorie wissenschaftlich zu beweisen. Ich schätze, irgend etwas war auf meiner Seite. Ich weiß bis heute nicht, wie ich die Fragen richtig beantwortet habe, aber ich hab's geschafft.

Am 5. Juli mache ich auch ein Bühnenexamen in Schauspielkunst. Mein Lehrer hält mich für ein Naturtalent! Vielleicht hast du recht: Ich hätte Schauspielerin werden sollen. Jedenfalls habe ich dadurch was zu tun. Ich habe mit Michael Bainbridge und seinen Eltern auf ihren Antiquitätenmärkten gearbeitet und dabei einige Schnäppchen gemacht. Ich habe einen Stand auf einem Markt am 5. Juni angemeldet, so daß es mir vielleicht gelingt, einige von den Sachen zu verkaufen, die ich aufgegabelt habe, und ein bißchen zusätzliches Geld zu verdienen.

Michael geht immer noch zu Al-Anon und scheint ausgeglichener zu sein als vorher. Na ja, man muß abwarten, schätz' ich. Ich gehe ungefähr zu vier Treffen pro Woche. Seit heute habe ich eine Sponsorin. Ich habe mir eine australische Frau namens Janet ausgesucht. Ich glaube, Dad hat sie schon mal kennengelernt. Sie sieht aus wie Elizabeth Taylor (das dient ihm vielleicht als Gedächtnisstütze).

Alles Liebe an Euch beide. Paßt auf Euch auf.

In Liebe, Monika.

In Telefongesprächen mit ihrer Mutter sagte Monika, sie habe den Eindruck, daß Michaels Familie sie immer weniger möge. Obwohl seine Cousins sie dazu gedrängt hatten, die Polizei anzurufen, nachdem er auf der Hochzeit das Auto gerammt hatte, waren andere Familienmitglieder nicht sehr glücklich darüber. Ihn anzuzeigen, passe nicht zum Stil der Vesteys – die schmutzige Wäsche der Familie hatte hinter verschlossenen Türen gewaschen zu werden.

Deshalb habe die Familie wahrscheinlich auch ihren Plan abgelehnt, ein Pferd zu kaufen, sagte Monika. Es habe ihr nie jemand unverhohlen dieses Ansinnen ausgeschlagen, aber sie wisse es. Nachdem sie ihre Reitstunden beendet und mehrere Wochen damit verbracht hatte, sich nach einem Pferd umzusehen, habe sie einen stattlichen Braunen gefunden und Mister Brown mitgeteilt, daß sie ihn kaufen wolle. Jemand in seinem Büro hatte gesagt, daß ein Vertreter der Familie das Pferd kaufen werde, aber mehrere Wochen darauf hatte sie erfahren, daß das Pferd an jemand anderen verkauft worden war, und der Besitzer sagte, er habe nie etwas von Michaels Familie gehört. Danach, sagte sie, habe die Familie mehrmals andere Gründe gefunden, sie hinzuhalten und kein Pferd zu kaufen. »Ich glaube, die haben einfach beschlossen, daß ich nicht zu ihrer sozialen Klasse gehöre und daß es unverschämt von mir war, ein Pferd haben zu wollen«, sagte sie zu Elsa.

Die Haltung der Familie ihr gegenüber habe sich seit Michaels Gerichtsverfahren auch in anderer Hinsicht verändert. Sie meinte, das einzige, woran der Familie gelegen sei, sei es, Michael entgegenzukommen und auf sie Druck auszuüben, damit sie dafür sorge, daß er die Familie nicht blamiere. Mister Brown hatte sie mehrfach gebeten, Michaels Ausgaben einzuschränken; Michael benutze seine Kreditkarten zu unbekümmert. Ob sie ihm die nicht abnehmen könne? Als sie sagte, daß das unmöglich sei, deutete er an, daß die Familie von ihr enttäuscht sei; man hatte erwartet, daß sie einen besseren Einfluß auf Michael haben werde. Die Familie sei erfreut gewesen, als sie erfahren habe, daß Monika eine starke energische Person war. Jetzt, so gab er zu verstehen, sei man der Ansicht, sie habe nicht den Erwartungen entsprochen und man sei von ihr enttäuscht.

Das optimistische Frühjahr hielt nicht lange an: Nach drei Monaten verlor Michael das Interesse an dem Import-Export-Geschäft. Er vergaß die geplante Reparaturwerkstatt mit Richard, versäumte es, zu seinem Psychiater zu gehen, hörte auf, an Al-Anon Zusammenkünften teilzunehmen und gab die Stellungssuche auf – selbst nachdem Richard sich mit Monika verschworen hatte und Cocky beibrachte, ›Arbeit! Arbeit! Arbeit!‹ zu rufen, sobald Michael das Zimmer betrat.

Monika berichtete Elsa, daß Michael sich wieder auf sein Verhalten und die Hauptinteressen von einst zurückgezogen habe: heiße Autos, Harley-Davidsons, die Tottenham Hotspurs Fußballmannschaft, seine CB-Ausrüstung und andere Spielereien. Auf einem Briefbogen mit der Karikatur eines Rotschwänzchens schrieb sie im August an Lou:

> Lieber Dad,
> ich dachte mir, ich schicke Dir einen kleinen englischen Schwanz (Rotschwanz natürlich), über den ich Dir von Michael ausrichten soll, daß er zu groß zum Verschicken ist.
>
> Wie es scheint, mache ich im Moment gerade eine schlechte Phase durch. Ich hatte eine Stelle gefunden, aber arbeitete zu guter Letzt für einen gar nicht trockenen Alkie – typisch! Schade drum. Einen Monat lang war ich Werbeleiterin bei einer internationalen Public Relations Firma. Wie gewonnen, so zerronnen. Ich habe gekündigt, weil mein Entschluß, nüchtern zu bleiben, jedesmal ins Wanken geriet, wenn dieser Kerl in meine Nähe kam. Ich wünschte wirklich, ich könnte in Kalifornien sein, aber ich denke, daß meine

Verpflichtungen hier liegen. Michael hat noch immer keine Stellung oder Schule in Aussicht. Eines Tages oder Jahres vielleicht, was meinst Du?

Sag Mom, ich hab' sie lieb.

In Liebe, Monika

Einige Tage danach erlebte Monika eine niederschmetternde Enttäuschung. Das College in Oxford, bei dem sie sich beworben hatte, revidierte seine Entscheidung und ließ sie eine schriftliche Prüfung ablegen. Als ihr Gefühl, daß sie schlecht abgeschnitten hatte, von der Universität bestätigt wurde, rief sie Elsa an und sagte: »Ich bin durchgerasselt.« Sie weinte, und Elsa wußte genau warum: Mehr als alles andere haßte Monika es zu versagen. Das Prüfungsthema sei englische Geschichte und Politik gewesen, sagte sie. »Erst als ich dort ankam, haben sie mir erzählt, daß ich überhaupt eine Prüfung ablegen mußte. Wenn man mich darauf vorbereitet hätte, hätte ich gebüffelt; ich hätte nur zur Bücherei zu gehen brauchen. Die wissen, daß ich Amerikanerin bin. Wie konnten sie mir das nur antun?«

Monika sagte, ein Dekan des Colleges habe sie dazu ermutigt, die Prüfung zu wiederholen, aber selbst wenn sie bestünde, wäre es zu spät für das Trimester, das in ein paar Wochen anfing. Jetzt müsse sie wieder ganz von vorn anfangen und sich etwas suchen, mit dem sie sich nützlich machen könne, sagte sie zu Elsa.

29. Kapitel

Kurz nachdem Monika die Nachricht aus Oxford erhalten hatte, fing Michael wieder an, hin und wieder zu verschwinden. Zu Hause verfiel er immer häufiger in die düstere, grüblerische Stimmung, mit der sie zuerst in Tunbridge Wells Bekanntschaft gemacht hatte. Während eines transatlantischen Telefongesprächs erzählte Monika Sammye Hynes: »Es ist manchmal ganz verrückt: Ich spreche mit ihm und denke, er ist nebenan, und dann entdecke ich plötzlich, daß *er gar nicht da ist*. Er geht einfach weg, ohne was zu sagen.«

»Und was sagt er, wo er gewesen ist, wenn er zurückkommt?« fragte Sammye.

»Er sagt einfach, er wollte auf sein Motorrad steigen und eine lange Fahrt machen.«

Häufig wußten Richard und Cheryl Richardson, warum Michael verschwunden war, aber sie beschlossen, es Monika nicht zu erzählen. Buckinghamshires CB-Gemeinschaft war wie eine große Familie, die einen Gemeinschaftsanschluß benutzte: durch Umschalten auf einen anderen Kanal konnten die Mitglieder den Gesprächen anderer Mitglieder zuhören. Etwa drei Monate nachdem Monika aus Kalifornien zurückgekehrt war, fing Richard an, mitzuhören, wie Michael spät abends mit jungen Frauen sprach – meistens mit geschiedenen Frauen oder alleinerziehenden Müttern; eine von ihnen hatte sich die CB-Ausrüstung zugelegt, nachdem sie das Gerücht gehört hatte, daß ein reicher und großzügiger Schwerenöter von West Wycombe aus über Funk Romanzen mit Frauen anleierte.

Von seinem ›Radioschuppen‹ aus, der eingezwängt zwischen dem Gästezimmer und der Dachkammer im Lambourn House lag, machte er, während Richard heimlich mithörte, den Frauen den Hof, wobei er manchmal einen behelfsmäßigen Code benutzte, dessen Grundlage Anspielungen auf irgend etwas Australisches war: Känguruhs, Koalas, Wallabies und mysteriöse Redewendungen über Australien. Anscheinend glaubte er, daß andere CB-ler seine Botschaften nicht entziffern konnten, aber Richard decodierte sie schon bald und hörte, wie er den Frauen mitteilte, daß er ein unverheirateter, mit Orden ausgezeichneter Veteran aus dem Vietnamkrieg sei und ein Mitglied der Familie, der die Dewhurst Fleischerläden gehörten. Er sagte, über seinen Beruf könne er nicht sprechen, da er unter den Official Secrets Act fiele, aber falls er einmal für längere Zeit nicht senden sollte, dann bedeute das, daß er im Auftrag der Regierung unterwegs sei.

Richard hörte mit, wie die Frauen aus der Arbeiterschicht

Michael schmeichelten und mit ihm flirteten, sich für die Rosen und andere Geschenke bedankten, die Michael ihnen geschickt hatte und auf Vergnügungen anspielten, die sie gemeinsam erlebt hatten. Monika wußte nichts von diesen Flirts oder den Zusammenkünften mit Frauen, und Richard und Cheryl erzählten ihr nichts: Sie beschlossen, daß Neutralität die beste Strategie war, wenn Freunde Eheprobleme hatten. Michael machte allerdings einen Fehler: er bezahlte die Floristenrechnung mit seiner American Express Karte. Da Monika immer routinemäßig die Kreditkartenabrechnungen durchsah, ehe sie sie an Mister Brown schickte, fragte sie ihn nach diesen Kontobelastungen. Michael sagte, er habe Freunden und Verwandten zu Geburtstagen und Gedenktagen Blumen geschickt; danach sah er allerdings die Post vor Monika durch.

Als Monikas erster Hochzeitstag näherrückte, fing sie an, spät abends aufzuwachen und festzustellen, daß sie allein im Bett lag.

Sie stand dann auf und suchte das Haus ab. Mal fand sie keine Spur von Michael. Ein anderes Mal fand sie ihn unten, wo er im Dunklen leise am Telefon sprach, oder sie hörte seine Stimme hinter der verschlossenen Türe des ›Radioschuppens‹. Sie sagte zu Cheryl, daß sie allmählich vermute, es gäbe andere Frauen in Michaels Leben, aber daß sie es nicht beweisen könne.

Dann gab es für einen kurzen Augenblick stürmische Freude in Monikas Leben. Sie rief ihre Mutter an und sagte: »Wie fändest du es, wenn du Großmutter würdest?«

»Ist das dein Ernst?« fragte Elsa.

»Ja«, unterbrach Michael sie aufgeregt von einem Nebenanschluß aus.

Monika sagte, ihr Gynäkologe habe ihr mitgeteilt, daß sie schwanger sei, »aber erzähl Grandma noch nichts. Ich bin erst in der sechsten Woche ... Michael hofft, daß es ein Junge wird.«

»In unserer Familie ist das erste Kind immer ein Junge«, prahlte Michael.

»Aber wir werden ihn *nicht* ins Internat schicken«, sagte Monika.

»Nein«, stimmte Michael zu.

Monika erzählte Elsa nichts davon, daß sie und Michael nach ihrer Rückkehr aus Kalifornien heftige Auseinandersetzungen darüber geführt hatten, ob sie ein Kind bekommen sollte: Michael wollte sofort eins haben, sie wollte damit warten, bis sie ihren Abschluß von Oxford hatte. Aber nachdem die Universität ihr eine Ablehnung geschickt hatte und Michael wieder anfing wegzugehen, gab sie nach. »Als sie beschloß, daß sie ein Baby haben wollte«, erinnerte sich Cheryl Richardson später, »war das, glaube ich, weil sie so einsam war und sie und Michael sich auseinanderlebten. Michael war viel weg, und ich glaube, sie dachte, daß es sie wieder zusammenbringen würde. Ich glaube, daß Monika immer nur ein ganz normales Leben führen wollte, und das konnte sie nicht mit Michael.«

Drei Wochen nach dem Telefonat nach Santa Rosa rief Monika wieder zu Hause an; diesmal war sie allein am Apparat und schluchzte. Sie sagte, am Tag zuvor habe sie einen stechenden Schmerz im Bauch gefühlt und sei sofort zu Bett gegangen, aber nicht einmal eine Stunde später habe sie ihr Baby durch eine schmerzhafte Fehlgeburt verloren. Anstatt ihr sein Mitgefühl zu zeigen, habe Michael einen Wutanfall bekommen, habe sie für den Verlust des Kindes verantwortlich gemacht, sei um Mitternacht aus dem Haus gestürzt und habe gesagt, er fahre nach Devon, um Matthew zu besuchen. »Ich hab' ihm gesagt, daß ich schreckliche Schmerzen hätte, aber er hat mich einfach sitzenlassen.« Am nächsten Morgen hatte Monika, die noch immer Schmerzen hatte und nicht in der Lage war, Auto zu fahren, versucht, den Chauffeur Alex zu erreichen, hatte ihn aber nicht ausfindig machen können; schließlich brachte sie ein Freund vom Antiquitätenhandel zu ihrem Arzt, der eine Notbehandlung vornahm, um den Schmerzen ein Ende zu bereiten.

Als Michael eine Woche später nach Hause zurückkehrte, kaufte er Monika einen Pelzmantel und entschuldigte sich. Er sagte, er habe aus Enttäuschung übertrieben reagiert; er wolle unbedingt noch einen Sohn.

Monika verzieh ihm erneut.

Ein paar Tage später schrieb sie auf dem Briefpapier eines Edinburgher Hotels an ihre Eltern:

Liebe Mom, lieber Dad,
sind heute gerade in Schottland angekommen. Wir haben beschlossen, hier hochzufahren, um für ein paar Tage aus Bucks rauszukommen. Ich habe mit Michael gesprochen, und er hat mir recht gegeben, daß er immer noch ein ›aktiver Lügner‹ ist, der so süchtig nach der ersten Täuschung ist, wie ich es nach dem ersten Drink war! Ich schätze, er muß irgendwann einmal einen Tiefpunkt erreichen. Ich hoffe für ihn, daß es bis dahin nicht mehr lange dauert. Innerhalb von sieben Tagen nach seiner Rückkehr ist er schon wieder bei ›kleinen‹ Wutanfällen und dem Verstecken der Post angelangt. Jetzt ist mir endlich klargeworden, daß er dasselbe Problem hat wie ich, als ich eine ›Aktive‹ war.

Ich ertappe mich dabei, wie ich für seine Befreiung von der ›Lügensucht‹ bete, aber ich denke trotzdem daran, daß ich auf lange Sicht das tun muß, was das beste für mich und für die Gabe des Trockenseins ist. Schließlich denke ich jetzt, daß er, wenn ich es ihm weiterhin ermögliche (genau wie einem Alkie!), indem ich ihn wieder aufnehme, seinen Tiefpunkt vielleicht nie erreichen wird. Sollte mein Weggehen sein ›Tiefpunkt‹ sein, dann wird die höhere Macht einen Weg finden, dies zu arrangieren, so wie sie es mit meinem Tiefpunkt gemacht hat. Bis dahin werde ich mir soviel wie möglich von Europa ansehen, nach einer ordentlichen Stellung Ausschau halten und zu den A. A. gehen (nicht unbedingt in dieser Reihenfolge!). Ich habe nur das Heute, und heute ist Edinburgh wunderschön und Schottland ist atemberaubend. Ich danke Gott, Dir und Dad, daß ihr mich mit den A. A. bekanntgemacht habt, und ich danke Gott für die A. A. selbst.

Alles Gute zum Hochzeitstag
In Liebe, Monika

Einen Monat später rief sie Elsa an und sagte, sie möchte zu Weihnachten nach Hause kommen – allein. Seit der Fehlgeburt war Michael mit ihr in Schottland und dann in Marokko gewesen, aber er belog und täuschte sie weiterhin, und sie wollte für ein paar Tage weg von ihm. Dank der Hilfe der A. A. war sie noch immer trocken, aber die Versuchung zum Trinken wurde täglich größer, weil sie unter so großem Druck stand.

»Monika«, sagte Elsa, »warum kommt ihr nicht *beide*? Ich denke, es wäre gut für euch, wenn ihr mal aus England wegkämt und ein Weilchen in Santa Rosa bliebt. Michael ist dein Mann, und es würde euch schwerfallen, Weihnachten getrennt zu sein. Dad und Michael können eine Motorradtour machen, und wir können vielleicht für zwei Tage nach Reno fahren.«

»Na gut, Mom«, sagte Monika mit einem widerstrebendem Seufzer. »Aber eins mußt du mir versprechen: der Weihnachtsmann muß mir zu Weihnachten eine richtige Pizza bringen.«

30. Kapitel

Fünf Tage vor Weihnachten kamen sie an, und zwei Tage lang taten sie kaum etwas anderes als einkaufen, obwohl Monika ihr wichtigstes Geschenk für Elsa schon im Koffer mitgebracht hatte: eine Blaufuchsjacke sowie jenen Pelz, den Michael *ihr* nach der Fehlgeburt geschenkt hatte. Zwei Tage vor Weihnachten lieh sich Michael eins von Lous Motorrädern für einen Besuch bei seinen Freunden von der Dudley Perkins Vertretung. Anschließend war er zum Abendessen im Hause eines Mitglieds der Familie Perkins eingeladen; für Michael war das wie eine Einladung in den Buckinghampalast.

Nachdem Michael abgefahren war, machten sich Monika und Elsa auf den Weg nach Osten zu einer Mutter-Tochter-Attacke auf die Spielautomaten in Reno. Der Donner Paß, die Hauptroute über die Sierras, war wegen eines heftigen und unerwarteten Schneesturms mit Autos und Lastwagen versperrt. Sie folgten dem Rat eines freundlichen Lastwagenfahrers, machten einen Umweg und fuhren nach Boomtown, einer Fernfahrerkneipe und einem Kasino, nur wenige Meilen vor der Grenze von Nevada; nach Reno kamen sie gar nicht.

Es war fast leer in Boomtown, und das Licht ging wegen des Sturmes mit unregelmäßigem Flackern an und aus; schließlich wurde ein Notgenerator in Betrieb gesetzt, der dafür sorgte, daß sich die aufblitzenden Banken der neonbeleuchteten Spielautomaten weiter durch die Nacht drehen konnten.

Elsa gewann ständig. Monika resignierte, nachdem sie den Maschinen ein paar Fünfcentstücke überlassen hatte, und überließ ihre restlichen Münzen Elsa, die sofort einen weiteren Jackpot gewann.

Elsa sah, daß Monika in Gedanken gar nicht bei dem Spiel war. Ihre Tochter war nicht nur viel nachdenklicher, als Elsa sie jemals gesehen hatte, sie wirkte auch nervös und kritisierte Michael. Um ihre Stimmung zu heben, sagte Elsa etwas Nettes über ihn: »Weißt du, manchmal denke ich, daß du es Michael zu schwer machst.«

»Mom, du und Dad, ihr kennt Michael nicht so wie ich. Er hat eine Seite, die ihr nie zu Gesicht bekommen habt. Er ist wie ein Chamäleon. Ihr seht immer nur seine guten Seiten. Wenn wir allein sind, kommt es vor, daß er sich wie ein Kind benimmt. Manchmal kriegt er so einen seltsamen Gesichtsausdruck, hat einen Wutanfall und schlägt alles im Haus zusammen. Aufgrund seiner Familie, so glaubt er, kann er mit allem durchkommen, wonach ihm der Sinn steht – er behauptet, man kann mit allem durchkommen, wenn man genügend Geld hat. Wie soll ich denn damit leben können?«

»Monika, das ist eine Entscheidung, die du allein treffen mußt. Liebst du ihn?«

»*Ja.*«

Sie wußte, warum er sich so verhielt: Es lag an seiner schrecklichen Kindheit. Aber es wurde immer schwerer, mit ihm zu leben, und manchmal fürchtete sie sich sogar vor ihm. Trotz seiner Versprechen log er immer noch und versteckte ständig die Post. Manchmal tauchte er wie ein Mann vom Mars an ihrem Antiquitätenstand auf, seinen Motorradhelm mit Visier auf dem Kopf, und verlangte – vor ihren Freunden –, daß sie unverzüglich nach Hause käme.

Monika war mit Lou der Meinung, daß Michael noch eine Chance verdient habe, und die wolle sie ihm geben. Er hatte erneut versprochen, sich eine Arbeitsstelle zu suchen oder zur Schule zu gehen und auch seinen Psychiater aufzusuchen. Sollte er das nicht tun, werde sie nach Hause kommen.

»Ich glaube noch immer, daß für ihn – für uns – alles klargeht, wenn er eine Stellung findet und weniger abhängig von seiner Familie wird. Er ist gescheit, und mit seinem Charme kann er jeden um den Finger wickeln. Das Problem mit Michael ist, daß man ihm nicht lange böse sein kann. Eben wegen seines Charmes. Die Leute lieben ihn – genau wie du und Dad.«

»Na, wenn es nicht klappt, packst du einfach deine Sachen und kommst nach Hause«, sagte Elsa. »Ich bin sicher, daß du deinen alten Job wiederkriegen kannst.«

»Ich bin jetzt fast zwei Jahre im Rückstand auf dem Computergebiet, und da ändert sich alles rasant . . .«

»Du hast schon immer alles geschafft, was du dir in den Kopf gesetzt hattest«, sagte Elsa mit ehrlichem Mutterstolz. »Du schaffst das. Komm einfach nach Haus, mach den Collegeabschluß und mach dann im Computerbereich weiter.«

»Vielleicht«, sagte Monika.

Der Schneesturm hielt sie bis nach dem Morgengrauen in Boomtown fest, wodurch Elsas Glückssträhne noch verlängert wurde. Nachdem die Hauptverkehrsstraßen geräumt worden waren, kehrten Monika und Elsa nach Santa Rosa zurück, wo sie alle zusammen einen schönen Heiligabend zu Hause verbrachten. Monika und Michael schmiegten sich auf dem Sofa aneinander, scherzten und küßten sich und ihre Kümmernisse schienen in einer Woge von Festtagsstimmung untergegangen zu sein.

Mit Ausnahme eines Vorfalls war auch die übrige Zeit des Besuchs ein Erfolg.

Am ersten Weihnachtstag überschütteten Michael und Monika die Familie mit Geschenken (Elsa war einen Moment lang völlig sprachlos über die Pelzjacke), und sie mußten sich einen Koffer leihen, um ihre Geschenke von der Familie sowie die Präsente, die sie sich gegenseitig in Santa Rosa und San Francisco gekauft hatten, nach Hause zu schaffen.

Mit Ausnahme des einen Vorfalls – zu Silvester – verlief alles harmonisch.

Lou und Elsa sprachen es durch und beschlossen, Monika nichts davon zu erzählen. Sie wollten nicht, daß sie sich wieder ärgerte.

31. Kapitel

Monika und Sammye Hynes stiegen die steile Treppe hinauf, die an der Seite eines Holzgebäudes an einer Landstraße nördlich von Sacramento hinaufführte, und betraten Mills Station. Was ihnen zuerst auffiel, war das Fehlen des Musikpodiums. An der Stelle, wo früher eine fünfköpfige Band auf einer kleinen Bühne Nashville-Melodien zum Klingen gebracht hatte, stand jetzt eine Jukebox.

Es war ein Tag nach Neujahr. Monika war nach Sacramento gefahren, um über Nacht bei Sammye zu bleiben, während Lou und Michael eine Campingtour machten, und sie hatten beschlossen, wieder einmal die Country-Western-Bar zu besuchen, in die sie oft nach der Arbeit zu ein paar Drinks eingekehrt waren, als sie noch zusammen gewohnt hatten. Monika bestellte sich eine Cola und Sammye auch, denn sie erinnerte sich daran, daß Monika niemals Süßigkeiten mit in die Wohnung mitgebracht hatte, wenn Sammye eine Diät machte, damit sie sie nicht in Versuchung führte. Monika trug ein T-Shirt, auf dem ein Kamel prangte. Als Sammye sie danach fragte, sagte ihre frühere Wohngenossin, Michael habe es in Marokko für sie gekauft.

»Was habt ihr denn in Marokko gemacht?«

»Michael ist mit mir nach meiner Fehlgeburt dorthin gefahren.«

Sie erzählte Sammye die ganze Geschichte: Wie er sie im Stich gelassen hatte am Abend der Fehlgeburt, wie er mit einer Entschuldigung und einem Pelzmantel zurückgekommen war und mit ihr eine Reise gemacht hatte. Sammye hatte Monika noch nie so erschöpft gesehen – und auch noch nie so blondhaarig.

»Was, um Himmels willen, hast du denn mit deinem Haar gemacht?«

»Michael sagt, alle kalifornischen Mädchen sollten blond sein, und ich bin ein kalifornisches Mädchen, also sollte ich blond sein.«

Es war sieben Uhr, und allmählich trudelten mehr Gäste in die Bar herein: bärtige Männer in Lederhemden, Ledermützen, schwarzen Stiefeln und mit Tätowierungen auf den Armen.

»O Gott, das ist gar keine Country- und Western-Bar mehr«, sagte Sammye. »Sie haben ein Motorradfahrertreff daraus gemacht. Laß uns hier verschwinden.«

Sie ließen ihre Cola stehen und fuhren zu Sammyes Wohnung, wo sie sich bis Mitternacht unterhielten. Sammye brachte Monika auf den neuesten Stand über das Gerede bei Reynolds & Reynolds, und Monika erzählte ihr über die Probleme in ihrer Ehe. Die Spannungen und die ständigen Streitereien seien wahrscheinlich der Grund dafür, daß sie das Kind verloren hatte.

»Warum kehrst du nicht nach Haus zurück?« fragte Sammye.

Trotz allem, sagte Monika, liebe sie Michael, und er liebe sie. Er sei von ihr abhängig – und sie mochte nicht aufgeben, noch nicht.

Ein Weilchen später sagte sie: »Wenn ich wirklich weggehe, meinst du, ich könnte für eine Zeitlang wieder bei dir mit einziehen, bis ich wieder auf eigenen Beinen stehe?«

»Teufel noch mal, ja, Monika; mach dir bloß darüber keine Sorgen. Ich bin sicher, daß du deinen alten Job bei Reynolds & Reynolds wiederkriegen kannst und wenn nicht, kannst du todsicher einen anderen kriegen.«

Am nächsten Morgen sah Monika noch immer sehr müde aus, fand Sammye. »Mach dir keine Gedanken«, munterte sie die Freundin auf. »Wenn es nicht hinhaut mit eurer Ehe, tauch einfach bei mir vor der Tür auf, und wir werden dir eine Stellung besorgen.«

Als Monika abfuhr, kam Sammye ein Gedanke in den Sinn: Vor einem Jahr hatte sie geglaubt, für Monika werde der Traum eines jeden Mädchens wahr. Jetzt hatte sie keine Ähnlichkeit mehr mit Aschenputtel.

Nach ihrer Rückkehr nach England begann Monika über unerträgliche Kopfschmerzen zu klagen. Freunden fiel auf, daß sie abnahm. Sie benutzte weniger Make-up und trug ihre Brille häufiger, die Kontaktlinsen seltener. Sie fängt an, sich gehenzulassen, dachte Cheryl. Monika besuchte weiterhin gewissenhaft die Zusammenkünfte der A. A., rauchte aber wieder des öfteren Marihuana, nachdem sie einen Dealer kennengelernt hatte, der in einem Restaurant in High Wycombe arbeitete.

Im Januar und Februar berichtete Monika ihrer Mutter bei einem ihrer jetzt seltener werdenden Anrufe nach Kalifornien von ihren Kopfschmerzen. Michael habe sich trotz seiner Versprechen zu Weihnachten nicht sehr geändert: Er log noch immer und hatte Wutanfälle, versteckte die Post und lehnte die Übernahme jeglicher Verantwortung ab.

»Monika«, sagte ihre Mutter, »du schuldest ihm nichts. Wenn es noch schlimmer werden sollte mit ihm, könntest du dann nicht einfach nach London gehen und dir eine Wohnung mieten?«

Monika erwiderte, das könne sie sich nicht leisten; auf keinen Fall werde sie Mister Brown um die Miete bitten, denn der könne Michael dann vielleicht erzählen, wo sie steckte. Wenn sie *tatsächlich* wegginge, wollte sie sich heimlich davonschleichen, so daß er nicht wußte, wo sie war.

Anfang März fochten Michael und Monika wieder einen Streit aus; sie sagte, falls er nicht bereit wäre, seinen Psychiater aufzusuchen, werde sie nach Kalifornien zurückgehen. Aufgrund ihres Ultimatums ließ er sich für die nächste Woche einen Termin im St. Andrew's Krankenhaus geben und verfolgte dann heimlich einen anderen Plan: Er rief seine Rechtsanwälte an und teilte ihnen mit, er wolle sich von Monika scheiden lassen.

Am Freitag, den 11. März 1983 fuhr er sie morgens zu einem Bürogebäude in der Nähe von High Wycombe, wo er sie zu ihrem Zeitarbeitsjob absetzte. Er versprach, sie um halb fünf wieder abzuholen und mit ihr zu einem Nightclub in der Nähe vom Windsor Castle zu fahren. Um fünf Uhr wartete Monika immer noch draußen in der Kälte auf Michael. Sie winkte ein Taxi heran und fuhr nach Lambourn House. Es war ein einziger Trümmerhaufen; er hatte alles auf den Kopf gestellt, sogar der Fernseher war weg. Er hatte ein kurzes Schreiben für Monika hinterlassen, das sein Rechtsanwalt am Tag zuvor für ihn aufgesetzt hatte. Darin stand, daß er nicht länger mit ihr leben wolle, daß er für immer weggegangen sei und daß sie sich mit Mister Dimmick in Verbindung setzen solle, der ›dir sagen wird, welche Vorkehrungen ich für deinen finanziellen Unterhalt treffen werde‹.

Monika rannte hinüber zum Haus von Ettie Turner und bat sie, ihr Telefon benutzen zu dürfen.

»Mom«, sagte sie am Telefon, »ich bin gerade von der Arbeit zurückgekommen, und Michael hat schon wieder das ganze Haus kaputtgeschlagen. Die Hälfte der Möbel sind weg, er hat den Telefonanschluß aus der Wand gerissen und hat mich ohne einen Pfennig zurückgelassen.«

Elsa fragte, was ihn denn diesmal dazu getrieben hatte.

Es sei wahrscheinlich deshalb, weil sie ein Machtwort gesprochen und ihm das Versprechen abgenommen habe, zu seinem Psychiater zu gehen, meinte Monika.

»Monika, du hast dein Bestes getan. Warum kommst du jetzt nicht nach Hause? Ich schicke dir das Geld für ein Ticket.«

Lou nahm den Hörer, und Monika beschrieb ihm, was passiert war. Er schloß sich der Meinung seiner Frau an: »Zu Weihnachten hat mir Michael sein Wort gegeben, daß er sich ändern wird, und er hat es nicht getan. Ich denke, es ist Zeit, daß du von da abhaust und nach Hause kommst; wirf das Handtuch.

Wenn du nicht genug Geld hast, schicken wir dir ein Ticket. Im Augenblick halte ich deine eigene Gesundung für wichtiger als Michaels Probleme.«

Monika fuhr nach Lane End und erzählte Cheryl und Richard, was passiert war; dann benutzte sie deren Telefon, um noch einmal zu Hause anzurufen.

Während dieses zweiten Anrufs drängte Lou sie, sich einen Rechtsanwalt zu nehmen und die Scheidung einzureichen.

»Der einzige Rechtsanwalt, den ich in England kenne, ist Michaels Cousin«, sagte sie.

Lou schlug vor, sie solle ihren Sponsor bei den A. A. bitten, ihr einen Rechtsanwalt zu empfehlen. Wegen der vorehelichen Vereinbarung hatte Monika keine Ansprüche auf Lambourn House oder auf Michaels Erbe, aber ihr stand ein Teil ihres gemeinsamen Vermögens zu sowie alles, was sie aus Amerika mitgebracht hatte. Ein Rechtsanwalt konnte dafür sorgen.

Monika erklärte, daß in Michaels Brief gestanden habe, sein Rechtsanwalt werde wegen des finanziellen Unterhalts Kontakt mit ihr aufnehmen.

»Du brauchst etwas, mit dem du wieder einen Anfang machst, wenn du zurückkommst«, sagte Elsa, »etwas, von dem du ein paar Monate lang leben kannst.«

»Glaubst du, es wäre zuviel, wenn ich sagte, ich verlange fünfundzwanzigtausend oder dreißigtausend Dollar.«

»Nein, Monika«, sagte Elsa. »Das ist nicht zuviel. Du hast deinen Beruf aufgegeben, um Michael zu heiraten. Damals hast du genausoviel im Jahr verdient. Und du bist seit mehr als zwei Jahren weg. Ich glaube nicht, daß du weißt, wie schlimm die Inflation hier bei uns ist. Nein, ich glaube nicht, daß das zu viel ist. Du hast schließlich deine Karriere aufgegeben, um ihn zu heiraten.«

Michaels Familie müsse eigentlich auch für den Schiffstransport ihrer Möbel und ihrer anderen Sachen nach Hause zahlen, warf Lou ein. Dann sagte er, er wolle Monika etwas erzählen, das in Santa Rosa vorgefallen sei, als sie zu Weihnachten zu Hause gewesen seien – etwas, von dem Elsa und er ihr noch nichts verraten hätten. Es werde ihr vielleicht helfen, wenn sie zum Rechtsanwalt ginge, aber sie solle es Michael gegenüber nicht erwähnen.

Monika hörte sich an, was Lou zu sagen hatte und versprach dann, Michael nichts davon zu erzählen.

32. Kapitel

Nach dem zweiten Anruf in Santa Rosa entschloß sich Monika, nun Cheryl nach Lambourn House einzuladen, damit sie sich das von Michael angerichtete Chaos ansah. Als sie durch das fast leere Landhaus schritten, entdeckte Monika etwas, das Michael unberührt gelassen hatte: ein Flaschenregal mit seinen teuersten Spitzenweinen. Sie nahm eine Flasche französischen Rotwein, für den Michael zweihundert Dollar bezahlt habe.

»Den trinken wir.«

»Das ist Rotwein«, sagte Cheryl. »Von Rotwein kriege ich immer Migräne.« Sie wußte, daß Monika hart darum gekämpft hatte, mit dem Trinken aufzuhören, und sie wollte sie jetzt nicht dazu ermutigen.

»Zum Teufel mit deiner Migräne —es ist Michaels Wein, und ich will ihn jetzt trinken.«

Sie leerten die Flasche, dann noch eine zweite und öffneten eine dritte; nur wenige Tage nachdem ihr Vater ihr anläßlich des ersten Jahrestages ihres Trockenseins ein Erinnerungsgeschenk von den A. A. geschickt hatte, trank Monika wieder. Und weil ihr der Alkohol die Zunge gelöst hatte, vertraute sie Cheryl ein Geheimnis an: Seit sie nach England gezogen war, hatte sie sexuellen Kontakt mit Frauen gehabt. Es habe in Tunbridge Wells angefangen, bekannte sie, mit einer Nachbarin, der Frau eines Rechtsanwaltes, damals, als Michael oft weggewesen sei, sie sich nach neuen Freunden umgesehen und angefangen habe, zuviel zu trinken. Sie habe die Frau gemocht, sagte sie, aber es sei alles nur kurz gewesen, ein Versuch und nie wirklich befriedigend. Jahre später, als Cheryl sich an den

Abend erinnerte, sagte sie: »Ich glaube, es ist passiert, weil Monika so einsam war. Ich glaube, sie wollte immer nur geliebt werden, und von Michael kriegte sie nicht, was sie brauchte. Ich glaube, sie dachte, er würde ihr dadurch vielleicht mehr Aufmerksamkeit schenken.«

Nachdem sie noch mehr Wein getrunken hatten, bat Monika Cheryl, mit ihr in den ›Boot‹-Pub zu gehen, um einen Scheck einzulösen.

Wie immer gab es einen spürbaren Spannungsanstieg in dem Pub, als Monika ankam. Die Männer drehten sich auf ihren Stühlen um, um sie zu bewundern, und erwarteten ihr gewohntes Lächeln, aber keine weitere Ermutigungen. Einige von ihnen bemerkten allerdings, daß heute abend etwas anders war: Monika war angeheitert, und sie wußten, daß sie im Pub schon seit Monaten nichts Alkoholisches mehr getrunken hatte.

Draußen senkte sich dichter Nebel über die Chilterns, der die steile Straße zwischen Bledlow Ridge und West Wycombe glatt und tückisch werden ließ. Zur Sperrstunde waren sich die beiden Frauen darüber einig, daß keine von ihnen nüchtern genug war, um Monikas Pontiac nach West Wycombe zurückzufahren. Cheryl fragte deshalb nach einem freiwilligen Chauffeur.

Joe Stennings bot sich als erster an. Er war schlank und drahtig, hatte ziemlich langes braunes Haar mit dem Schnitt eines Prince Valiant und das jungenhafte, verletzliche Aussehen, das Monika schon immer bei Männern gemocht hatte. Mit seinen einunddreißig Jahren verdiente er sich seinen Unterhalt in Buckinghamshire als Anstreicher, Dachdecker und Handwerker für alle Fälle. Er gehörte zu jenen Stammgästen im ›Boot‹, die ein leidenschaftliches Verlangen nach Monika hatten, seitdem sie das erste Mal durch die Tür gekommen war.

Nachdem Stennings sie nach Lambourn House gefahren hatte, ging er rasch vor: zu Cheryls Überraschung versuchte er, Monika, die jetzt sehr betrunken war, zu küssen, aber sie schob ihn von sich und ging.

Am nächsten Morgen erwachte Monika mit einem Kater, der sie daran erinnerte, daß sie am Abend zuvor ihre Höhere Macht hintergangen hatte. Aber sie wachte mit einem erleichterten Gefühl auf, mit einer Freiheit, die sie seit Monaten nicht gekannt hatte: Michael war weg, sie war nicht mehr für ihn verantwortlich, sie konnte nach Hause gehen.

Am Küchentisch, dort wo Michael sein Schreiben hatte liegenlassen, setzte sie einen Abschiedsbrief auf:

Lieber Michael,
danke. Endlich bin ich frei.
Ich hoffe aufrichtig, daß Du Heilung für Deine Krankheit findest, so wie ich meine Heilung gefunden habe.

Ich werde die Erinnerung an die Bermudas immer bewahren und auch daran, was ich empfand, als ich in L. A. die Tür öffnete und Du mit dem Koffer in der Hand davorstandest.

Das waren die glücklichen Zeiten. Vielleicht hätten wir in L. A. bleiben sollen. England ist zu keinem von uns beiden gut gewesen. Verlaß es, wie auch ich es vorhabe und schau nicht zurück. Gib acht auf die Schönwetterfreunde. Steh für Dich selbst ein. Die A. A. sagen: ›Wir sind nicht besser, aber auch nicht schlechter als die anderen.‹ Ich lasse Dir das Geschirr und die anderen Sachen in den Schränken zurück. Deine Post ist auch da.

Wenn Du nicht glücklich sein kannst, bitte geh wieder zu Al-Anon. Dort hast Du Hilfe und Freundschaft gefunden.

Denk immer an die Käsesuppe und an die Bermudas; dann können wir beide unser Leben mit guten Erinnerungen aneinander weiterleben.

Leb wohl, Deine Dich immer liebende

Monika

33. Kapitel

Sie würde nach Hause fahren.

Nachdem sie den Brief verfaßt hatte, rief Monika bei Oceanair International Removals Ltd. in London an, der Firma, die siebzehn Monate zuvor ihre viktorianischen Antiquitäten und ihren anderen Besitz per Schiff nach England transportiert hatte. Sie sagte, sie möchte einen Pontiac Firebird, einen Kakadu, einige derselben Möbelstücke wie damals sowie ihre persönliche Habe von West Wycombe aus nach Santa Rosa in Kalifornien schicken. Der Sachbearbeiter, David Stewart, erbot sich, einen Vertreter der Firma vorbeizuschicken, damit er einen detaillierten Kostenvoranschlag machen konnte. Monika erklärte jedoch, es solle niemand kommen und sie wünsche auch keine Telefonanrufe oder Post in Lambourn House zu erhalten, da sie England heimlich verlassen wolle. Sie gab zu, daß dies eine ungewöhnliche Bitte war, und verriet Stewart, daß sie eine Amerikanerin war, die einen Engländer geheiratet hatte und deren Ehe gescheitert war: Sie war von ihm und von England enttäuscht und wollte nun heimlich von hier weggehen. Sie müsse verhindern, daß ihr Mann von ihren Absichten erfuhr, sonst würde er sie womöglich zurückhalten. Stewart sagte, daß er, ohne ihr Eigentum gesehen zu haben, keinen festen Kostenvoranschlag geben könne, aber daß es nach dem, was sie ihm erzählt habe, etwa zweitausenddreihundert Pfund kosten werde, ihren Hausrat und den Vogel in die Vereinigten Staaten zu transportieren und noch mal siebenhundert Pfund für das Auto. Monika erwiderte, daß die Kosten keine Rolle spielten: der Rechtsanwalt ihres Mannes werde die Rechnung bezahlen, und Stewart solle beim Ausstellen der Rechnung nicht kleinlich sein. Dann wiederholte sie ihre erste Instruktion: Alles müsse heimlich vonstatten gehen. Stewart versprach ihr absolute Diskretion.

Während Monika sich darum kümmerte, ihr Eigentum nach Kalifornien zurückzuschaffen, machte Michael sich bereit, England mit dem Ziel Australien zu verlassen. Nachdem er Monika am Morgen des 11. März an ihrer Arbeitsstelle abgesetzt hatte, kehrte er nach Lambourn House zurück, räumte es aus, belud seinen Wagen, stapelte mehrere Kisten mit Motorradersatzteilen in dem noch unvollendeten Anbau des Nebengebäudes auf (dort wo die Sauna eingebaut wurde) und fuhr dann nach Devon, um einige Sachen bei Alison zu lassen. Am darauffolgenden Morgen erschien er unangemeldet bei einer Halbschwester (der Tochter des zweiten Mannes seiner Mutter) in Tunbridge Wells und bat sie, seinen Fernseher und mehrere Kisten mit anderem persönlichen Besitz für ihn aufzubewahren. Er sagte, bis seine Rechtsanwälte die Probleme mit Monika geregelt hätten, wolle er nach Australien. Drei Tage darauf fuhr ihn seine Halbschwester zum zweiten Flughafen der Metropole London, nach Gatwick, damit er mit einem Hubschrauber-Pendelflug nach Heathrow fliegen konnte, von wo aus er einen Flug nach Sydney gebucht hatte.

In Gatwick bemerkte seine Halbschwester, daß er nervös und besorgt – ja sogar furchtsam – war. Sie fragte ihn, was denn mit ihm los sei. Ohne weitere Erklärung sagte Michael, er habe Angst, daß Monika in Heathrow mit der Polizei auf ihn warten könne.

Aber in Heathrow waren keine Polizisten, die nach Michael suchten, und er flog ab nach Sydney.

Monikas derzeitige Sponsorin bei den Anonymen Alkoholikern war eine geadelte Angehörige einer Aristokratenfamilie. Die Dame hatte gerade eine schwierige Scheidung hinter sich. Als Monika sie bat, ihr einen Rechtsanwalt zu empfehlen, arrangierte sie eine Zusammenkunft mit einem der bekanntesten britischen Scheidungsspezialisten.

Monika erzählte ihren Eltern anschließend, die Besprechung sei nicht gut verlaufen.

»Sobald er hörte, wer ich war, sagte er, daß er meinen Fall nicht übernehmen wolle. Es war ihm klar, daß ich kein Geld hatte und daß daher die Vesteys seine Rechnung zahlen würden, und mit ihnen wollte er sich in keine Auseinandersetzung einlassen.« Ein zweiter Rechtsanwalt habe sie aus demselben Grund abgelehnt, berichtete sie.

Sie erzählte ihren Eltern, daß Michaels Anwälte ihr mitgeteilt hätten, er sei in Australien und habe sie beauftragt, die Scheidung in die Wege zu leiten. Sie sagten, die Familie werde für ihre vorläufigen Lebenshaltungskosten ein paar hundert Pfund auf ihr Konto überweisen, ihr Hab und Gut nach Hause transportieren und ihr ein Rückflugticket nach Kalifornien kaufen. Sie durfte auch mit einer kleinen finanziellen Abfindung rechnen, aber man erinnerte sie daran, daß sie durch die Unterzeichnung der vorehelichen Vereinbarung auf jegliche Ansprüche auf Lambourn House oder Michaels andere Vermögensgegenstände verzichtet hatte.

»Komm einfach nach Hause und mach dir über das Geld keine Sorgen«, sagte Elsa.

Monika sagte, sie könne noch nicht abreisen, weil in zwei Wochen ein zahnchirurgischer Eingriff bei ihr vorgesehen sei: Sie habe eine ernsthafte Zahnfleischinfektion. »Am besten lasse ich das machen, bevor ich nach Hause komme. Die Familie wird es bezahlen.«

Da der Zahnarzt vorhatte, ihr eine Vollnarkose zu geben, werde sie ein oder zwei Tage im Krankenhaus bleiben müssen, sagte sie. Nach dem Eingriff werde es noch einige Wochen dauern, bis sie ihre Angelegenheiten in Ordnung gebracht habe und anstatt direkt heimzufahren nach Kalifornien, werde sie vielleicht für ein paar Wochen nach Frankreich oder Italien fliegen. Wahrscheinlich werde sie zum letzten Mal für lange Zeit Gelegenheit dazu haben.

Im Laufe der nächsten Woche begann Monikas anfängliches Gefühl der Erleichterung über Michaels Weggang allmählich zu verblassen. Ihre heitere Stimmung wurde erst von Traurigkeit und dann von Depressionen verdrängt, während ihre Kopfschmerzen heftiger wurden und sie Probleme mit dem Schlafen bekam. Trotz allem liebte sie Michael immer noch. Und außer Michael würde sie, wie sie wußte, noch andere Dinge in England vermissen: ihre Freunde in West Wycombe und Tunbridge Wells, Freunde bei den Anonymen Alkoholikern und aus dem Antiquitätengeschäft oder aus den Pubs, in denen sie ebenso willkommen geheißen wurde wie jeder andere in West Wycombe. Das dörfliche Leben, die Chilterns und das Thames Valley würden ihr fehlen.

Als Barbara Lloyd, eine Krankenschwester, die in der Nähe von West Wycombe wohnte, zusammen mit ihrem Mann, einem Buchhalter, an dessen freiem Tag ein spätes Mittagessen im ›Boot‹ einnahm, flüsterte sie ihm zu, daß sie glaube, die Frau wiederzuerkennen, die dort allein mit einem Glas Orangensaft vor sich am Tisch gegenüber saß und schluchzte.

»Sie sieht aus, als ob sie einen Nervenzusammenbruch hätte«, meinte ihr Mann.

Da erinnerte sich die Krankenschwester, wo sie Monika gesehen hatte: ein paar Wochen zuvor hatte sie bei einem Antiquitätenverkauf eine Glasschüssel von ihr gekauft. Nach anfänglichem Zögern ging sie an ihren Tisch und sagte: »Kann ich irgend etwas für Sie tun, meine Liebe?«

Monika blickte auf und brach in noch schlimmeres Schluchzen aus. Die Krankenschwester legte ihr den Arm um die Schultern. »Was ist los, meine Liebe?«

Monika erzählte der Schwester, wie ihr Mann sie verlassen hatte. Ihr Ehe *sei* voller Probleme, sagte sie, aber sie liebten sich, und er brauche sie: Alle anderen versuchten nur, ihn auszunutzen.

»Möchten Sie einen Drink?« fragte die Frau.

Monika sagte nein, sie trinke nicht.

Als Barbara Lloyd und ihr Mann dreißig Minuten später mit dem Essen fertig waren und den ›Boot‹-Pub verließen, weinte Monika immer noch.

Eine Woche nach Michaels Abreise lud Monika ihre Freunde aus Tunbridge Wells auf ein Wochenende im Lambourn House ein – wahrscheinlich das letzte, das sie zusammen verbringen würden, ehe sie nach Kalifornien zurückkehrte, sagte Monika. Christine Percy und David Wallis trafen am Samstag nachmittag ein; Monika hatte sie bereits darauf vorbereitet, daß außer einem unbequemen Feldbett nur ein einziges Bett im Lambourn House intakt war, das sie sich teilen mußten.

Beim Abendessen erzählte sie ihnen die Einzelheiten ihrer neuesten Eheprobleme. Sie sagte, sie sei versucht, in England zu bleiben, habe sich aber entschlossen, nach Hause zu fahren und ihre berufliche Laufbahn wieder aufzunehmen. Kurz vor Mitternacht schliefen sie im Bett ein. Um vier Uhr morgens klingelte das Telefon, und David ging ran.

Es war Michael, der von Australien aus anrief. »Er will dich sprechen«, sagte David.

Noch halb verschlafen sagte Monika: »Frag ihn, was er will.«

David sagte, Michael erwäge, nach Hause zurückzukehren.

»Sag ihm, er kann nach Hause kommen, wenn er sein Versprechen hält und zu seinem Arzt geht.«

David gab diese Nachricht an Michael weiter, der wütend erwiderte, daß dies eine Angelegenheit zwischen ihm und seiner Frau sei. Er verlangte, mit ihr zu sprechen.

Nachdem sie sich zunächst schlaftrunken geweigert hatte, nahm Monika dann doch den Hörer und wiederholte, was David schon gesagt hatte, nämlich daß er ihr fehle, und sie möchte, daß er nach Hause käme, aber nur wenn er verspreche, seine Behandlung wieder aufzunehmen und diesmal auch Wort halte.

Michael sagte, er werde sich auf dem nächsten Flug nach England einen Platz reservieren lassen.

Monika, die noch immer auf dem Meer zwischen Schlafen und Wachen dahintrieb, war sich nicht sicher, was Michael als nächstes tun würde.

Da sie in ihrer Ruhe gestört worden waren, schliefen Monika und ihre Gäste am Sonntag morgen lange und fuhren dann zum ›Boot‹ zum Mittagessen. Während sie Fish and Chips bestellten, kam Joe Stennings an ihren Tisch; es gab selten einen Tag, an dem er nicht die paar Schritte vom Hause seiner Eltern in Bledlow Ridge zum einzigen Pub des Dorfes machte. Er fragte nach Michael, und Monika antwortete, daß er in Australien sei und sie nicht wisse, ob sie ihn je wiedersehe. Stennings schloß sich der Gruppe an, und nach dem Essen lud Monika ihn zum Kaffee ins Lambourn House ein.

Als sie ihren Kaffee getrunken hatten, machten sich Christine und David auf den Weg nach Tunbridge Wells und ließen Stennings bei Monika zurück. Den Rest des Nachmittags verbrachte sie damit, ihm ihre chaotische Ehe zu beschreiben, wobei sie eine Cola nach der anderen trank. Sie erzählte Stennings, wie schwierig Michael war und wie deprimiert sie darüber war, daß er weg war – sie fühle sich als Versager.

Indem er auf Michaels Telefonanruf aus Australien anspielte, versicherte Stennings ihr: »Mach dir keine Sorgen; er kommt zurück.«

»Bei Michael weiß man nie, was man von ihm zu erwarten hat«, sagte Monika.

Als die Schatten des ausgedehnten Nachmittags länger wurden und ein kalter Abend heraufzog, wurde sie immer verzagter, und ihre Stimmung besserte sich auch nicht während des Abendessens im Pub mit Stennings und einer Freundin von den A.A., die ebenfalls vor kurzem von ihrem Mann verlassen worden war. Anschließend fuhren Monika und Stennings ins Lambourn House zurück, wo sie weiterhin wie besessen über Michael redete.

»Er hat eine schreckliche Kindheit gehabt«, sagte sie. Sein Geld habe ihn ruiniert; seine Familie betrachte ihn als schwarzes Schaf. Und dennoch, trotz seiner Probleme sei er im Grunde nett und liebenswert und habe so viel *Potential*, wenn er es nur freisetzen könnte. »Ich wünschte, er würde seine Probleme in den Griff kriegen. Ich kann es gar nicht fassen, was er alles anstellt.«

Es war fast Mitternacht, als Stennings wieder einen Vorstoß wagte. »Ganz plötzlich küßten und schmusten wir miteinander«, berichtete er.

Monika, einsam und in melancholischer Stimmung, wehrte sich diesmal nicht gegen ihn. Sie gingen zum Schlafzimmer und liebten sich.

34. Kapitel

Stennings und Monika schliefen, als am nächsten Morgen im Lambourn House das Telefon klingelte. Es war Michael. Er war in Singapur und auf halbem Weg nach Hause. Am darauffolgenden Morgen rief er wieder an. Jetzt war er in Heathrow und brannte darauf, nach Hause zu kommen.

Monika rief Elsa an. »Michael hat gerade angerufen; er ist wieder in England und sagt, er will mich sehen. Ich hab' ihm gesagt, daß er nicht hierher kommen könne, aber daß ich ihn in London treffe und wir dann alles besprechen können.«

»Sei vorsichtig«, warnte Elsa. »Sag nichts, was du später vielleicht bereust.«

Am folgenden Tag rief Monika vom Hyde Park Hotel aus in Santa Rosa an. Sie sagte, sie und Michael hätten sich wieder versöhnt. »Er hat versprochen, daß er nach St. Andrew's geht, wenn ich bei ihm bleibe, und ich habe ihm zugesagt, daß ich ihm dabei helfen werde, alles wieder ins Lot zu bringen.«

Nach einer kleinen Pause fügte sie hinzu, daß Michael ihr gerade bei Cartier eine Halskette aus Diamanten gekauft hatte. Sie habe dreitausend Dollar gekostet, sagte sie.

»Na *bravo*«, sagte Elsa. »Was heißt das schon?«

Sie kannte Monikas Schwächen, und eine ihrer größten war Schmuck.

Jetzt war Michaels Geld für Monika ebenso zum Fluch geworden wie für ihn, dachte Elsa.

»Bist du sicher, daß du weißt, was du tust?«

»Mom, diesmal ist es anders. Ich habe das Sagen.«

Lou nahm den Hörer der Nebenleitung ab und sagte, er freue sich über die Versöhnung. Es überrasche ihn nicht, denn er wisse, daß sie beide sich sehr viel Liebe schenken könnten. Aber, sagte er, er und Elsa seien emotionell völlig ausgelaugt durch Michaels und Monikas Probleme: an einem Tag hatte die Ehe Bestand, am nächsten wieder nicht; wenn Monika sich nicht gerade per Telefon bei Elsa über Michael beschwerte, dann rief Michael ihn an, um sich über Monika zu beschweren. Könnten sie sich in Zukunft bitte etwas stärker darum bemühen, allein mit ihren Problemen fertig zu werden, ehe sie anriefen?

Sie versprachen es ihm. Michael rief in St. Andrew's an und machte für zwei Tage später einen Termin bei seinem Arzt fest: Freitag, den 25. März, zwei Tage vor Monikas zahnchirurgischem Eingriff. Monika rief Mister Dimmick an und richtete ihm aus, er könne den Scheidungsvertrag vergessen; dann rief sie die Oceanair International Removals Ltd. an und machte den Auftrag, ihr Hab und Gut nach Amerika zu transportieren, rückgängig. Aber am darauffolgenden Morgen – einem Donnerstag – sagte Michael, nachdem sie im Hyde Park Hotel aufgewacht waren, er habe es sich anders überlegt und wolle nun doch nicht nach St. Andrew's gehen.

Nachdem sie sich eine Zeitlang gestritten hatten, rief Monika Alex an und bat ihn, sie nach West Wycombe zu fahren. Als sie an jenem Nachmittag spät im Lambourn House ankam, war sie stark betrunken. Während der Fahrt beschuldigte sie Michael – zum Teil auf hysterische Weise –, sie erneut hintergangen zu haben; er habe ihr Leben zur Qual gemacht, indem er sie wieder zum Trinken getrieben habe. Jetzt gab sie ihn endlich auf: »Von jetzt an ist es mir ganz egal, was er tut.«

Aber binnen einer Stunde hatte sie ihre Meinung geändert, nachdem Michael vom Hotel aus angerufen und gesagt hatte, er sei *doch* bereit, seinen Termin im Krankenhaus wahrzunehmen. Am nächsten Morgen fuhren sie nach St. Andrew's, und Monika teilte seinem Psychiater mit, daß er entschlossen sei, sich jetzt ein für allemal mit seinen Problemen auseinanderzusetzen. Da die ambulante Therapie nicht gelungen war, meinte der Arzt, Michael käme am besten zu einer dreimonatigen Intensivbehandlung ins Krankenhaus zurück. Michael wehrte sich dagegen, aber der Arzt bestand darauf. Es wurde vereinbart, daß Michael in vier Tagen wiederkommen sollte, am Dienstag nachmittag um zwei Uhr, nach Monikas zahnchirurgischem Eingriff.

Nachdem sie nach West Wycombe zurückgekehrt waren, kam Joe Stennings zum Lambourn House; er hatte versprochen, sich um Monikas Vögel zu kümmern, während sie in London war, und hatte keine Ahnung davon, daß sie jetzt nicht mehr in der Stadt war. Michael erzählte ihm, daß er einen neuen Sitz in seinen Mini Cooper einbauen wolle und fragte Stennings, ob er vielleicht am nächsten Morgen herüberkommen und ihm helfen würde, nachdem er selbst Monika zu ihrem zahnmedizinischen Eingriff zum Chiltern Hospital gebracht hatte.

Als Stennings am Samstag morgen ankam, fand er Michael im Hof des Lambourn House vor, wo er hektisch seine Mülltonnen auf das Gras entleerte.

»Was zum Teufel machst du denn da?« fragte er.

»Ich suche ein Stück Papier«, sagte Michael ohne weitere Erklärung. Dann räumte er die Mülltonnen wieder ein, wobei er zu verstehen gab, daß er es nicht gefunden habe, und die beiden bauten den neuen Sitz in den Mini ein.

Am Montag morgen holte Michael seine Frau aus dem Krankenhaus nach Hause; ihr Zahnfleisch schmerzte noch und war geschwollen, aber sie sagte, sie habe Lust zu feiern, weil der schwierige Eingriff hinter ihr lag und sie sich versöhnt hatten. Als Stennings später vorbeischaute, um sich zu erkundigen, wie die Operation verlaufen war, bat Michael ihn, mit ihnen zusammen auszugehen.

Monika sah immer faszinierend aus, aber als sie an dem Abend Needham's Snooker Club betrat, war sie es noch mehr als gewöhnlich: sie trug ein mit der Karikatur eines Kamels verziertes T-Shirt und dazu eine glitzernde Diamantkette für dreitausend Pfund.

Während Michael seine Münzen in einen Spielautomaten warf, spielten Stennings und sie Poolbillard. Stennings machte eine Bemerkung darüber, daß ihm Michael ungewöhnlich still und zurückhaltend erschien, worauf Monika erwiderte, daß das wahrscheinlich daran läge, daß es ihn beunruhige, am nächsten Tag ins Krankenhaus zu müssen. Von Zeit zu Zeit legte sie ihr Queue hin und ging zu Michael hinüber, um ihn zu küssen und zu beruhigen, auf dieselbe zärtliche Art, dachte Stennings, wie eine Mutter mit ihrem beunruhigten Kind spricht.

Sie waren ein seltsames Paar, dachte er: ständig am Streiten, aber auch sehr verliebt.

Als sie ins Lambourn House zurückkehrten, fing Michael an, fürs Krankenhaus zu packen, während Monika Kaffee und getoastete, mit Oliven und grünem Paprika gefüllte Käsesandwiches machte. Michael schlug vor, Monika solle eine Reise ins Ausland unternehmen, während er im Krankenhaus war; sie sagte, vielleicht werde sie aufs europäische Festland fahren.

Beim Packen war er ungewöhnlich sprunghaft: Er legte ein Hemd in seinem Koffer zusammen, nahm es wieder heraus und ersetzte es durch ein anderes, dann wiederholte er den ganzen Vorgang. Alle paar Minuten hielt er inne, unterhielt sich mit Stennings und machte dann mit dem Packen weiter, nachdem Monika ihn daran erinnert hatte, daß es langsam spät wurde.

Das Krankenhaus, in das er gehe, erzählte er Stennings, sei sehr schön: »Kein Irrenhaus – es ist eher wie ein Ferienlager, mit vielen Bäumen und Rasenflächen. Und auch voll von schönen Frauen.«

Stennings verließ Lambourn House um Mitternacht und versprach, am Morgen wiederzukommen und sich von Michael zu verabschieden. Als er kurz vor Mittag ankam, kam Michael im Bademantel an die Tür und sagte, er gehe nun doch nicht ins Krankenhaus – er habe sich anders entschieden – und Monika habe sich entschlossen, eine kurze Ferienreise innerhalb Europas zu machen.

Als Stennings die Steigung nach Bledlow Ridge zurückfuhr, stellte er Überlegungen darüber an, was wohl passiert sein könnte. Als Michael seine Meinung über den Krankenhausaufenthalt geändert hatte, mußte Monika wütend geworden und gegangen sein.

Am folgenden Wochenende – es war Ostermontag –, fuhr Michael hinunter nach Devon, um die Sachen abzuholen, die er bei Alison gelassen hatte, bevor er nach Australien geflogen war. Er erzählte ihr, er sei von Sydney zurückgekommen, um einen letzten verzweifelten Versuch zu machen, seine Ehe zu retten, aber es habe nicht geklappt. Nach einer weiteren wütenden Auseinandersetzung habe Monika ihn verlassen. Wohin sie gegangen sei, wisse er nicht und wolle es auch nicht wissen, obwohl sie so scharf darauf sei, eine große Abfindung von der Familie zu erhalten, daß es ihn nicht wundern würde, wenn sie wieder zurückkäme. Michael überreichte Alison eine Diamantkette in einem Samtetui mit einem Cartierschildchen und sagte, er habe ein schlechtes Gewissen, weil er nicht schon früher mehr Geld für sie ausgegeben habe. Er wolle das jetzt wieder gutmachen; jetzt, da Monika weg war, wisse er Alison mehr zu schätzen.

Als Stennings in der Woche darauf wiederkam, um eine Angelrute abzuholen, die Michael sich ausgeliehen hatte, stellte Michael ihm zwei neue Haustiere vor: Deutsche Schäferhunde – eine große Hündin und ein Welpe. Während er die Hunde streichelte, entdeckte Stennings Monikas Pontiac in der Garage und fragte Michael, ob er etwas von ihr gehört habe.

»Ja«, sagte er: »Sie hat mich endgültig verlassen und sagt, sie kommt nicht zurück. Selbst wenn sie es täte«, fügte Michael hinzu, »würde ich sie nicht wieder aufnehmen. Ich werde ihr sagen, sie kann ihre Sachen packen und abhauen.«

Als Ettie Turner ihren gewohnten Spaziergang die Radnage Lane hinunter machte, knurrten Michaels Hunde hinter der Backsteinmauer, die Lambourn House absicherte, und jagten ihr einen Schreck ein. Sie vermutete, daß der größere der beiden Hunde nur ein wenig angespornt zu werden brauchte, um über die Mauer zu setzen und seine Zähne in ihr Fleisch zu senken.

In derselben Woche, in der die Hunde gekommen waren, hatten Gärtner Koniferen an der Straße entlang gepflanzt, so daß Lambourn House noch mehr vor Dorfbewohnern abgeschirmt war.

Michael versicherte Ettie, daß ihr die Hunde nichts tun würden. Bei einem kurzen Besuch im Haus der Turners dankte er ihr dafür, daß sie Monika hatte das Telefon benutzen lassen, als er in Australien gewesen war, und er gab ihr einen Fünfpfundschein, um für die Kosten der Telefonate aufzukommen. Als sie ihn wegen der Hunde befragte, sagte er, es seien nur Haustiere, keine echten Wachhunde, und sie würden ihr nichts tun.

Ettie war nicht überrascht, als sie hörte, daß Monika ihn verlassen hatte: Sie hatte genügend Zeit beim Kaffeetrinken mit Monika verbracht, während diese sich über den Ofen im Wohnzimmer beugte. Ettie wußte, daß es Schwierigkeiten in Monikas Ehe gab. Nachdem er gegangen war, kam Ettie der Gedanke, daß Michael sicher einsam wäre, so ganz allein in dem großen Haus, und sie dachte bei sich, es würde sie nicht wundern, wenn er und Monika es noch mal miteinander versuchen würden.

35. Kapitel

Simon Bonner war schon in einigen der großartigsten Häuser in den Chilterns und dem Thames Valley gewesen. Obwohl er erst Schlosserlehrling war, hatte er doch schon eingehende Erfahrung damit, wie man der Unsicherheit und den wunderlichen Einfällen der wohlhabenden Großgrundbesitzer begegnen konnte, die Angst um ihr Leben und Eigentum hatten und die ihn baten, ihre Häuser in Festungen zu verwandeln, die selbst dem einfallsreichsten Einbrecher standhielten. Aber er war noch nie einer solchen Bitte nachgekommen, wie sie am 12. April 1983 von dem Besitzer des Lambourn House an ihn gerichtet wurde. Michael bat ihn, nicht nur an die Außentüren, sondern auch an jede einzelne Tür im Innern des Hauses neue Schlösser anzubringen. Noch ehe Bonner mit dieser Aufgabe fertig war, bat Michael ihn, an alle Innentüren ein *zweites* Schloß anzubringen, und zwar einen Einsteckbolzen, der nur mit einem einzigen sechseckigen Schlüssel geöffnet werden konnte. Bonner war auch dieser Bitte noch nicht ganz nachgekommen, als Michael sagte, er habe beschlossen, daß er *vier*

Schlösser an den beiden Außentüren und der Tür zwischen Wohnzimmer und Küche haben möchte und *drei* Schlösser an der Tür zum Schlafzimmer. Er bat Bonner außerdem, an seinem Bodensafe unter dem Teppich im Wohnzimmer Tür und Schloß zu ersetzen, sowie auch die Schlösser am Garagen- und am Hoftor; und er wollte eine elektrisch betriebene Alarmanlage zum Schutz des gesamten Anwesens.

Es muß wohl ein neugieriger Blick in Bonners Augen gelegen haben, der Michael dazu bewegte, von sich aus zu erzählen, warum er so viel zur Verbesserung der Sicherheit in Lambourn House tat. Das Haus sei abgelegen und weit vom Dorf entfernt, und er rechne damit, in eine streiterfüllte Scheidung verwickelt zu sein. Er ließ durchblicken, daß er ein stürmisches Tauziehen mit seiner Frau über ihren gemeinsamen Besitz erwarte, und er wolle nicht, daß sie ohne seine Erlaubnis das Haus betrete.

Bonner amüsierte sich über die Paranoia, von der die Reichen manchmal heimgesucht wurden, erledigte seine Arbeit, ging weg und hinterließ dabei eine Vielzahl von Schlüsseln für die neuen Schlösser.

Sechs Tage bevor der Schlosser nach Lambourn House kam, drehte Linda Blackstock, eine zweiunddreißigjährige Mutter zweier Kinder, die in Lane End wohnte, an den Einstellknöpfen ihres CB-Radios, weil sie die Einsamkeit durchbrechen wollte, von der sie, vier Monate nachdem ihr Mann sie sitzenlassen hatte, noch immer verfolgt wurde. Sie hörte eine Stimme, die ihr irgendwie bekannt vorkam; es war die eines Mannes, der das Rufzeichen Snake Radio 99 benutzte.

Knapp ein Jahr zuvor hatte sie seine Stimme zum ersten Mal gehört; mitten in einer Unterhaltung mit ihm hatte sie verärgert ihr Radio abgestellt: er war arrogant und von sich selbst eingenommen gewesen. Aber jetzt spürte sie eine gewisse Verletzlichkeit und Traurigkeit bei Snake Radio 99, die sie ansprechend fand. Er klang einsam. Als er am folgenden Abend wieder sendete, erklärte sie sich einverstanden, in einem chinesischen Restaurant in High Wycombe mit ihm essen zu gehen. Beim

Abendessen bestätigte sich, was sie intuitiv gespürt hatte: Michael war tatsächlich verletzt und traurig. Seine Frau hatte ihn sitzenlassen, genauso wie ihr Mann sie hatte sitzenlassen.

Nach dem Essen lud Michael sie ein, sich sein Haus anzusehen, und sie nahm an. Unterwegs fragte sie nach seinem Beruf. Michael sagte, daß er wegen einer Krankheit Urlaub von seinem Beruf hätte, über den er nicht sprechen könne, weil er unter den Official Secrets Act fiele. Als sie dann jedoch in Lambourn House waren, erzählte er ihr, er habe gelogen, als er gesagt habe, daß er wegen einer Krankheit gezwungen gewesen sei, Urlaub zu nehmen. In Wirklichkeit, so sagte er, sei er im SAS, sei während des Falklandkrieges in Schwierigkeiten geraten und sei vorübergehend vom Dienst suspendiert, weil er – unbeabsichtigt – den Tod eines Kameraden verursacht habe.

Sie unterhielten sich bis um sechs Uhr früh, hauptsächlich über Monika. Er wollte nur über sie sprechen: wie sehr er sie liebte, wie viel er für sie ausgegeben hatte, wie schlecht sie ihn behandelt hatte. Sie sei Alkoholikerin und drogensüchtig, und sie habe ihn mit krallenscharfen Fingernägeln angegriffen, wenn sie wütend gewesen sei. Linda dachte, daß er traurig und einsam war und denselben Schmerz durchmachte wie sie: den Schmerz des Verlassenseins. Wie so viele Männer, die eine Scheidung durchmachen, war er besessen von dem Gedanken an seine Frau. Aber sie verstand das und fühlte sich zu ihm hingezogen, selbst nachdem er sie mehrmals Monika genannt hatte und versagte, als er kurz vor Tagesanbruch versuchte, mit ihr intim zu werden. Als er am folgenden Tag anrief, um sich erneut mit ihr zu verabreden, war sie froh.

Mehrere Tage darauf lud Michael die Richardsons nach Lambourn House ein und bat Cheryl, ein Abendessen für sie zu kochen. Als sie das Haus sah, wurde ihr deutlich, wie sehr Monikas Hand hier fehlte. Es sah schrecklich aus: das Bett war nicht gemacht, das Geschirr stapelte sich in der Spüle, und die Küche mußte geputzt werden. Sie erbot sich, zwei- oder dreimal die Woche vorbeizukommen und sauberzumachen, bis

Monika wiederkam, und er nahm das Angebot an. Richard beschwerte sich unterdessen darüber, daß Michael zu sehr in seine neuen Hunde vernarrt sei. Nachdem der Welpe den Teppich beschmutzt hatte, wartete er darauf, daß Michael ihn strafte. Als er das nicht tat, schnappte sich Richard den Hund, stieß ihn mit der Nase in seine Ferkelei, gab ihm Schläge und brachte ihn nach draußen auf den Hof. »Du *mußt* ihm die Nase drin reiben«, sagte Richard, als Michael protestierte, »sonst hört er nie auf, auf den Teppich zu scheißen.«

Michael ignorierte ihn und rettete den kleinen Hund aus seinem Exil. Er streichelte ihn und entschuldigte sich bei ihm für Richards Verhalten, als er ins Wohnzimmer zurückkam, wobei ihn der dankbare Welpe das Gesicht leckte. Richard bemerkte einen Fleck auf dem Teppich und prophezeite ihm, daß der gesamte Teppich derart fleckig werden würde, wenn er den Hunden keine Disziplin beibringe. Zur Verteidigung sagte Michael, daß er selbst – und nicht der Hund – für diesen Fleck verantwortlich sei. Er habe eine von Monikas Pflanzen umgeworfen und dabei Erde und Kies auf den Teppich gekippt; als er versucht habe, es sauberzumachen, habe er die Sache nur noch schlimmer gemacht. Cheryl untersuchte den Fleck und stellte fest, daß er nach Desinfektionsmittel roch. »Michael, manchmal muß ich mich wirklich über dich wundern«, sagte sie. »Nur ein Schwachsinniger würde ein chemisches Reinigungsmittel benutzen, um Erde wegzukriegen.«

Wie gewöhnlich, wenn sie in Lambourn House zu Besuch waren, fragten Richard und Cheryl, was es Neues von Monika gebe. Michael sagte, er habe noch immer nichts von ihr gehört, aber er vermute, daß sie bei ihren Eltern in Amerika sei. Er sagte, bis er etwas von ihr höre, wisse er nicht, was er mit ihrer Kleidung machen solle: wenn sie nicht bald anriefe, werde er alles einlagern lassen. Er bat Cheryl, ihm dabei zu helfen, ihre Sachen in Kisten zu packen. »Wenn du mir hilfst, kann sie hinterher mit dir statt mit mir schimpfen, wenn es ihr nicht gefällt, wie ich ihre Reizwäsche gepackt habe.«

Cheryl füllte fünfzehn Pappkartons mit Monikas Kleidern und Kosmetika. Richard, Michael und einer der beiden Söhne der Richardsons trugen sie zum Gartenhaus hinüber, dem Gebäude, das Monika ›das Nebengebäude‹ nannte. Als Cheryl Monikas Pelzjacke aus dem Schrank nahm und sie zusammenzulegen begann, sagte Michael, sie könne das lassen: er würde sich schon darum kümmern.

Jedesmal, wenn Monikas Freunde anriefen, fragte Michael, ob sie von ihr gehört hätten, aber niemand wußte etwas Neues über sie. Christine Percy rief Ende April an und erkundigte sich, ob Monikas Operation erfolgreich verlaufen sei. Michael sagte, sie hätten sich gestritten, sie sei weggegangen, und er wisse nicht, wo sie sei, obwohl ihm einer seiner Nachbarn erzählt habe, er habe sie mit einem Mann in einer Mercedes Limousine wegfahren sehen. Christine sagte, sie und David würden vielleicht nach West Wycombe hochfahren, um Michael zu besuchen. Er wies sie darauf hin, daß er eine Alarmanlage einbauen lassen und zwei Wachhunde gekauft habe; Christine solle also besser anrufen, ehe sie kämen.

Nach Michaels erster Verabredung mit Linda Blackstock sahen die beiden sich einen Monat lang fast täglich. Oft war Monika ihr zentrales Gesprächsthema. Obwohl Michael sie weiterhin mit Monikas Namen anredete, genoß Linda seine Gesellschaft und die Liebe, mit der er sie und ihre Kinder überschüttete. Er schickte ihr Rosen und Schmuck und kaufte ihr ein neues CB-Radio, Parfum und andere teure Geschenke. Als sie einmal einen Porsche für fünfzigtausend Pfund bewunderte, erklärte er sich bereit, ihn ihr zu kaufen, und eines Nachmittags stand er mit einer Pelzjacke vor ihrer Tür und gab sie ihr. Es sei Monikas, sagte er. Sie habe sie zurückgelassen, genauso wie ihn.

Nach der ersten Woche kam Linda zu dem Schluß, daß sie Michaels Geschichte über das SAS nicht glaubte. Sein ausweichendes Verhalten und seine Besessenheit bezüglich der Geheimhaltungspflicht, sein Geld und sein teures Landhaus, sein ständiges Sicherheitsdenken (er schloß nachts sogar die

Schlafzimmertür ab) und der süße, widerliche Geruch, den sie manchmal im Lambourn House wahrnahm, brachten sie zu der Überzeugung, daß er Drogenhändler war. Als sie ihm von ihrer Vermutung erzählte, brüllte er vor Lachen, schien aber auch geschmeichelt zu sein.

Während der gesamten Affäre, die bis in den Mai hinein andauerte, verbrachte Linda oft die Nacht im Lambourn House. Michael bemühte sich zwar weiterhin, war aber nicht in der Lage, Geschlechtsverkehr zu haben. Bei seinen Versuchen, sie zu lieben, war er sehr zärtlich, aber Linda empfand, wie sie einer Freundin mitteilte, daß ›er einfach nur wollte, daß ich eine zweite Monika bin‹. Schließlich kam sie zu der Überzeugung, daß ihre Beziehung kaum eine Zukunft haben konnte; nach einem Monat lebten sie sich langsam auseinander.

Bei einem ihrer Besuche bemerkte Cheryl, daß Monikas Fuchspelzjacke im Schrank fehlte. Als sie danach fragte, sagte Michael, er habe sie einer Freundin geliehen.

»Oh, Michael! Monika wird wahnsinnig werden . . . Das war doch *ihre* Jacke. Das hättest du nicht machen sollen.«

»Ich habe sie ja nicht *verschenkt*; es ist eine dauernde Leihgabe.«

»Ja, und deine dauernde Leihgabe bedeutet, daß du sie verschenkt hast!«

»Meinst du, ich sollte sie zurückholen?«

»Was du tust, ist ganz und gar deine Sache; ich kann dir nur sagen, daß Monika unangespitzt durch die Decke geht, wenn sie erfährt, daß ihre Pelzjacke nicht hier ist.«

Michael sagte, er werde das Kleidungsstück zurückholen, und er fügte hinzu, daß er inzwischen vermute, Monika sei noch in England.

Ihr Kontoauszug, der an dem Morgen angekommen war, zeigte, daß sie, seit sie ihn am 29. März verlassen hatte, ihre Karte für den Geldautomaten mehrfach benutzt hatte, um bei der Zweigstelle der Lloyds Bank in High Wycombe am Automaten Geld abzuheben. Um sie ausfindig zu machen, sagte er, habe er einen Privatdetektiv engagiert, der am folgenden Tag aus London kommen würde.

»Michael, der Detektiv wird dich wahrscheinlich um ein Foto von Monika bitten«, sagte Cheryl. »Ich an deiner Stelle würde ein neueres aussuchen.«

Sie sah Monikas Gesicht von allen Wänden des Wohnzimmers aus auf sich hinabschauen. Die meisten Bilder waren vom Tage ihrer Hochzeit, bevor sie angefangen hatte, abzunehmen und sich gehen zu lassen. Diese Bilder würden dem Detektiv nicht helfen, sagte Cheryl und erklärte sich bereit, Michael zu helfen, Fotos neueren Datums von Monika herauszusuchen.

Die Fotos, die sie aussuchte, lagen am nächsten Nachmittag, Freitag, dem 13. Mai, auf dem lackierten Rotholztisch (Lous und Elsas Hochzeitsgeschenk) im Wohnzimmer des Lambourn House, als Colin Alastair Finlay ankam. Der Direktor von Finlay's Auskunftei in London war ein großer, stämmiger Detektiv mit dicken Brillengläsern, der seit mehr als dreißig Jahren nach vermißten Ehegatten forschte und andere Aufträge für Rechtsanwälte ausführte, die im Dienste einiger der besten Familien Englands standen.

Er machte sich Notizen, während Michael erzählte, wo er Monikas Eltern in Kalifornien kennengelernt hatte und davon berichtete, wie er anschließend ihrer Tochter den Hof gemacht hatte. Er sagte, er habe schon kurz nach der Hochzeit erkannt, daß sie nur wegen seines Geldes an ihm interessiert gewesen sei und daß die Heirat ein Fehler gewesen sei. Obwohl es sehr unwahrscheinlich sei, daß sie sich je aussöhnen würden, wolle er, daß Finlay sie finde; er wolle sein Leben weiterleben.

Nach drei Stunden war das Gespräch beendet.

Als er sein Notizbuch zuklappte, sagte Finlay, er habe nicht viel, mit dem er arbeiten könne, aber er werde sein Bestes geben, Michaels Frau zu finden.

36. Kapitel

Vier Tage nach Colin Finlays Besuch wurde ein Päckchen von der Form eines Kanonenrohrs im Lambourn House zugestellt. Es war eine Versandröhre, die Lous Geburtstagsgeschenk für Michael enthielt: ein großes, signiertes Poster vom Harley-Davidson-Meisterschafts-Motorradrennen, dem Team Harley. An diesem Tag – es war der 17. Mai –, rief Michael auch Susan Bright an, eine von Monikas engsten Freundinnen, und fragte sie, ob sie etwas von ihr gehört hätte.

»Nein, Michael, tut mir leid«, sagte Sue, »ich hab' nichts gehört.«

»Ich auch nicht.«

Sue vernahm einen Seufzer. Er klang einsam – und verletzt.

Michael sagte, es sei sein dreiundreißigster Geburtstag, und er sei allein. Er bat sie, mit ihm zusammen seinen Geburtstag bei Frederick's zu feiern, einem Restaurant an der Themse in Maidenhead, und sie nahm die Einladung an.

Sue war, wie Linda Blackstock, eine alleinerziehende Mutter Anfang Dreißig. Sie und Monika waren seit mehreren Monaten befreundet, seit sie sich in einem Büro in High Wycombe kennengelernt hatten, wo sie als Sekretärin und Monika als Zeitsekretärin arbeitete. Als sie im Frederick's ankamen, wirkte Michael sehr nervös. Sie vermutete, daß er ein schlechtes Gewissen habe, weil er eine von Monikas besten Freundinnen zum Abendessen ausführte. Aber Michael sagte, was Monika und ihn betreffe, so sei für sie die Ehe beendet. Es sei ihre Entscheidung gewesen, ihn zu verlassen – und er sei froh, sie los zu sein.

Michael aß seine Mahlzeit mit Begeisterung, während sie den Blick auf den Fluß genossen. Da Monika jetzt weg war, hatte er die Diät abgesetzt, die ihm Monika verordnet hatte. Um seine Taille wurde ein Bauchansatz sichtbar, und sein Gesicht wurde runder. Außerdem fing er an, beunruhigend schnell seine Haare zu verlieren.

Das Geburtstagsessen war der Auftakt zu einer Affäre, die den ganzen Sommer lang dauerte.

Wie üblich, machte Michael während der ersten Tage Andeutungen darüber, daß er im Auftrag eines geheimen Regierungsdienstes arbeitete, der unter den Official Secrets Act fiel, und er überschüttete die neue Frau in seinem Leben mit Geschenken. So wie er es mit Linda gemacht hatte, nannte er Sue manchmal Monika. Die meisten – wenn auch nicht alle – seiner Versuche, intim zu werden, waren erfolgreich.

Anfang Juni fuhr Betsy Ligon, die Frau eines Apothekers, die auf dem Antiquitätenmarkt in Chinnor einen Stand hatte, nach Lambourn House, nachdem sie erfolglos versucht hatte, Monika telefonisch zu erreichen. Sie wollte die junge Amerikanerin fragen, ob sie beabsichtige, für den nächsten Markt einen Stand zu mieten; bei ihren telefonischen Anfragen hatte man Betsy mitgeteilt, daß die Nummer sich geändert habe und die neue Nummer nicht zur Veröffentlichung freigegeben sei. Als sie an die Tür klopfte, kamen Mandy und Midge, Michaels Deutsche Schäferhunde, aus dem Garten gelaufen und umringten sie. Vielleicht in der Annahme, daß sie eine von den Touristen war, die sich auf der Suche nach Sir Francis Dashwoods erotischen Höhlen gelegentlich in die Radnage Lane verliefen, öffnete Michael die obere Hälfte der zweiteiligen Tür und fragte sie, ob sie sich verlaufen hätte.

Betsy Ligon war neunundzwanzig, blond und ebenso zierlich wie Monika. In einer Menschenmenge hätte man sie mit ihr verwechseln können.

Michael lächelte und sah ihr fest in die Augen – mit einem Blick sinnlichen Interesses, dachte sie.

Sie erkannte, daß er sich nicht an sie erinnerte.

»Ich habe versucht, Monika zu erreichen«, sagte sie. »Wegen des Marktes nächsten Monat.«

Als ihm klar geworden war, daß sie keine verirrte Touristin war, erklärte Michael ihr, daß Monika nicht mehr hier wohne. Sie sei in die Staaten zurückgekehrt.

Das überraschte Betsy nicht. Sie hatte einmal miterlebt, wie Michael und Monika in aller Öffentlichkeit eine lautstarke Auseinandersetzung auf einem der Antiquitätenmärkte geführt hatten. Damals waren sie einander vorgestellt worden, aber Michael erinnerte sich nicht mehr daran. Als Betsy zur Antwort anhob, sprangen Michaels Hunde über den Hof, drehten ein paar Runden um das Gras und setzten sich dann vor dem Gartenhaus auf die Hinterbeine. »Oh, das wußte ich nicht«, sagte Betsy. »Sie hat uns nichts davon erzählt.«

Da sie nicht erwartete, daß Michael einer Fremden mehr über seine Eheprobleme erzählen werde, ging sie, und als Monika sich für den nächsten Antiquitätenmarkt keinen Stand reservieren ließ, erstaunte sie das nicht weiter. Dennoch fand sie es ungewöhnlich, daß Monika sich nicht die Zeit genommen hatte, ihren Freunden auf Wiedersehen zu sagen.

Betsy Ligon war nicht die einzige Einwohnerin Buckinghamshires, die sich wunderte, warum sie nichts von Monika gehört hatte. Cheryl Richardson verstand es auch nicht. Mitte Juni überredete sie Richard dazu, Monikas Familie in Kalifornien anzurufen und zu fragen, wo sie stecke. Wenn sie auch nicht die Telefonnummer der Familie hatten, so wußten sie doch, daß sie in der Nähe von San Francisco lebten, und sie riefen die für diese Stadt zuständige Auskunftsstelle an. Die Telefonistin sagte, unter San Francisco seien keine Zumstegs aufgeführt, aber sie habe den Namen unter einem Vorort von Oakland gefunden – der Name von Monikas Großeltern war dort aufgeführt.

Richards Anruf riß Isabella Zumsteg aus dem tiefsten Schlaf.

Er stellte sich vor und sagte, er versuche, Monika zu erreichen.

»Wissen Sie eigentlich, wie spät es hier ist?« fragte Monikas Großmutter.

Richard, dessen Stimme noch immer einen Anflug des Akzents hatte, den er sich als Kind in einem Verschlepptenlager in Schottland angeeignet hatte, entschuldigte sich und sagte, er habe gar nicht daran gedacht, daß es Kalifornien mitten in der Nacht sei.

»Nein, Monika ist nicht hier«, sagte Monikas Großmutter. »Ich habe schon seit einiger Zeit nichts mehr von ihr gehört. Sie ist in England.«

Richard entschuldigte sich nochmals für die späte Störung und legte auf. »Das ist aber komisch«, sagte Cheryl. »Monika hat doch ständig mit ihren Verwandten telefoniert.«

Als Cheryl schließlich Michael von dem Telefonat erzählte, zeigte sich dieser wenig überrascht. Er habe schon immer vermutet, daß sie noch in England sei. Ihren Kontoauszügen zufolge hatte sie ihre Karte für den Geldautomaten mehrfach benutzt, seit sie ihn hatte sitzenlassen, und sie hatte eines ihrer Konten fast abgeräumt.

Nach Richards Telefonat gab es in dem Haus bei Oakland, in dem Monikas Großeltern wohnten, noch mehrere Anrufe zu ungewöhnlicher Stunde – von Finlay und von Detektiven, die er eingestellt hatte, um ihm bei der Suche nach Monika zu helfen.

»Kann ich bitte Monika sprechen?« fragten sie für gewöhnlich, oder sie sagten: »Könnte ich bitte mit Mrs. Telling sprechen?«

»Monika ist in England«, sagte Isabella Zumsteg jedes Mal. »Sie ist nicht hier.«

»Man hat mir gesagt, daß sie vielleicht bei Ihnen sei«, sagten dann die Stimmen.

»Nein, wenn sie in Amerika wäre, wäre sie wahrscheinlich bei ihren Eltern in Santa Rosa; ich habe sie nicht gesehen.«

Als sie Elsa von den Anrufen erzählte, erklärte diese, sie und Lou hätten schon seit Monaten nicht mehr mit Monika oder Michael gesprochen, und sie mache sich allmählich Gedanken. Die letzten Monate waren schwierig für Lou und Elsa gewesen: er hatte seine Stellung bei einer Beratungsfirma für das Arbeitgeber-Arbeitnehmerverhältnis verloren und das Import-Export-Geschäft lief schlecht.

Elsa sagte, sie habe mehrere Briefe an Monika geschickt, jedoch keine Antwort erhalten. Monika sei noch nie fleißig im Briefeschreiben gewesen. Lou habe sie und Michael gebeten, nicht so häufig mit ihren Problemen zu ihnen zu kommen; das könne vielleicht erklären, warum sie nicht angerufen habe. Elsa sagte, das letzte Mal, als sie miteinander gesprochen hätten, habe Monika ihnen erzählt, daß Michael ins Krankenhaus gehe und daß sie nach einem zahnchirurgischen Eingriff vielleicht mit einer Freundin zusammen eine Europareise machen werde. Lou und sie hätten mehrfach versucht, sie anzurufen, fügte sie hinzu, aber man habe ihnen gesagt, die Telefonnummer habe sich geändert.

»Langsam mache ich mir Sorgen«, sagte Elsa.

»Ich auch«, meinte ihre Schwiegermutter.

Anfang Juli schickte Lou einen eingeschriebenen Brief an Monika:

5. Juli 1983

Liebe Monika,

es ist inzwischen etwa vier Monate her, seit wir von Dir oder Michael gehört haben, und ich brauche Dir wohl nicht zu sagen, daß uns dieses Versäumnis zumindest neugierig macht, und zwar ganz besonders, seit Deine Großeltern alle möglichen Anrufe von Männern und Frauen erhalten, die angeblich Deine Freunde sind. Das mag stimmen oder nicht, jedenfalls haben sie ihre Telefonnummer. Der letzte dieser Anrufe war von irgendeinem Kerl letzten Samstag um EIN UHR MORGENS.

Deine Großeltern sind ganz verstört wegen dieser Anrufe, und ich möchte, daß Du alles tust, was in Deiner Macht steht, um dem ein Ende zu machen . . . *sofort*. Natürlich würden sie sich sehr freuen, wenn sie mal von Dir persönlich hörten . . . wie wir übrigens auch. Da Ihr eine Geheimnummer habt, ist es uns nicht möglich, Dich anzurufen, es sei denn über die britische Polizei. Ich versichere Dir, wenn die Anrufe bei Deinen Verwandten nicht aufhören und ich nichts von Dir höre, werde ich schließlich zu dieser Maßnahme greifen. Ich wäre wirklich froh, wenn Du uns Deine Telefonnummer gäbest, wenn auch nur für Notfälle.

Was es sonst Neues zu berichten gibt, ist, daß ich zusammen

mit Deinem Onkel Eddie die Familie in Chicago besucht habe und dann mit einem Motorrad hierher zurückgekommen bin ... Deine Mutter und ich haben mit dem Stiefelgeschäft viel zu tun, und wir schaffen es, die Rechnungen zu bezahlen.

Ich hoffe, daß Du und Michael Eure individuellen und gemeinsamen Probleme gelöst bekommt. Es steckt viel Gutes in Euch beiden, wenn Ihr es nur an die Oberfläche laßt.

All unsere Liebe an Euch beide
Dad

Der Brief kam eine Woche später im Postamt von High Wycombe an, und man schickte eine Nachricht nach Lambourn House, in der seine Ankunft mitgeteilt wurde. Aber Michael war nicht da. Er machte Urlaub in Monte Carlo.

Der Brief blieb ungeöffnet auf der Post liegen, während England einen Sommer mit sengender Hitze erlebte. Der Monat Juli war der heißeste seit 1659, und die flirrende Hitze dehnte sich bis in den August hinein aus, während die Trockenheit einen Großteil der Landschaft Buckinghamshires braun und grau verfärbte.

Bevor er nach Monte Carlo aufgebrochen war, hatte Michael Richard und Cheryl gebeten, auf das Haus zu achten, die Hunde und Vögel zu füttern und die Rechnungen zu öffnen; er versprach, jeden zweiten Tag anzurufen und in Erfahrung zu bringen, ob er sich um irgend etwas Dringendes kümmern müsse. Außerdem hatte er Richard gebeten, einige kleine Reparaturarbeiten am Haus vorzunehmen, für die seine Familie aufkommen werde. Richard war froh über die Arbeit; Großbritannien befand sich nämlich noch immer in den Klauen einer vernichtenden Rezession. Das alte Haus bewohnbar zu erhalten, war eine Aufgabe, die nie endete. Er ging von Zimmer zu Zimmer und erledigte die nötigen Reparaturen. Er brachte das Dach in Ordnung, besserte die Decke aus und versuchte erfolglos, die kaputte Badewanne zu reparieren. Eines Morgens beschloß er, das Gartenhaus durchzulüften, konnte aber keinen Schlüssel finden. Als Michael das nächste Mal anrief, fragte er danach. Michael sagte, er habe den Schlüssel aus Versehen mitgenommen.

Als er sich erkundigte, ob irgend etwas Wichtiges anliege, sagte Richard: »Möchtest du zuerst die guten oder die schlechten Neuigkeiten hören?«

Michael schwieg einen Augenblick lang. »Die schlechten Neuigkeiten.«

»Du hast einen Brief vom Finanzamt gekriegt.«

»Ist das alles?« fragte Michael. »Was sind die guten Neuigkeiten?«

»Es steckt ein verdammter Rückerstattungsscheck über eintausendsiebenhundert Pfund drin!«

»Sonst alles in Ordnung?«

»Alles bestens. Weiterhin viel Spaß.«

Richard erwähnte auch, daß eine Mitteilung über einen eingeschriebenen Brief angekommen sei, der auf dem Postamt in High Wycombe für ihn bereitliege.

Als Michael aus Monte Carlo zurückgekommen war, rief Colin Finlay an, um ihm mitzuteilen, daß es ihm und seinen Angestellten nicht möglich gewesen sei, Monika zu finden.

Sie hatten bestätigt gefunden, daß sie ihre Karte für den Geldautomaten achtmal benutzt hatte, seit sie ihn verlassen hatte, aber sonst gab es keine Spur von ihr.

Nachdem er mehrere Wochen lang auf eine Antwort gewartet hatte, fuhr Lou zum Postamt in Santa Rosa und stellte einen Nachforschungsantrag für den Einschreibebrief, den er am 5. Juli an Monika geschickt hatte.

Am 15. August wurde eine zweite Benachrichtigung für die Bewohner von Lambourn House abgegeben, daß ein eingeschriebener Brief auf dem Postamt in High Wycombe für sie bereitliege.

Wie schon beim ersten Mal erfolgte keine Reaktion darauf.

Aber einige Tage darauf öffnete Michael einen anderen Brief, einen Brief von Mister Brown, und der ließ ihn mobil werden und handeln.

37. Kapitel

Im Südwesten Englands, in der Nähe der bedrohlich wirkenden Wildnis namens Dartmoor, dem Schauplatz des Schreckens und des Mordes, über den Sir Arthur Conan Doyle in *Der Hund von Baskerville* schrieb, gibt es eine wichtige Kreuzung von Hauptverkehrsstraßen. Fünf Meilen südlich der Stadt Exeter teilt sich die von London kommende Hauptstraße am Fuße eines vertikalen Steilabbruchs, der östlichen Begrenzung der Haldon Hills.

Die südliche Abzweigung wird zur A 380 und führt den Reisenden oben über die Haldon Hills, ein dicht bewaldetes Plateau, das Aussicht auf den Fluß Exe, hinüber nach Torquay und die wie Perlen auf einer Schnur aufgereihten anderen Urlaubsorte gewährt. Die ›Englische Riviera‹ nennen viele diesen Küstenstreifen. Die nördliche Strecke – die A 38 – zieht sich an Dartmoors urzeitlicher Mondlandschaft aus Heideland und Torfmooren entlang bis nach Plymouth, ehe sie dann nach Land's End, zum westlichsten Punkt des englischen Festlands, abbiegt.

Die beiden Straßen verlaufen weniger als eine Meile voneinander entfernt die Hänge der Haldon Hills hinauf. Oben auf der Kuppe sind sie durch eine schmale Landstraße verbunden. In deren Nähe befindet sich eine Senke von etwa einem halben Meter Tiefe im Wald, ein Beweis dafür, daß die Haldon Hills mindestens seit der Eisenzeit von Menschen begangen worden sind.

Am Nachmittag des 3. September 1983 beschäftigte sich der größte Teil der Welt vorrangig mit einer Tragödie – dem zwei Tage zuvor geschehenen Mord von zweihundertneunundsechzig Menschen; sie hatten das Pech, sich an Bord jenes koreanischen Verkehrsflugzeuges zu befinden, das durch den Piloten eines sowjetischen Kampfflugzeuges abgeschossen wurde. Colin Marshall jedoch, den bei der Bausparkasse Exeter beschäftigten Installateur kümmerte an jenem Nachmittag eher seine Blase.

Es war Samstag, und er machte, wie er das am Wochenende häufig tat, Schwarzarbeit, um etwas Geld nebenbei zu verdienen. In der Woche zuvor hatte er in einem zwischen den Haldon Hills versteckt liegenden Dorf ein Zentralheizungssystem in ein Haus eingebaut, und er war jetzt wiedergekommen, um den Boiler das erste Mal anzuheizen. Bis er damit fertig war, war es fast ein Uhr. Er packte sein Werkzeug ein und verließ das Haus, um seine Frau und seine beiden Kinder abzuholen, die er vor einigen Stunden bei den Schwiegereltern abgesetzt hatte. Auf dem Weg dorthin, bog er von der A 380 auf die Landstraße zwischen den beiden Hauptverkehrsstraßen, eine Abkürzung auf dem Weg zur Plymouth Road. Er wußte, daß sich etwa zweihundert Meter nach der Abzweigung eine Lichtung im Wald befand, bei der man früher die Autofahrer eingeladen hatte, sich an einem Rundblick über Exeter und die Mündung des Flusses Exe zu erfreuen, wie er sich dem englischen Ärmelkanal entgegenstreckte. Zwei Jahre zuvor hatte der Ausschuß für Forstwirtschaft den wenig genutzten Aussichtspunkt geschlossen und eingezäunt, und der Wald hatte angefangen, sich wieder dort auszubreiten, wodurch eine abgelegene Stelle für die Rendezvous von Liebespaaren entstanden war.

Marshall parkte seinen Ford Escort Kombi, stieg über den Zaun und betrat den verlassenen Aussichtspunkt. Er war etwa zwanzig Meter breit und fünfzig Meter lang und von Gesträuch, Farnen und hoch aufragenden Bäumen verdeckt.

Er machte eine Runde am Waldrand entlang, um nach einer freien Stelle zu suchen, wo er sich erleichtern konnte, und er entdeckte eine Lücke im Wald, die von drei Seiten her durch Farne abgekleidet war. Diese natürliche Einbuchtung war wie geschaffen für sein Vorhaben. Als er hineintrat, bemerkte er, daß das Gras unter seinen Füßen umgebogen war, so als ob erst kürzlich jemand dort gegangen war. Wenige Schritte vor ihm sah er auf dem Boden etwas, das aussah wie eine durchweichte Matratze. Nachdem er noch einen halben Schritt weiter gegangen war, sah er einen menschlichen Fuß. Die Zehen waren senkrecht in die Höhe gerichtet, die Fußsohle zeigte von ihm weg. Die Haut sah kreidig und gelb aus; sie hatte die Farbe eines faulenden Apfels. Ein entsetzlicher Geruch umflutete ihn. Genau in diesem Moment erkannte Colin Marshall, daß das, was er für eine Matratze gehalten hatte, ein menschliches Wesen war.

Jeff Henthorne war als erster Beamter vom CID am Schauplatz.

Der Körper befand sich in einer halbfötalen Lage. Er hätte ihn gern herumgerollt und angesehen, aber er wußte, daß er ihn nicht anfassen durfte, bis der Arzt ankam. Unglücklicherweise war der hiesige Mann übers Wochenende nicht in der Stadt, und es dauerte fast vier Stunden, ehe Henthorne den Hubschrauber über sich hörte. Der Pilot flog einige Augenblicke lang auf der Stelle, um den Wind zu prüfen und kam dann langsam herunter zu einer weichen Landung.

Dr. Kellett lief vom Hubschrauber aus direkt zu der Farnhöhle. Von der Luft aus hatte er die Scheinwerfer im Wald gesehen.

Er berührte die Leiche; sie war kalt und feucht.

Während seine behandschuhten Hände unter dem grellen Schein der Lichter tastend suchten, drehte er den Leichnam um.

Kelletts Gesicht zeigte einen erstaunten, dann einen eisigen Gesichtsausdruck. Er sah Henthorne an.

»Der Kopf fehlt.«

V

Die Leiche ist bei jedem Mord
der Hauptzeuge ...

G. K. CHESTERTON

38. Kapitel

Die Autopsie begann im Royal Devon and Exeter Hospital um 21 Uhr 40 und war erst kurz vor Sonnenaufgang beendet. Die wichtigsten Aufgaben, denen sich Dr. Robert Kellett vom Labor für Forensische Wissenschaften des Innenministeriums in Chepston (Wales) gegenübersah, war die Feststellung der Todesursache des Opfers, die Schätzung der Todeszeit und vor allem die Suche nach Hinweisen, die der Polizei helfen konnten, diesen Haufen Fleisch, den man im Exeter Forest hatte liegenlassen, zu identifizieren. Denn wie Detective Inspector Jeffrey Henthorne von der Devon und Cornwall Constabulary einem Reporter mitteilte: »Bevor man mit dem ›Wer hat's getan?‹ anfangen kann, muß man erst mal den identifizieren, dem er es angetan hat.«

Wie Kriminalbeamte in der ganzen Welt hielt Henthorne es für wichtig, in Mordfällen bei der Obduktion persönlich zugegen zu sein. Sein Chef, Detective Superintendent Brian Rundle, stellvertretender Leiter des CID, war der gleichen Ansicht. Aus diesem Grunde schlief keiner der beiden in der Nacht, nachdem man die kopflose Leiche in den Haldon Hills gefunden hatte.

Ein ganzes Jahrhundert lang wurden routinemäßig Kripobeamte der Mordkommission des Londoner Metropolitan Police Department in die Provinz geschickt, um Mordfälle zu lösen. In den sechziger Jahren jedoch machten die Bevölkerungszunahme und der Anstieg der Mordrate es bald unmöglich, daß Beamte von Scotland Yard in jedem Mordfall ermittelten. Die provinziellen Polizeitruppen begannen, sich ihre eigenen Mordspezialisten auszubilden; das war den örtlichen Polizisten sehr angenehm, denn sie waren der Ansicht, daß Ortskenntnis und ein engeres Verhältnis zu den Einheimischen häufig wichtig bei der Aufklärung von Mordfällen waren.

Die Devon und Cornwall Constabulary war eine von zweiundfünfzig Polizeidivisionen in England. Von ihrem Hauptsitz in Exeter aus hüteten sie das Recht in einem Gebiet, das größer war als fast alle anderen: der Zuständigkeitsbereich umfaßte zwei Grafschaften, eins Komma vier Millionen dauerhaft Ansässige und ebenso viele Sommerurlauber, eine Gesamtbreite von einhundertachtzig Meilen, einen fünfhundert Meilen langen Küstenstreifen und eine Fläche von fast viertausend Quadratmeilen – von der Grenze Devons mit Dorset und Somerset quer über die Einöde von Dartmoor bis zu dem felsigen Zipfel Land's End und darüber hinaus bis zu den Scilly-Inseln.

Leiter der zweihundertfünfzigköpfigen Kriminalabteilung war der über fünfzig Jahre alte Detective Chief Superintendent John Bissett. Eigentlich hatte der Mann mit dem silberweißen Haar in ein paar Tagen in den Urlaub fahren sollen. Von dem Augenblick an, als die Frau Brian Rundles ihn an einem Samstag nachmittag aus dem Gemüsegarten hinter ihrem Haus bei Exeter zurief, daß sein Büro gerade wegen eines Mordfalles anrief, wußte er, daß er die Ermittlung leiten würde.

Bissetts Stellvertreter war ein großer, gut gebauter Mann von ein Meter sechsundneunzig Größe. Sein metallenes Brillengestell und sein ständiger Begleiter, eine gebogene Pfeife, in der für gewöhnlich süßlich duftender Tabak aus Schweden brannte, verliehen ihm einen Intellektuellen-Touch, seine kompakte Gestalt hingegen Autorität. Brian Rundle war 1937 in einem Haus geboren, in dem es weder Zentralheizung noch Wasserleitungen gab, und das auch als Polizeistation eines entlegenen Dorfes in Nord-Devon fungierte, wo sein Vater, ein Provinzbobby, vom Fahrrad aus für Recht und Ordnung gesorgt hatte. Er war zunächst in eine provinzielle Polizeitruppe in Wiltshire eingetreten und 1958 in Plymouth Police Constable geworden. Nach neun Jahren in Uniform wurde er dem CID zugeteilt. Sein Gehalt blieb unverändert, aber als Kriminalbeamter erhielt er zusätzlich zehn Shillinge ›Trinkgeld‹ pro Woche – damit er Telefonate führen und Informanten einen ausgeben konnte.

Bei den Mitgliedern der Devon-Cornwall-Polizei war er als unerbittlicher, introvertierter Ermittler mit großer Menschenkenntnis bekannt, der eine besondere Fähigkeit hatte, sich bei

Verdächtigen und Unruhestiftern einzuschmeicheln. Freunde behaupteten, daß er Dummheit nicht ausstehen konnte.

Jeff Henthorne war zehn Zentimeter kleiner und zwei Jahre jünger als sein Chef; er war zungenfertiger, leichter erregbar, weniger introvertiert als Rundle – ein Bluthund im Trenchcoat, der Schreibarbeit haßte, sich gegen die Bürokratie auflehnte und nicht glücklich war, wenn er nicht gerade an einem schwierigen Fall arbeitete. Ebenso wie für Rundle war auch für ihn die Polizeiarbeit sein Leben. Als Sohn eines Busfahrers war er mit sechzehn Jahren in die Polizeitruppe von Devon eingetreten, mit neunzehn Police Constable und mit sechsundzwanzig Kriminalbeamter geworden. Zwei Jahre darauf sagte er direkt nach seiner Hochzeit zu seiner Braut: »Jede Frau, die einen Mann vom CID heiratet, weiß, daß sie ihn zu Hause nicht oft sehen wird, denn wie es so schön heißt: Man arbeitet ›von neun bis eins, von zwei bis sechs und von sieben solange bis du fertig bist‹.«

Trotz der großen Einwohnerzahl in den beiden südwestlichen Grafschaften Englands, wurden relativ wenige Morde in Devon und Cornwall begangen – etwa ein Dutzend pro Jahr. Henthorne wurde für gewöhnlich zu ihrer Aufklärung eingesetzt.

Obwohl sie sich vom Charakter her unterschieden, hatten Henthorne und Rundle eines gemeinsam: Für beide war die Ermittlung in dem Mordfall, die an einem Samstagnachmittag in den Haldon Hills begann, der größte Fall ihrer Laufbahn.

Die Leichenhalle im Royal Devon und Exeter Hospital war weiß und steril, rundherum mit Tabletts aus rostfreiem Stahl verkleidet, und mit einem Untersuchungstisch und einer langen Reihe von Kühltüren ausgestattet, hinter denen die Bahren mit tiefgekühlten menschlichen Leichen oder Organen verborgen waren.

Als er mit der Autopsie begann, sagte Dr. Kellett, daß der fehlende Kopf wohl absichtlich abgetrennt worden sei – mit einem Hackmesser oder einer Axt. Es sei ein glatter Schnitt, nicht so, wie man es erwarten würde, wenn Tiere es getan hätten.

Eine Röntgenuntersuchung zeigte sieben Bleifragmente im Körper des Opfers: in Brust und Darm sowie rechts unter dem Zwerchfell. Nach Meinung des Pathologen hätten mehrere von ihnen für sich allein genommen schon den Tod herbeiführen können.

Die Verteilung der Wunden sei anders als alles, was er bisher zu Gesicht bekommen habe; sie ließ an eine Schrotflinte denken, aber dafür waren die Bleistücke zu groß. Das Ganze erinnerte ihn an die von Granatsplittern verursachten Wunden von Kriegsopfern. Es scheine, so meinte Dr. Kellett, als ob zwei oder vielleicht auch drei Kugeln in den Brustkorb eingedrungen seien und sich dort aufgespalten hätten. Er entfernte das T-Shirt des Opfers und zeigte es den Kriminalbeamten. Die Löcher in der Kleidung stimmten genau mit den Wunden in Brust und Rücken überein. Das Opfer schien auch von ein oder zwei Kugeln im Nacken getroffen worden zu sein.

Ansonsten, fuhr der Pathologe vom Innenministerium fort, sei der Leichnam in einem zu schlechten Zustand, als daß er einen hilfreichen Beweis für die Todesumstände abgeben könne. Die Leiche war verwest. Es war unmöglich, die Blutgruppe zu bestimmen, festzustellen, ob sich Drogen oder Alkohol in ihrem Organismus befunden hatten, als die Frau starb, oder einigermaßen zuverlässig festzustellen, ob sie das Opfer eines sexuellen Mißbrauchs geworden war. Und dann machte das Fehlen des Kopfes es natürlich schwierig, andere Fakten über sie festzustellen, unter anderem ihre Größe und ihr Alter. Sie sei schlank und zierlich gewesen, mit einem Taillenumfang von dreiundfünfzig Zentimetern, sagte Kellet, und obwohl sie für eine Schwangerschaft alt genug gewesen zu sein scheine, gebe es keinen Hinweis darauf, daß sie jemals Kinder zur Welt gebracht habe. Die beste Schätzung, die er abgeben konnte, war die, daß sie zu Lebzeiten etwa einen Meter fünfundfünzig groß und zwischen fünfzehn und dreißig Jahre alt gewesen sein dürfte.

Es ist ein wichtiger Angelpunkt in der Kriminalliteratur, daß am Schauplatz des Mordes oder nach einer Autopsie der Arzt erscheint, um zu verkünden, wie lange das Opfer schon tot ist.

In Wirklichkeit ist die Berechnung der Todeszeit eines Mannes oder einer Frau keinesfalls wissenschaftlich genau. Zu viele Variablen wirken einer exakten Zeitangabe entgegen. So heißt es in der *Outline of Scientific Criminology*, eines maßgeblichen Textes zu diesem Thema: ›Beinahe nirgends gibt es innerhalb der forensischen Medizin mehr Irrtumsmöglichkeiten als bei der Schätzung des Todeszeitpunkts.‹

Nachdem er klargestellt hatte, daß bei seiner Aussage Vorsicht geboten sei, meinte Dr. Kellett, er vermute, die Frau sei seit etwa drei bis sechzehn Tagen tot.

Es gab nicht viel, an das sie sich halten konnten, fanden Rundle und Henthorne, als sie das Krankenhaus verließen. Es war eine ›Kennziffer 1‹, was im Sprachgebrauch der Abteilung soviel bedeutete wie: keinerlei Anhaltspunkte.

39. Kapitel

Während des neunzehnten Jahrhunderts wurden die Haldon Hills von aristokratischen Großgrundbesitzern mit Kiefern und Tannenwäldern bepflanzt. Diese Maßnahme sollte die Landschaft verschönern, aber auch für profitable Bauholzquellen sorgen. Bis zur Mitte des zwanzigsten Jahrhunderts hatten die meisten der wohlhabenden Familien längst den Versuch aufgegeben, die Pflanzungen zur bewirtschaften, und sie statt dessen an die staatliche Kommission für Forstwirtschaft verpachtet, welche Exeter Forest als Naturschutzgebiet verwaltete, in dem sie einen kontrollierten Nutzholzabbau gestattete. Es war ein naturbelassener Landstrich voller Dachse, Rotwild, Füchse und anderer Wildtiere, einschließlich giftiger Vipern. An all diese Tiere dachten die annähernd hundert Männer und Frauen, die am Sonntagmorgen, einen Tag nachdem die kopflose Leiche gefunden worden war, bei Sonnenaufgang anfingen, den Exeter Forest zu durchkämmen.

Sie suchten nach dem Kopf des Opfers, der, so vermutete

man, vielleicht von einem Dachs oder einem anderen Tier verschleppt worden war. Mit Hunden arbeiteten sie sich in einem immer größer werdenden Kreis durch brusthohe Farne vor, tasteten auf allen vieren den Boden ab und benutzten Bandsägen und Äxte, um tiefer in den Wald vorzudringen; die Männer und Frauen dieses Suchtrupps gönnten sich nur kurze Pausen, um sich von einer fahrbaren Kantine mit Tee und Sandwiches versorgen zu lassen. Auch der Boden unmittelbar neben der Stelle, an der die Leiche gefunden worden war, wurde gründlichst abgesucht: Innerhalb weniger Stunden hatte man eine grabähnliche Mulde ausgehoben, die dreieinhalb Quadratmeter groß und einen halben Meter tief war. Das Erdreich wurde in Mülltonnen geschaufelt, die dann zu einer Polizeistation geschafft und mit Metallsieben durchgesiebt wurden.

Als es am Sonntag abend dunkel wurde, hatten die Suchenden den Kopf noch nicht gefunden, obwohl Jeff Henthorne eine Entdeckung an Detective Chief Superintendent Bissett meldete.

»Einen Zahn – einen Zahn, einen ganzen Zahn und nichts als einen Zahn«, scherzte er.

Am Ende hatte der Suchtrupp *vier* Zähne in dem feuchten Boden der Farnhöhle gefunden. Dr. Kellett sagte, es könne sich um menschliche Zähne handeln, aber bevor sie nicht von einem Zahnarzt untersucht worden seien, könne er das nicht mit Sicherheit behaupten. Es war ein kritischer Punkt: Zähne gehören zu den haltbarsten Elementen des menschlichen Körpers, und manche Kriminologen hielten sie für beinahe so unverwechselbar wie Fingerabdrücke. Wenn es wirklich die Zähne des Opfers *waren*, sagte Kellett, könnte dies vielleicht darauf hinweisen, daß die Frau dort getötet und enthauptet worden war, wo man sie gefunden hatte. Obgleich keine leeren Patronenhülsen gefunden worden waren, hätte sie an Ort und Stelle von einem Kugelhagel niedergestreckt worden sein können, der ihr den Kopf abgetrennt und die Zähne ausgeschlagen hatte.

Die minutiöse Suche im Exeter Forest weitete sich bis auf eine halbe Meile um die Farnschneise herum aus. Bei ihrem weiteren

Vordringen in die Wildnis fanden die Kriminalbeamten mehrere Knochenstücke – ob von Mensch oder Tier konnte noch nicht gesagt werden; sie fanden einen menschlichen Fingernagel, der zerbrochen und mit rötlich-purpurnem Nagellack bemalt war, ein Kondom, das sich noch in der ungeöffneten Verpackung befand, die leere Verpackung eines Kondoms, ein rostiges Taschenmesser, eine vermodernde Bettdecke, eine lederne Frauenhandtasche, ein halbes Dutzend leere Bierdosen, drei Damenhöschen in verschiedenen Farben und sieben weitere, verschiedenartige Artikel an Damenkleidung.

Brian Rundle und Jeff Henthorne waren mit vielen anderen Polizeibeamten der Ansicht, daß hinter fast allen schweren Verbrechen eines von zwei Motiven stand: Geld oder Sex.

Der Mord, in dem sie ermittelten, sah nach einem Sexualverbrechen aus. Die Umstände sprachen dafür, daß Miss X das Opfer eines *Serien*mörders sein könnte: eines Mannes, der eine Frau nach der anderen sexuell mißbrauchte, sie dann aus dem Weg schaffte und sich in abgelegenen Gegenden ihrer Leichen entledigte, als seien es Zeitungen von gestern. Aber die Kriminalbeamten wußten auch, daß die *meisten* Morde von Leuten begangen wurden, die ihre Opfer kannten, sehr oft sogar von Familienangehörigen.

Das Abtrennen des Kopfes des Opfers legte nahe, daß der Versuch gemacht worden war, seine Identität zu verbergen. Die Brutalität jedoch, mit der der Kopf abgehackt worden war, und die skrupellose Art und Weise, mit der die Frau in die Waldlichtung geworfen worden war, sprachen gegen einen Familienmord. Es stimmte zwar, daß innerhalb einer Familie oft der Haß am tiefsten gärt, aber daß jemand dem Körper eines Menschen, den er irgendwann in seinem Leben einmal geliebt hatte, derartige Verstümmelungen zufügt, schien nicht gerade wahrscheinlich.

Bis zu dem Zeitpunkt, an dem Miss X identifiziert oder als vermißt gemeldet wurde, blieb die Kleidung des Opfers der einzige Anhaltspunkt polizeilicher Nachforschungen: ein Paar Shorts und ein T-Shirt. Sie wurden getrocknet, fotografiert und an das Labor des Innenministeriums in Wales geschickt. Unterdessen begannen die Kriminalbeamten ihre Ermittlungen mit der Theorie, daß die Frau eine Anhalterin gewesen war, die von einem Fremden mitgenommen und dann sexuell mißbraucht, ermordet und liegengelassen worden war.

Es gab natürlich einen, der sich als Verdächtiger anbot: Colin Marshall.

Die meisten Morduntersuchungen fingen mit der Person an, die die Leiche gefunden hatte. Zwei Jahre zuvor war Henthorne zu einem Tatort in der Nähe der Haldon Hills gerufen worden, wo ein Mann und seine Freundin über die Leiche einer jungen Frau gestolpert waren. Die Kriminalbeamten wurden mißtrauisch, sie vernahmen den Mann, der schließlich wegen Mordes an der Frau verurteilt wurde. Er hatte seine neue Freundin mit in den Wald genommen, damit er ein Alibi für das Auffinden der Leiche hatte.

Vor dem Hintergrund dieser Erfahrung war jetzt auch Colin Marshall verdächtig. Und etwas an seiner Geschichte sei eigenartig, sagte Rundle zu Henthorne: »Er verläßt ein Haus, in dem er arbeitet und in dem er zur Toilette hätte gehen können, und schon nach Minuten muß er anhalten, behauptet er, obwohl er in zehn Minuten hätte zu Hause sein können. Das ergibt doch keinen Sinn.«

Nach einem fast ganztägigen Verhör jedoch überzeugte Marshall die Kripobeamten davon, daß er wirklich nur beschlossen hatte, im Exeter Forest seinem menschlichen Bedürfnis nachzugehen.

In einem Polizeirevier in Exeter richteten Bissett und Rundle einen Bereitschaftsraum ein. Die Einsatzzentrale für die Ermittlungen war ein übergroßes Konferenzzimmer, das vollgestopft war mit Schreibtischen, Schreibmaschinen, Telefonen, Computerterminals, Radioanlagen und Dutzenden von Kriminalbeamten und uniformierten Polizisten; große graphische Darstellungen vom Exeter Forest und Luftaufnahmen vom Todesschauplatz beherrschten die Wände.

Computerdateien wurden – zunächst in Devon und Cornwall, danach in ganz England – nach vermißt gemeldeten Frauen zwischen fünfzehn und dreißig durchforstet. Ungelöste Fälle von Serienmorden, die bis zu zehn Jahren zurücklagen, wurden ohne Erfolg auf der Suche nach Parallelen nochmals nachgeprüft. Als auch die Vermißtenlisten keinen Hinweis auf die Identität von Miss X lieferten, entschlossen sich Bissett und Rundle dazu, die nationale Presse zu Hilfe zu rufen.

Sie brauchten keine großen Bemühungen zu machen. Sobald die Neuigkeit von einer bei Exeter gefundenen enthaupteten Leiche London erreichte, waren die Züge und Hauptverkehrsstraßen nach Devon voller Reporter. Am Montag morgen brachte jede bedeutende Tageszeitung in England einen Artikel über ›Die kopflose Leiche‹.

40. Kapitel

Schon seit langem gärt in der britischen Presse eine makabre Faszination für Leichen ohne Kopf. Der grauenhafte und endgültige Akt der Enthauptung ruft bei allen Menschen Neugier und Entsetzen hervor, aber nirgends mehr als in England, dem Schauplatz einiger der berüchtigsten Beispiele der Gattung ›schauerlicher Morde‹. Da gab es Dr. Hawley Harven Crippen, Verkäufer von Markenmedizin, über dessen Schuld oder Unschuld in England immer noch debattiert wird. Er wurde hingerichtet, weil er 1910 seine zänkische Frau vergiftet und ihren kopflosen Torso unter dem Fußboden ihres gemeinsamen Londoner Hauses begraben hatte. Da gab es Patrick Mahon, einen eitlen, verheirateten Schürzenjäger, der 1923 seine Geliebte Emily Kaye niederknüppelte, nachdem sie ihm gesagt hatte, daß sie schwanger sei und darauf bestand, daß er seine Frau verließ; er zerstückelte ihre Leiche und bewahrte sie in einer Truhe in seinem Schlafzimmer auf, wohin er dann eine andere junge Frau einlud. Mahon erklärte, er habe die Frau mit nach Hause genommen ›weil es in dem verdammten Haus *spukte.* Ich wollte menschliche Gesellschaft . . . wenn sie nicht bei mir gewesen wäre, hätte ich völlig durchgedreht‹. Nachdem sie gegangen war, machte Mahon im Kamin des Wohnzimmers ein Feuer an und legte den Kopf von Emily Kaye auf den Feuerrost. Während er ihn sich ansah, so sagte er später, habe er einen gewaltigen Donnerschlag gehört; Emilys Augen hätten sich plötzlich sehr weit geöffnet und einen stahlharten Blick auf ihn gerichtet; voller Entsetzen sei er aus dem Zimmer gelaufen.

Da gab es Buck Ruxton, einen Londoner Arzt, der 1935 *zwei* kopflose Leichen beseitigte – die eine war seine Frau, wegen der er grundlos heftigste Eifersucht durchlitt, und die andere war das Kindermädchen seiner Kinder, welches das Pech gehabt hatte, ihn dabei zu überraschen, wie er seine Frau umbrachte. Nachdem sie verschwunden waren, erzählte Ruxton einigen seiner Freunde, daß ihn seine Frau verlassen habe und von England weggezogen sei, anderen erklärte er, sie habe ihn wegen eines anderen Mannes verlassen. Als in einer Schlucht auf dem Lande zwei Köpfe gefunden wurden – der eine davon in Strampelhosen seiner Kinder eingewickelt –, wurde Ruxton festgenommen. Bei seiner Gerichtsverhandlung gab er zu, daß er mit seiner Frau Streit gehabt hatte, sagte aber dann: »Wir gehörten zu den Menschen, die ohne einander nicht leben konnten.« Und er zitierte ein französisches Sprichwort: »Wer am meisten liebt, züchtigt auch am meisten.« Ebenso wie Crippen und Mahon starb er am Galgen.

Es gab drei Fälle mit enthaupteten Leichen, die die britische Boulevardpresse und ihre Leser während des zwanzigsten Jahrhunderts fasziniert hatten. Als die Polizei in Devon eine Pressekonferenz einberief, um über die Entdeckung einer weiteren kopflosen Leiche zu sprechen, war das, als wenn man Kinder in den Zirkus einlädt.

Durch die versammelten Journalisten rief Detective Superintendent Bissett die Briten auf, den Bereitschaftsraum anzurufen, sollten sie von irgendeinem Mädchen oder einer jungen Frau aus ihrem Bekanntenkreis berichten können, die in letzter Zeit nicht mehr nach Hause zurückgekehrt oder nicht mehr am Arbeitsplatz oder in einer Ferienunterkunft erschienen war. »Es handelt sich hier um einen brutalen Mord, der vorsätzlich begangen worden zu sein scheint«, sagte er. »Diese junge Frau ist aus nächster Nähe erschossen und dann enthauptet worden. Wir bitten die Öffentlichkeit um ihre Hilfe bei der Identifizierung der Leiche.« Er gab in groben Zügen das wenige wieder, was die Kriminalbeamten über Miss X mutmaßten und sagte, man wisse noch nicht, ob sie am Fundort getötet oder irgendwo anders erschossen und dann weggeworfen worden sei.

Nach der Pressekonferenz riefen über siebzig Mütter, Väter und Ehemänner in England bei der Einsatzzentrale an, um Töchter und Ehefrauen als vermißt zu melden. Kriminalbeamte wurden eingeteilt, um allen Meldungen nachzugehen.

Am Montag morgen wurden vier weitere Zähne in dem Erdreich gefunden, das man im Exeter Forest ausgegraben hatte. Die Kriminalbeamten, die die Erde durchsiebten, fanden auch noch zwei Fingernägel, die mit demselben rötlich purpurfarbenen Nagellack lackiert waren wie der, der am ersten Tag der Suche gefunden worden war.

Brian Rundle, der an seinem Schreibtisch saß, ließ sich eine Plastikhülle, in der sich die Fingernägel befanden, in die Handfläche fallen und versuchte, sich die Hände vorzustellen, die sie einst geziert hatten. Die Nägel glänzten derart, daß sie auch ein Teil einer lackierten chinesischen Vase hätten sein können. Wer auch immer sie gewesen war, Miss X mußte Wert auf ihr Äußeres gelegt haben.

In einem Labor des Innenministeriums in Cambridge kamen die forensischen Experten zu dem Schluß, daß viermal aus nächster Nähe mit einem Hochleistungsgewehr auf das Opfer geschossen worden war. Die Verletzungen, die im Innern ihres Körpers verursacht worden waren, waren zu massiv, als daß sie von einer Pistole hätten herrühren können: der Mörder schien Rundkopfgeschosse verwendet zu haben, die beim Aufprall explodieren, ähnlich denen, die manche Rotwildjäger zur Erhöhung der Tötungskraft benutzen. Da die Kugeln in so viele Teile zersplittert waren, war es schwierig, das Kaliber festzustellen, eine mikroskopische Analyse der Fragmente deutete allerdings darauf hin, daß die Mordwaffe ein Marlin Repetiergewehr vom Kaliber .30.30 gewesen sein könnte – ein Jagdgewehr.

Während in Cambridge die Bleisplitter gewogen, ausgemessen und genau untersucht wurden, wuschen die Kriminologen im Labor des Innenministeriums in Wales sorgsam die Kleidung, die Miss X getragen hatte. Anfänglich glaubten sie, daß die schmutzigen, geschwärzten Shorts ursprünglich beige gewesen waren, aber nachdem sie gewaschen und ihr Saum an einer Stelle geöffnet worden war, erkannten sie, daß der Stoff pink gewesen war. Im Innenbund befand sich dies Etikett:

TOGETHER
With L A I
100% spun polyester
AN 14924 MADE IN THAILAND

Wenige Stunden nachdem die Polizei eine Skizze des Etiketts freigegeben hatte, rief eine Frau aus Exeter die Einsatzzentrale an und sagte, ihre Tochter besäße Shorts und ein Sweatshirt mit einer ähnlichen Kennzeichnung.

»Wo sind die Teile gekauft worden, Madam?« fragte ein Kriminalbeamter.

Die Frau sagte, ihre Tochter habe die Shorts und das Sweatshirt vor vier Jahren im Urlaub in San Francisco für etwa vier Dollar gekauft. Den Kassenbon mit der Telefonnummer des Geschäfts hatte sie noch.

Der Kriminalbeamte rief den Ladenbesitzer in Kalifornien an, und der bestätigte, daß er solche Shorts auf Lager habe, wie sie Miss X getragen habe; er nannte auch den Namen des New Yorker Großhändlers, der die Ware vertrieb. In der Hoffnung, daß er eine Liste von Läden in England erhielte, die dasselbe Kleidungsstück führten, setzte sich der Kripobeamte mit dem Großhändler in Verbindung. Der jedoch sagte, soweit ihm bekannt sei, würden Produkte mit L A I-Etiketten nur in Amerika verkauft, hauptsächlich in Kalifornien.

Die Kriminalbeamten gingen anderen Hinweisen nach. Ein

Hotelangestellter in Exeter berichtete, daß vier dunkelhäutige Männer – anscheinend aus dem Mittleren Osten – nur drei Tage vor der Entdeckung der Leiche plötzlich abgereist seien und ein blutbeflecktes T-Shirt zurückgelassen hätten. Diese Meldung ließ den Verdacht aufkommen, daß die ermordete Miss X einer terroristischen Organisation angehört hatte. Eine Suche im ganzen Land erbrachte keine Spur von den Männern. Über zwei Dutzend andere Männer, die wegen Sexualdelikten vorbestraft waren und die häufig eine Rennbahn in den Haldon Hills besuchten, wurden ausfindig gemacht und interviewt. Der Koch eines Restaurants nicht weit von der Rennbahn berichtete, daß er gesehen habe, wie kurz vor der Auffindung der Leiche ein Fremder etwas in die Verbrennungsanlage draußen vor dem Restaurant geworfen habe. Die Asche lieferte ein Stück eines verkohlten Knochens und ein Stück vom Armband einer Damenuhr. Beides wurde zur Analyse nach Wales geschickt.

Nachdem er das Opfer erneut untersucht hatte, engte Dr. Kellett seine vorherige Schätzung des Alters auf zwischen zwanzig und dreißig ein. Zahnchirurgen kamen unterdessen zu dem Schluß, daß mehrere, wenn nicht gar alle Zähne, die man in der Nähe der Frau gefunden hatte, von Menschen stammten.

Als das verblaßte T-Shirt des Opfers gewaschen wurde, erschien der blasse Umriß eines Kamels auf der Brust, dazu mehrere Worte in arabisch und französisch. Ein Polizeizeichner fertigte eine Skizze des Designs an, und Rundle gab es für die Presse frei.

Bis zum Donnerstag abend, fünf Tage nachdem die Leiche gefunden worden war, waren die Namen von hundertdrei vermißten Frauen und Mädchen zur Einsatzzentrale gelangt. Kriminalbeamte hatten siebzig von ihnen gefunden, wußten aber noch immer nicht, wer Miss X war. Bei ihren Situationsberichten an die Presse teilten sie mit, daß sie dabei seien, sich ein klareres Bild davon zu machen, was sich im Exeter Forest zugetragen hatte. »Ich bin der Auffassung, daß es mehr als wahrscheinlich ist, daß die Frau dort getötet wurde, wo man sie gefunden hat«, sagte Bissett. Die Lage ihres Körpers lege nahe, daß man sie gezwungen habe, sich hinzuknien, bevor sie getötet worden sei, fügte er hinzu.

Da sie der Mangel an signifikanten neuen Entwicklungen langweilte, fingen die Reporter an, den Druck auf die Kriminalbeamten zu verstärken, daß sie das Rätsel lösen sollten und sie entwickelten ihre eigenen Theorien zu dem Fall. Am Freitag morgen berichtete die Londoner *Times*: »Trotz der Ermittlungen auf nationaler Ebene ist ihre Identität der Polizei immer noch ein Rätsel.« Die *Daily Mail* legte eine Verbindung mit der Unterwelt nahe: »Der Mord hat alle Anzeichen eines Unterweltmordes, und die Polizei hält die Theorie für möglich, daß die Frau in Drogenschmuggel verwickelt war. Ein höherer Polizeibeamter sagte: ›Sie könnte eine Art Verbindungsmann gewesen sein. Ihre marokkanische und thailändische Kleidung könnte darauf hinweisen, daß sie vor kurzem im Ausland war . . .‹.«

Was die Reporter, die diese Vermutungen in die Welt setzten, allerdings nicht wußten: Zwei Tage zuvor hatte ein Anruf bei der Einsatzzentrale alles geändert.

VI

*Kein Mensch lebt gern im Angesicht
ständigen Mißfallens.*

SAMUEL JOHNSON

41. Kapitel

Das T-Shirt war es, was Cheryl schließlich dazu bewegte, den Anruf zu machen: Als der Nachrichtensprecher berichtete, daß die in Devon gefundene kopflose Leiche mit einem möglicherweise in Marokko gekauften T-Shirt gekleidet war, wählte sie die spezielle Nummer unter der, wie der Fernsehansager mitteilte, Polizisten bereitstanden, um ›Informationen, die ihnen bei ihren Ermittlungen weiterhelfen könnten‹ entgegenzunehmen.

Cheryl wurde mit einem Kriminalbeamten verbunden, der in der Einsatzzentrale vor einem leuchtenden Computerbildschirm saß. Ganz mechanisch gab er ihre Aussage in den Computer ein: eine Freundin von ihr – eine Amerikanerin – hatte im letzten Winter während eines Urlaubsaufenthaltes in Marokko ein T-Shirt gekauft. Obwohl es möglich war, daß sie nach Amerika zurückgegangen war, hatte Cheryl doch immerhin seit März nichts von ihr gehört, und das wunderte sie.

Am folgenden Tag fuhr ein uniformierter Bobby von der Thames Valley Constabulary von High Wycombe nach Lane End und führte ein Gespräch mit Cheryl. Sie wiederholte ihre Ausführungen vom Tag zuvor und fügte hinzu, daß es sie nicht verwundern würde, wenn ihre Freundin einfach nach Amerika zurückgekehrt war; sie hatte häufiger angedroht, daß sie das tun würde. Aber es überraschte sie doch sehr, daß ihre Freundin ihr weder eine Karte noch einen Brief geschickt hatte, denn sie hätten sich gut verstanden.

Der Polizist bat um ein Foto, und Cheryl gab ihm ein gerahmtes Bild von Monika am Tag ihrer Hochzeit. So sehe sie heute nicht mehr aus, betonte Cheryl – sie sei inzwischen recht erschöpft und abgespannt.

Der Polizist gab Cheryls Bericht nach Exeter weiter, wo er auf einem Stapel ähnlicher Aussagen über Frauen und Mädchen landete, die auf mysteriöse Weise plötzlich aus dem Leben derjenigen verschwunden waren, denen sie etwas bedeuteten. Doch eines zeichnete diesen Bericht in Brian Rundles Augen vor den anderen aus: Cheryl Richardsons Freundin war Amerikanerin, Kalifornierin – und das forensische Team sagte, die pinkfarbenen Shorts, die Miss X angehabt hatte, könnten in Kalifornien gekauft worden sein.

Am darauffolgenden Tag wurde Cheryl in dem Heim in High Wycombe, in dem sie arbeitete, ans Telefon gerufen. Der Bobby vom Tag zuvor teilte ihr mit, daß zwei Kriminalbeamte von Exeter heraufgekommen seien, um sie zu vernehmen. Ob die Beamten sie vielleicht zu einem Gespräch abholen könnten?

In ihrem Wohnzimmer erzählte Cheryl den Kriminalbeamten mehr über Monika. Sie sei vor zwei Jahren nach West Wycombe gezogen, nachdem sie einen reichen Engländer geheiratet hatte, aber die Ehe sei problematisch gewesen, und Mrs. Zumsteg habe im letzten Frühjahr davon gesprochen, nach einem zahnmedizinischen Eingriff nach Kalifornien zurückzukehren. Ihr Mann teile diese Vermutung. Seither hatte Cheryl nichts mehr von ihr gehört.

Da inzwischen fünf Monate verstrichen waren, ohne daß irgend jemand Monika als vermißt gemeldet hatte, waren die Polizeibeamten zunächst skeptisch: Wenn jemand vor *so* langer Zeit verschwunden war, hätte es sicher inzwischen ein Freund oder Verwandter gemeldet.

»Wie Sie vielleicht verstehen werden, Mrs. Richardson«, sagte einer der Kriminalbeamten, »besteht unsere erste Aufgabe darin, das Opfer zu identifizieren, und in diesem Fall ist das ganz besonders schwierig.«

Aus ersichtlichen Gründen war das Bild von Monika, das Cheryl der Polizei am Tag zuvor gegeben hatte, nur von begrenztem Nutzen für die Ermittlung. »Gibt es irgend etwas, an das Sie sich bei Ihrer Freundin erinnern, was uns helfen könnte, eine *kopflose* Leiche zu identifizieren?«

Cheryl dachte einen Augenblick nach und versuchte, sich Monika ohne Kopf vorzustellen.

»Eigentlich nicht«, sagte sie.

Die Kriminalbeamten zeigten ihr die Skizze des T-Shirts, die der Polizeizeichner angefertigt hatte. Sie stellte ein Kamel dar, *Souvenir du Maroc,* ›Souvenir aus Marokko‹ in französisch und dieselben Worte in arabisch.

Cheryl sagte, es sehe dem T-Shirt, das ihre Freundin in Marokko getragen habe, sehr ähnlich.

»Fällt Ihnen noch irgend etwas anderes ein, das dazu beitragen könnte, eine kopflose Leiche zu identifizieren?«

»Das einzige, was mir einfällt, ist, daß Monika sehr schöne Fingernägel hatte«, sagte Cheryl. »Sie hatte immer wunderschön gepflegte Nägel.«

»Welche Nagellackfarbe benutzte sie?«

»Rot mit einem Stich ins Purpurfarbene – eigentlich mehr ein malvenfarbenes Rot, würde ich sagen.«

Als Richard Richardson nach Hause kam, fragten ihn die Kriminalbeamten, ob ihm in letzter Zeit irgendein ungewöhnliches Verhalten an Monikas Ehemann aufgefallen sei.

Das einzige, an das er sich erinnern könne, sagte Richard, sei, daß er in der vergangenen Woche einen Lieferwagen gemietet habe und irgendwelchen Müll zur hiesigen Halde gebracht habe.

Als das Gespräch sich in die dritte Stunde erstreckte, gingen Cheryl die Worte nicht mehr aus dem Sinn, die Michael vier Tage zuvor während der Heimfahrt vom Tesco Supermarkt in High Wycombe hervorgestoßen hatte. Aber sie konnte es nicht über sich bringen, diese Worte zu wiederholen. Sie wollte Michael nicht für den Rest seines Lebens verurteilen, besonders, da sie ja nicht *sicher* war. Vielleicht hatte er nur einen Scherz gemacht.

Nachdem die Kriminalbeamten aus Exeter ihren Bericht an Brian Rundle weitergegeben hatten, reagierte er schnell. Am Freitag schickte er bei Tagesanbruch vier weitere Kriminalbeamte unter der Leitung von Jeff Henthorne nach West Wycombe. Beamte der Thames Valley Constabulary, in deren Zuständigkeitsbereich das Dorf fiel, beteiligten sich an den Ermittlungen und erzählten ihnen, daß Monika Tellings Mann ein Mitglied einer der wohlhabendsten und einflußreichsten Familien Englands war. Außerdem erzählten sie, daß er im Jahr zuvor wegen eines geheimen Lagers für illegale Schußwaffen auf seinem Grundstück festgenommen worden sei und daß man ihn als gefährlich einstufen müsse.

Cheryl Richardsons Bemerkung darüber, daß bei ihrer Freundin kurz vor ihrem Verschwinden eine Operation im Mund vorgesehen gewesen war, hatte Henthorne aufmerken lassen, und so machte er Monikas Zahnarzt ausfindig. Dieser Zahnarzt lieferte ihm nicht nur die Röntgenbilder ihrer Zähne, sondern auch den Namen eines Freundes (ebenfalls Zahnarzt), der führender Experte darin war, anhand von Zahnkarten die Opfer von Flugzeugabstürzen zu identifizieren. Die Röntgenaufnahmen und die im Exeter Forest gefundenen Zähne wurden auf dem schnellsten Wege mit einem Polizeiauto zu ihm gebracht.

Am selben Abend fuhr ein Polizist Cheryl Richardson nach High Wycombe, damit sie von Henthorne vernommen würde. Als sie das Haus in einem neutralen Polizeiauto verließen, kam Michael gerade in einem der vielen Autos an, die er besaß – einem Volkswagen Golf. Cheryl erkannte ihn und duckte sich.

Nachdem Richard ihm eine Tasse Kaffee angeboten hatte, fragte Michael: »Wo ist Cheryl?«

»Sie ist weg.«

»Wo?«

»Auf dem Polizeirevier«, sagte Richard.

»Weswegen?«

»Das weiß ich doch nicht, verdammt. Da ist irgendwas Verrücktes im Busch.«

Michael blickte ihn argwöhnisch an und fragte dann, ob er etwas zu essen hätte.

»John«, sagte Richard zu seinem Sohn, »mach Michael einen Burger zurecht.«

Etwa eine Stunde lang sprachen sie über neues CB-Material; dann ging Michael.

Cheryl war immer noch auf dem Polizeirevier. Kurz vor Mitternacht erzählte sie Henthorne, was Michael während der Rückfahrt von Tesco zu ihr gesagt hatte.

»Ich habe bisher nichts gesagt«, erklärte sie, »weil ich dachte, er hätte einen Scherz gemacht.«

42. Kapitel

Henthorne verließ das Zimmer, rief Brian Rundle an und wiederholte, was Cheryl ihm erzählt hatte. Um Mitternacht rief der Zahnarzt an: Er hatte die Röntgenbilder untersucht und war sich zu neunzig Prozent sicher, daß die Zähne, die man im Exeter Forest gefunden hatte, die von Monika Telling waren.

Kurz nach Sonnenaufgang am nächsten Morgen erschien eine Gruppe von Verkaufsfahrern und Arbeitern in Overalls in der Radnage Lane. Mehrere von ihnen brachten Leitern mit und fingen auf dem Dach von Alf und Ettie Turners Haus an zu arbeiten. Es waren Kriminalbeamte, die mit Smith and Wesson Revolvern vom Kaliber .38 bewaffnet waren. Von den zweitausendachthundert Angehörigen der Devon and Cornwall Constabulary trugen nur etwa einhundertfünfzig Waffen. Rundle schickte über ein Dutzend von ihnen nach West Wycombe. Falls Michael Telling seine Frau wirklich mit einem Jagdgewehr umgebracht hatte, könnte er es noch bei sich haben. Rundle wies die Kriminalbeamten an, draußen zu warten, bis der Verdächtige das Haus verlassen hatte. »Eine Belagerungssituation, in der wir auf der Jagd nach einem Bewaffneten ins Haus vordringen müssen, ist das letzte, was wir brauchen können.«

Kurz nach zehn Uhr morgens klingelte bei den Richardsons zu Hause das Telefon. Michael sagte zu Richard, daß er rüberkommen werde, um ihm dabei zuzusehen, wie er den Motor aus seinem Auto für eine gründliche Überholung herausnahm. Ein Polizist, der im Haus postiert war, alarmierte die Kriminalbeamten, die in der Nähe des Lambourn House beim Überwachungsdienst waren.

Wenige Augenblicke später, setzte Michael seinen Volkswagen rückwärts aus der Garage. Seine Hunde saßen hinter ihm auf dem Rücksitz. Als der Wagen aus der Garage kam, näherten sich zwei Polizisten in Zivil.

»Wissen Sie vielleicht, wo der Beacons Bottom ist?« fragte Constable Bruce Pearce.

»Nein – tut mir leid. Fragen Sie besser nebenan«, sagte Michael.

»Meinen Sie die Dachdecker da nebenan?« fragte der zweite Mann, Detective Constable Brian Stocker, indem er auf die Polizisten in Zivil verwies, die mehrere hundert Meter entfernt auf Leitern standen.

Als Michael den Kopf abwandte, um dorthin zu sehen, öffnete Stocker die Wagentür, Pearce lehnte sich hinein, zog den Zündschlüssel ab und packte Michaels Arm.

»Wir sind Polizeibeamte«, sagte er. »Öffnen Sie den Sicherheitsgurt und steigen Sie langsam aus dem Auto.«

Michael, der wie gewöhnlich Bluejeans, T-Shirt und Lederjacke trug, stieg aus dem Wagen und legte die Hände auf das Dach. Man durchsuchte ihn, legte ihm Handschellen an und ließ ihn auf dem Rücksitz eines Polizeifahrzeugs Platz nehmen, während seine Hunde von einem Bobby weggeführt wurden. Einer der Kriminalbeamten sagte: »Sie sind festgenommen worden im Zusammenhang mit den Ermittlungen in einem Mordfall in Exeter. Sie sind nicht verpflichtet, eine Aussage zu machen, wenn Sie nicht möchten. Aber alles, was Sie sagen, darf schriftlich festgehalten und als Beweismaterial verwendet werden.«

Michael bat um eine Zigarette, sagte aber sonst nichts während der fünfzehnminütigen Autofahrt zum Polizeirevier in High Wycombe. Als Henthorne ihn ankommen sah, rief er Rundle an und sagte, er glaube, daß sie jetzt den Richtigen hätten.

Wenige Minuten darauf begann Rundle mit seinem täglichen Situationsbericht für die zusehends unruhiger werdende Schar von Reportern, die in Exeter ihr Lager aufgeschlagen hatten.

»Wäre die Aussage zutreffend, Mister Rundle«, fragte ein

Lokalreporter, »daß Sie in der ganzen Zeit, während der Sie die Ermittlungen in diesem Fall führen, *gar keine* Fortschritte gemacht haben?«

»Das scheint der Fall zu sein«, sagte Rundle. Im stillen dachte er bei sich: »Das ist ja keine *echte* Lüge.«

Nach der Pressekonferenz verließ Rundle das Revier durch eine Hintertür und bestieg einen schwarzen Ford Scorpio, der auf ihn wartete. Er sagte, er wolle so schnell wie möglich nach High Wycombe kommen. Der Fahrer nahm ihn beim Wort und legte einhundertzwanzig Meilen in weniger als neunzig Minuten zurück.

Zur gleichen Zeit, da Rundle nach High Wycombe abfuhr, betrat ein Besucher Michaels Zelle in High Wycombe.

»Ich bin Detective Inspector Henthorne aus Exeter«, stellte der Mann sich vor, »und das hier ist Detective Sergeant Rudd. Sie wissen, daß Sie im Zusammenhang mit einer in Exeter aufgefundenen Leiche festgenommen worden sind, und ich möchte Ihnen jetzt nur sagen, daß Sie hier festgehalten werden, bis Detective Superintendent Rundle hier eintrifft, der die Ermittlungen leitet und der auf dem Weg hierher ist, um sich heute irgendwann mit Ihnen zu unterhalten. Möchten Sie irgendwas sagen?«

»Nein, ich glaube nicht, daß ich irgendwas sagen möchte, ehe nicht mein Rechtsanwalt hier ist.«

In Anbetracht der Umstände hielt Henthorne Michael für einen gefügigen, ja sogar ruhigen Mann.

»Möchten Sie irgend etwas haben?«

»Kann ich gegen Kaution freigelassen werden?«

Seine Frage überraschte Henthorne.

»Sie wissen, warum Sie festgenommen worden sind. Für eine Freilassung auf Kaution besteht keine Möglichkeit. Möchten Sie irgend etwas dazu sagen, was Sie getan haben?«

»Ich denke, Sie wissen, was ich getan habe.«

»Möchten Sie jetzt irgendwas dazu sagen?«

»Kann ich mit Ihnen allein sprechen?«

Nachdem Detective Sergeant Rudd die Zelle verlassen hatte, brach Michael in Tränen aus. »Ich will meine Hunde sehen«, sagte er. »Sie sind im Haus . . . ich werde wohl dreißig, vierzig, fünfzig Jahre lang im Gefängnis sitzen, oder?«

»Sie sind nicht verpflichtet, irgend etwas zu sagen«, sagte Henthorne, »aber alles, was Sie sagen, darf schriftlich festgehalten und als Beweismaterial verwendet werden.«

»Ich hab's getan«, sagte Michael.

»Habe was getan, Michael?«

»Meine Frau ermordet?«

»Wann war das?«

»Im März, glaube ich.«

43. Kapitel

West Wycombe, 29. März 1983

Es waren nur zwei Menschen im Lambourn House, als es geschah, und einer von ihnen würde nie wieder etwas sagen; dafür hatte Michael gesorgt. Also war es ihm allein überlassen, die Geschichte zu erzählen.

Er hatte *dreimal* auf sie geschossen, nicht viermal, wie Henthorne und die Experten von der Ballistik vermutet hatten.

Sie stand in einer Ecke des Wohnzimmers und schrie ihn an.

Er sagte, er wolle nicht wieder ins Krankenhaus zurück. Sie sagte, er *müsse* wieder hin.

Er jagte sie durchs Wohnzimmer, und als sie sich umdrehte, um ihn anzusehen, nahm er das Gewehr hoch und feuerte.

Die erste Kugel traf sie in die Kehle und warf sie mit einem Schlag nach rückwärts.

Als ihre Knie einknickten, sagte Monika kein Wort, gab keinen Laut von sich.

Das einzige Geräusch im Lambourn House war das Echo vom Krachen des Gewehrs.

Wenn du auf jemanden schießen willst, schieß ihn tot, hatte mal jemand zu Michael gesagt. Ohne das Gewehr von der Schulter abzusetzen, spannte er es erneut, und als Monika anfing, zu Boden zu fallen, drückte er ab. Diesmal krachte die Kugel in ihre Brust.

Während sie noch weiter fiel, drückte Michael noch mal gegen das stählerne Schloß des Jagdgewehrs und schob mit einem metallischen Klicken ein weiteres Rundkopfgeschoß in die Kammer.

Er zog am Abzugshahn und feuerte. Noch ehe Monika auf dem Boden aufschlug und ihre blonden Locken sich auf dem Teppich ausbreiteten, nur wenige Zentimeter entfernt von dem viktorianischen Sofa, das sie aus Kalifornien mitgebracht hatte, zerbarst die dritte Kugel in ihrem Innern und schickte wie eine explodierende Himmelsrakete eine Flut von Schrapnell durch ihre Brust.

Als Monikas Blut auf den Teppich strömte, nahm Michael das Gewehr herunter, beugte sich über sie und hob einen ihrer Arme hoch. Er war schlaff. Er sah ihr in die Augen. Sie waren ausdruckslos.

Sie war ausnahmsweise einmal still.

Er ging in die Küche und erbrach sich.

Er zitterte und ihm wurde klar, daß sein Blutzucker fast bei Null liegen mußte. Eine halbe Stunde lang saß er am Küchentisch und trank Kaffee mit Zucker. Dann ging er zurück ins Wohnzimmer und blickte wieder auf Monika hinab.

Eine Stunde später stand er gerade unter der Dusche, als Joe Stennings an die Küchentür klopfte.

Nachdem er ihn weggeschickt hatte, deckte er Monika mit einem Laken zu, schob das Gewehr, das er wenige Tage zuvor nach England geschmuggelt hatte, in eine Vinylhülle und warf die leeren Patronenhülsen in einen Mülleimer. Er hatte zweihundertvierzig Kugeln in Australien gekauft, aber er hatte nur drei gebraucht.

Kurz vor zwei Uhr (der Zeitpunkt, zu dem er sich im St.

Andrew's anmelden sollte) rief Michael das Krankenhaus an und sagte, er käme doch nicht.

Er würde nun nicht wieder dorthin zurückmüssen.

Sie konnte ihn nicht zwingen, wieder dorthin zu gehen.

Während der Tag verstrich, erwartete Michael, daß die Polizei an seine Tür klopfte; irgend jemand wußte bestimmt, was passiert war. Aber nachdem Joe Stennings gegangen war, ließ sich niemand mehr bei ihm blicken.

Im Haus herrschte Stille. Nur das schwache Echo von Gewehrschüssen, die weit weg in den Chiltern Hills abgegeben wurden, war zu vernehmen. Am Abend hob Michael mit Monikas Karte an einem Geldautomaten in High Wycombe einhundert Pfund ab.

Zwei oder drei Tage lang ließ er Monika dort auf dem Boden liegen, wo sie gefallen war. Dann wickelte er sie in eine Plastikdecke (einen Motorradschutz) ein und schleifte sie ins Schlafzimmer am Ende des Korridors. Er legte sie auf ein Feldbett, deckte sie mit der glänzenden Motorradschutzdecke zu, beugte sich über sie, blickte ihr ins Gesicht und küßte sie.

Während der nächsten zwei Wochen, berichtete Michael, sei er oft an der Tür zum Schlafzimmer stehengeblieben, habe mit Monika gesprochen und sei dann zu ihr hingegangen und habe sie geküßt. Dann habe er eine Schubkarre geholt und sie eines Abends, als es schon dunkel war, vom Feldbett gehoben und sie ins Gartenhaus hinübergeschoben.

Er öffnete die Doppeltür und die Tür zu der noch nicht fertiggestellten Sauna, hob sie aus der Schubkarre und legte sie auf den gefliesten Boden.

Dort blieb sie fast fünf Monate lang liegen, während eines der heißesten Sommer, die England seit Jahrhunderten erlebt hatte.

Nach zwei oder drei Wochen begann er daran zu glauben, daß er ungestraft davonkommen würde. Er verbrannte ihren Paß und all ihre persönlichen Papiere. Er ging aus, lud sich Freunde ein, lernte neue Freunde über den CB-Kreis kennen, brachte Frauen mit in Monikas Bett. Ebenso wie Patrick Mahon, der Mörder, der den Frauen nachlief und der mit einem Flittchen schlief, während sich nur wenige Zentimeter daneben die Teile seiner zerstückelten Frau in einem Schrankkoffer befanden, so suchte auch Michael menschliche Gesellschaft. Wenn die Leute nach Monika fragten, sagte er, sie sei nach Amerika zurückgekehrt, habe ihn wegen eines anderen Mannes verlassen, oder er erfand eine andere Geschichte. Als er dem Detektiv Colin Finlay eines ihrer Kleider übergab und sagte, es könne ihm vielleicht helfen, sie zu finden, befand sie sich auf dem Fußboden der Sauna nur wenige Schritte von ihnen entfernt. Immer wieder benutzte er die Karte für den Geldautomaten und leerte damit ihr Konto bis auf ein paar Pfund, um zu beweisen, daß sie lebte. Der Detektiv glaubte ihm. Alle glaubten ihm. Aber als der Sommer dahinging, kamen ihm langsam wieder Bedenken: Die Leute hörten einfach nicht auf, nach ihr zu fragen, sie hörten nicht auf, von ihr zu *sprechen*, alle wollten wissen, wo sie war, alle sagten, wie *wunderbar* Monika war, jeder sagte, wie *seltsam* es doch sei, daß niemand etwas von ihr gehört hatte. Vor allem machte er sich Sorgen wegen Lou und Elsa. Es ängstigte ihn, daß sie vielleicht auf einmal vor seiner Tür standen und nach Monika fragten. Er änderte seine Telefonnummer, kaufte sich die Hunde, ließ neue Schlösser und die Alarmanlagen einbauen und pflanzte einen ganzen Wald von Bäumen neben dem Haus an, die sein Geheimnis wahren helfen sollten. Als Briefe aus Kalifornien kamen, verbrannte er sie. Der Verdacht kam in ihm auf, daß Fremde ihn verfolgten, sein Haus fotografierten und sein Telefon abhörten. Einen Strafzettel für falsches Parken bezahlte er noch am selben Tag, an dem er ausgestellt worden war, in der Angst, daß er festgenommen würde, wenn er es nicht täte. Und wenn es jemals hätte nötig sein sollen, ihn daran zu erinnern, daß Monika in der Sauna verweste, dann brauchte er nur seine Hunde anzusehen: stundenlang saßen sie auf ihren Hinterbeinen vor dem Gartenhaus und bewachten es schwanzwedelnd wie treue Wachposten.

Der Brief von Mister Brown, der Ende August ankam, brachte ihn schließlich dazu, Monika aus der Sauna wegzuschaffen. In dem Brief stand, daß Anfang September Maler kommen würden, um Lambourn House anzustreichen und zu tapezieren.

Am Donnerstag, dem 1. September, mietete Michael einen Lieferwagen bei einer Autovermietungsfirma in High Wycombe und bat Richard, ihn dorthin zu fahren, um den Wagen abzuholen. Er sagte, es habe sich bei ihm eine große Menge Abfall angesammelt, und er brauche den Lieferwagen, um die Sachen zur örtlichen Halde, der städtischen Mülldeponie, zu transportieren.

Mehrere Stunden später, nach Einbruch der Dunkelheit, packte er Zelt, Schlafsack, Angelausrüstung, Köder, einen Spaten, eine Axt und eine Heugabel in den schwarz-gelben Lieferwagen und fuhr in Richtung Südwestengland ab.

Mit seiner Hündin Mandy auf dem Platz neben sich steuerte er Devon an, die Grafschaft, die er in England am liebsten mochte. Wenige Minuten nach Mitternacht bog er von der A 38 auf eine schmale Landstraße ein paar Meilen südlich von Exeter ab, und neben einem Tor in der Nähe einer Waldlichtung hielt er an.

Es war eine windige Nacht, das Vorspiel eines wütenden Sturmes, der während der nächsten vierundzwanzig Stunden zahlreiche Boote an der Küste Devons aus ihren Vertäuungen losreißen, Bäume entwurzeln und mit Sturmgeschwindigkeiten von achtzig Stundenkilometern über die Haldon Hills rasen sollte.

Er drückte die Torklinke hinunter. Das Tor war nicht abgeschlossen.

Um etwa neun Uhr des folgenden Morgens fuhr Richard Richardson zum Lambourn House. Am Abend zuvor hatte Michael ihn angerufen und ihn gebeten, seinen Welpen morgens aus dem Haus zu lassen, weil er selbst wahrscheinlich weg sein würde. Aber als Richard und Cheryl im Lambourn House ankamen, waren Michaels Hunde und Michael selbst draußen und begrüßten sie. Der gemietete Lieferwagen war in der Nähe der Garage abgestellt, die Hecktüre war geöffnet. Ein Schlauch lag in der Nähe auf dem Rasen zusammengerollt und von der hinteren Stoßstange des Wagens tropfte Wasser.

Cheryl bat um eine Tasse Kaffee, ehe Richard sie zur Arbeit fuhr, und sie unterhielten sich ein paar Minuten lang. Anschließend klopfte Michael an Alf und Ettie Turners Tür und fragte: »Kann ich irgend etwas für Sie zur Müllkippe mitnehmen? Ich muß Abfall wegbringen.«

Alf sagte, er wolle zwei Ölöfen loswerden, und half ihm, sie auf den Lieferwagen zu laden; er erbot sich, Michael zur Müllhalde zu begleiten, aber Michael sagte, er wolle noch einen Tag damit warten, bis das Wetter besser werde. Buckinghamshire wurde von demselben Sturm gebeutelt wie Devon. Er hatte bereits die alljährliche Wycombe Show zunichte gemacht, wo Bucks jedes Jahr seine besten Blumen und das beste Obst und Gemüse ausstellte.

Am Abend desselben Tages rief Michael seine Ex-Frau Alison an und lud sie ein, Matthew ein paar Tage lang nach West Wycombe zu bringen, damit sie zum ersten Mal sein Haus sehen könnten. Sie versprach, am Montag, also in drei Tagen, zu kommen.

»Wie ist das Wetter in Devon?« fragte er.

»Es stürmt«, sagte Alison.

»Hier auch.«

Am folgenden Morgen, Samstag, dem 3. September, tobte der Wind noch immer wütend, als Michael beim Haus der Richardsons ankam. Richard erbot sich, ihm zu zeigen, wie er zur Müllhalde fand, und die beiden luden dort die Ölöfen der Turners sowie ein halbes Dutzend schwere Plastiksäcke ab, die Michael mit Abfall gefüllt hatte. Sie fuhren zum Lambourn House zurück, und Richard half ihm, den Lieferwagen wieder sauberzumachen.

Nachdem Michael den Mietwagen zur Autovermietungsagentur in High Wycombe zurückgebracht hatte, bat er Cheryl, mit ihm nach Tesco zu fahren, um einen Vorrat an Lebensmitteln für die nächste Woche zu kaufen. Während sie ihren Einkaufswagen den Gang entlang schob, wurde Michael ungeduldig mit ihr; er war verärgert darüber, daß sie beschlossen hatte, auch für sich selbst etwas einzukaufen, wenn sie einmal da waren. Ihretwegen werde er noch einen Strafzettel bekommen, sagte er, und er wolle nicht festgenommen werden. »Um Gottes willen, Michael, man wird doch für falsches Parken nicht festgenommen«, sagte sie. Aber sein besorgter Gesichtsausdruck änderte sich nicht, bis sie auf dem Parkplatz waren und sahen, daß die Windschutzscheibe seines Autos leer war.

Während sie nach West Wycombe fuhren, sagte Cheryl wieder, daß sie sich Sorgen um Monika mache: Es sei fünf Monate her, seit irgendeiner etwas gehört habe, und das passe gar nicht zu ihr.

»Ich hab' sie umgebracht«, sagte Michael. Dann nuschelte er noch mehrere Silben, die Cheryl nur undeutlich verstand. Sie glaubte, er habe ›Sauna‹ und ›stinkt‹ gesagt.

»Wovon sprichst du überhaupt? Bist du übergeschnappt?«

Michael richtete seinen Blick auf die Straße und schwieg. Cheryl gelangte zu dem Schluß, daß er wohl Witze gemacht hatte, und des Abends hielt sie es nicht für wichtig genug, um es Richard gegenüber zu erwähnen.

Am Tag darauf, einem Sonntag, fuhr Michael etwa gegen neun Uhr zum Haus der Richardsons, um deren Sohn Scott abzuholen, der sich bereit erklärt hatte, ihm bei einigen Arbeiten zu helfen. Als Cheryl mehrere Stunden darauf mit ihrem zweiten Sohn John im Lambourn House ankam, um Scott abzuholen, drängte Michael sie, Richard anzurufen, und ihn zu bitten, mit allen zusammen zu Abend zu essen. So wurde es abgemacht, und Cheryl und John, ein ehrgeiziger Koch, übernahmen freiwillig das Kochen.

Während sie das Abendessen zubereiteten, kamen im Fernsehen die Abendnachrichten. Ein BBC-Sprecher sagte: ». . . Die kopflose Leiche einer Frau, vermutlich im Alter zwischen fünfzehn und dreißig Jahren, ist am Samstag nachmittag an einem Ausflugsziel in der Nähe von Exeter gefunden worden . . .«

Michael warf Cheryl einen schnellen Blick zu, drehte sich dann um und ging ins Badezimmer. Einen Augenblick darauf hörte sie ihn erbrechen. Sie folgte ihm und sah, wie er über die Toilette gebeugt stand. Wegen seiner Diabetes war es nicht das erste Mal, daß sie ihn plötzlich hatte krank werden sehen. Michael sagte, es gehe ihm gut, und bat sie, mit ihm zu dem Rosengarten zu gehen, den Monika im Hof angepflanzt hatte.

»Warum hat John mich bei der Nachrichtensendung so angestarrt?« fragte er.

»Michael, er hat dich nicht angestarrt. Warum sollte er? Er hat keinen Grund dazu . . .«

In dem Augenblick kam Richard zum Essen, sah sie im Zwielicht zwischen Monikas Rosen stehen und fragte: »Was ist los?«

»Ich habe Probleme mit meinen Rosen, und Cheryl gibt mir ein paar Ratschläge«, sagte Michael.

Als Alison am nächsten Tag mit Matthew ankam, bemerkte sie schnell, daß Michael in einer seiner stillen, deprimierten Gemütsverfassungen war. Er überreichte ihr einen Umschlag, der eine Damenarmbanduhr und zwei Ringe enthielt. Einer von ihnen war von einem großen Smaragd gekrönt; von ihrem Besuch in Devon her erkannte sie die Ringe als Monikas Verlobungs- und Hochzeitsring. Michael sagte, er habe vor, den Schmuck später zu verkaufen, möchte aber gern, daß Alison ihn zunächst bekäme.

Eine Stunde darauf brachten die Richardsons Scott herüber, damit er mit Matthew spielte. Michael erzählte ihnen, daß eine seiner Harleys auf dem Fußboden des Gartenhauses viel Öl verloren habe und daß er einen Rat brauche, wie er ihn reinigen sollte.

Richard und Cheryl waren schon seit Monaten nicht mehr im Gartenhaus gewesen. Der Luftbefeuchter, den Monika Michael zum letzten Valentinstag geschenkt hatte, damit die Luft im ›Radioschuppen‹ gefiltert würde, surrte geräuschvoll und strömte einen starken Zitronenduft aus.

Richard, der Kopfschmerzen bekam, wenn er in die Nähe von Luftreinigungsgeräten kam, sagte: »Michael, würdest du bitte das Ding abstellen?«

Michael weigerte sich. Das Haus müsse durchgelüftet werden, sagte er. Richard drehte sich um und ging weg; er ließ Cheryl allein mit Michael zurück. Als sie die Flecken auf dem Boden sah, nannte sie ihm den Namen eines Flüssigreinigers, der die Flecken entfernen würde, wie sie sagte. Als sie aufblickte, sah sie voller Verwunderung die Kisten, die sie und Richard mehrere Monate zuvor mit Monikas Kleidung vollgepackt hatten.

»Michael, wieso sind die denn noch hier?«

»Monika ist immer noch nicht dagewesen, um sie abzuholen, und ich war zu beschäftigt, um sie nach Amerika zu schicken«, antwortete Michael und fragte dann plötzlich: »Findest du, daß es hier drin riecht?«

44. Kapitel

Jeff Henthorne bemühte sich immer, bei seiner Arbeit methodisch und ohne Emotionen vorzugehen. Er hatte oft erlebt, daß seine Unvoreingenommenheit Leute, die sozusagen nicht vom Fach waren, einigermaßen überraschte. »Viele Menschen glauben offenbar, daß wir wütend sind über das, was passiert ist, und auch dementsprechend reagieren, als ob es einem Mitglied unserer eigenen Familie widerfahren wäre«, sagte er einmal, »aber ich verachte Mörder nicht unbedingt, ich moralisiere nicht über sie – manchmal habe ich sogar Mitgefühl für einen Mörder. Die Jagd ist das, was mir Spaß macht.«

Als junger Bobby hatte er gelernt, daß das Tempo der Befragung oft entscheidend war für die Vernehmung eines Verdächtigen: stellte man die Fragen zu langsam, verleitete das zur Täuschung; Fragen, die zu schnell aufeinander folgten, ließen möglicherweise den Verdächtigen die Nerven verlieren und untergruben jegliche Bereitschaft, die Wahrheit zu sagen. Bei Michael Telling entschloß er sich, die Fragen langsam, ja sogar verständnisvoll zu stellen.

»Womit haben Sie sie getötet?« fragte er, wobei er seine Worte langsam und gedehnt sprach, um damit Michael zu ermutigen, den Rest der Geschichte in seinem eigenen Tempo zu erzählen.

»Gewehr.«

»Was für ein Gewehr?«

»Marlin .30.30.«

»Woher hatten Sie das?«

»Australien.«

»Wo ist das Gewehr jetzt?«

»Weg«, sagte Michael.

Er sagte, er habe es entzwei gebrochen; einige Teile habe er mit dem Abfall weggebracht, und »ein paar habe ich auf Autobahnen an die Böschungen geworfen. Ich hab' es ganz auseinandergenommen. Da haben Sie's, ich habe gestanden. Ich wußte, daß Sie ein Geständnis wollten. Versprechen Sie mir bitte, daß Sie sich um meine Hunde kümmern werden?«

Henthorne verabschiedete sich und ließ einen Detective Constable mit einem Notizbuch in der Zelle zurück, für den Fall, daß Michael von sich aus noch mehr erzählen wollte.

Nach zehn Minuten bat Michael den Kriminalbeamten, eine Nachricht an Henthorne weiterzugeben: »Können Sie dem Inspektor sagen, ... der Kopf – er ist zu Hause. Er ist in der Garage. Die Schlüssel sind hier. Es ist der ganze Kopf. Ich hab' nichts mit dem Kopf gemacht. Ich konnte es nicht.«

Henthorne kam zurück und sagte: »Man hat mir gesagt, Sie wollen mir etwas über den Kopf erzählen.«

»Er ist in der Garage«, sagte Michael. »Haben Sie mit meinem Rechtsanwalt Kontakt aufgenommen?«

»Wer ist Ihr Rechtsanwalt?« fragte Henthorne.

»Kenneth Dimmick. Monikas Kopf ist in der Garage.«

»Wo genau?«

»Im Kofferraum vom Mini.«

»Warum ist er da?«

»Wissen Sie, ich konnte es einfach nicht ... Mit der Leiche war's genauso, die hab' ich fünf Monate lang behalten. Ich wollte sie nicht wegwerfen. Ich wollte gar nichts damit machen. Ich konnte nicht aufhören. Sie hätten sie sowieso identifiziert. Ich wollte ihr auch die Sachen nicht ausziehen. Sie hatte nicht viel an.«

Michael erklärte, daß er Monika, nachdem er sie umgebracht hatte, drei Wochen lang auf einem Bett im Haus behalten hatte, sie dann in die Sauna gelegt hatte und sie fünf Monate, nachdem er sie getötet hatte, nach Devon gebracht hatte, an eine Stelle, die er einmal aufgesucht hatte, um die Aussicht auf Exeter zu genießen.

»Wie haben Sie es fertiggebracht, den Kopf zu behalten?« fragte Henthorne.

»Ich habe ihn einfach da gelassen. Ich hab' ihn mit einer Axt abgehauen.«

»In dem Nebengebäude?«

»Nein, unten in Devon. Kann ich eine Zigarette haben?«

»In Devon sagen Sie – als Sie die Leiche dort abgeladen haben?« fragte Henthorne, nachdem er Michael eine Zigarette gereicht hatte.

»Ja.«

»Warum haben Sie es getan?«

»Es gab hundert und einen Grund. Ich kann es nicht genau erklären. Ich habe sie sitzenlassen und war wieder zu Hause in Australien. Ich wünschte, ich wäre dageblieben. Sie hat mir dauernd zugesetzt. Ich meine nicht, daß sie mich zum Äußersten getrieben hat – zum Schluß hab' ich einfach durchgedreht. Ich meine nicht nur das Herumnörgeln – sie war in vieler Hinsicht schrecklich –, aber das rechtfertigt keinen Mord. Was kann einen Mord rechtfertigen?«

An diesem Punkt sagte Michael, daß er weiter nichts sagen wolle, bis sein Rechtsanwalt komme.

Am Lambourn House sahen Rundle und Henthorne zu, wie ein Tatortbeamter vom Devon und Cornwall CID einen von Michaels Schlüsseln benutzte, um den Kofferraum von dessen orangefarbenem Mini Cooper zu öffnen. Mittendrin sahen sie ein rundes Paket von der Größe einer Melone, eingewickelt in eine schwarze Plastiktüte. Der Beamte öffnete die Tüte und entdeckte darin eine ebensolche Polyethylentüte; als er diese öffnete, fand er eine weitere, dann noch eine und noch eine.

Wie die ineinandergeschachtelten russischen Holzpuppen öffnete der Tatortbeamte nacheinander alle Tüten. Als er die siebte Tüte aufmachte, stürmten auf die Sinne der Kriminalbeamten ein ätzender, schauderhafter Geruch und ein grotesker Anblick ein: das verfaulte Gesicht von Monika Zumsteg-Telling starrte blind zu ihnen hinauf. Ihre Haut war verwest und fiel von ihrem Schädel ab wie verfaulte Rinde von einem kranken Baum. Ihre Zähne – die wenigen, die noch vorhanden waren – standen schief und fielen aus ihren Höhlen. Ihre Augen waren dunkle, grausige Löcher, ihr blondes Haar war verfilzt und faulte.

»Da haben wir uns ein Problem eingehandelt«, sagte Rundle. »Wir haben einen Torso, der in den Zuständigkeitsbereich des Untersuchungsrichters in Exeter fällt, und einen Kopf, der in den Zuständigkeitsbereich des Untersuchungsrichters in High Wycombe gehört.«

In jener respektlosen Art, die Polizisten auf der ganzen Welt nun einmal zu eigen ist, sagte ein Kriminalbeamter von der Thames Valley Polizei: »Wir können ja eine Münze werfen – Kopf oder Zahl?«

Nach einer ernsthaften Beratung von mehreren Minuten erklärte sich der Untersuchungsrichter von High Wycombe bereit, den Angehörigen der Devon und Cornwall Constabulary die Mitnahme des Kopfes nach Exeter zu gestatten. Jetzt standen die Kriminalbeamten von auswärts vor einem weiteren Problem: Sie brauchten ein Behältnis, in dem sie das Beweisstück aufbewahren konnten, bis sie nach Exeter kamen. Als er auf seine Uhr sah, merkte Rundle, daß es zwanzig nach fünf war. Die Läden in High Wycombe würden in zehn Minuten schließen.

»Gehen Sie rüber zur High Street, und schauen Sie nach, was Sie finden können. Holen Sie irgendeinen Behälter mit einem Deckel«, befahl er einem Kriminalbeamten, »und beeilen Sie sich!«

Als der Kriminalbeamte fünfzehn Minuten später zurückkam, trug sein Gesicht den triumphierenden Ausdruck eines Mannes, der eine schwierige Mission in souveräner Art ausgeführt hat: Bei Woolworth hatte er eine Ausrüstung zum Bierbrauen gekauft, zu der neben den Zutaten für selbstgebrautes Bier auch ein großer Plastikbehälter für die Fermentierung gehörte.

Angesichts der flackernden Blaulichter und der vielen Polizeiautos überall konnte den wenigen Anwohnern der Radnage Lane der Aufruhr im Lambourn House schwerlich entgehen. Schon bald kursierten Gerüchte. Niemand war stärker schockiert über das Gerücht, daß ihr Nachbar seine Frau enthauptet habe, als Ettie Turner. Sie liebte Monika wie ihre eigene Tochter. Monika war die netteste und mitfühlendste junge Frau, die sie jemals kennengelernt hatte.

Mehrere Stunden lang konnte sie vor ihrem geistigen Auge nichts anderes sehen als ein Bild von Monika, die ihr neben dem Ölofen gegenübersaß, eine Tasse Kaffee in der Hand – aber ohne ihren Kopf.

Es war nach Michaels Festnahme im vorangegangenen Jahr gewesen, als Monika ihr erzählt hatte, daß er damit geprahlt habe, ein Mitglied seiner Familie könne in England mit allem ungestraft davonkommen.

Sie sah zu Alf hinüber. »Ich bin gespannt, ob die Vesteys einen Weg finden, ihn freizuboxen.«

VII

Nichts ist so mächtig wie die Wahrheit und oft ist auch nichts so seltsam.

DANIEL WEBSTER

45. Kapitel

Nachdem er sich allein mit seinem Rechtsanwalt besprochen hatte, unterschrieb Michael ein Geständnis, in dem er nicht nur zugab, Monika getötet zu haben, sondern auch das darlegte, was später bei der Verteidigung der Grundstein für seine Begründung der Tat werden sollte: Sie hatte es schon lange verdient.

In der Erklärung, die er mit Hilfe des Rechtsanwaltes angefertigt hatte, gab er an, daß er kurz nach ihrer Hochzeit erfahren hatte, daß Monika eine Alkoholikerin und Drogensüchtige war, die nur an seinem Geld interessiert war. Sie habe Kokain, Heroin und Marihuana genommen; sie habe seit Monaten nicht mit ihm geschlafen; sie sei eine Bisexuelle, die ihn geringschätzig betrachtet, ihn körperlich angegriffen und andere mit in ihr Bett gebracht habe, »weil ich nur zum Geldgeben gut genug war.«

Michael gab für den Morgen ihres Todestages an: »Monika war schlecht gelaunt und folgte mir überallhin; dabei nörgelte sie weiter an mir herum wie vorher. Sie sagte mir dauernd, ich solle mich beeilen und ins Krankenhaus gehen, damit sie ihr eigenes Leben leben könne, und sie verspottete mich genau wie zuvor. Sie hörte einfach nicht auf, also ging ich in ein anderes Zimmer, nahm das Gewehr und kehrte ins Wohnzimmer zurück. Ich stellte das Gewehr gegen die Wand und da ging sie schreiend auf mich los. Ich dachte, sie wolle mich angreifen, also nahm ich das Gewehr und schoß auf sie.«

Er behielt Monika im Lambourn House, denn »ich wollte nicht, daß sie das Haus verließ. Als mir klar wurde, daß ich letzten Endes doch die Leiche wegschaffen mußte, wollte ich das so anständig wie möglich tun. Ich beschloß, sie in einen Wald zu bringen, den ich kannte. Ich trennte den Kopf ab und nahm ihn mit nach Hause. Ich bin mir nicht klar darüber, warum ich das tat, aber ich dachte, daß, falls die Leiche nicht gefunden würde, ich sie später abholen und zusammen mit dem Kopf in unserem Haus begraben könnte. Außerdem wollte ich wegen meiner Angehörigen nicht, daß sie identifiziert wurde. Sie waren alle gut zu mir gewesen und hatten zu mir gehalten, wenn ich mal in Schwierigkeiten war, und ich wollte nicht, daß sie da mit hineingezogen wurden. Ich habe Monika immer wirklich geliebt und wollte sie niemals töten. Wenn sie nur nicht immer an mir herumgenörgelt hätte, dann wäre dies alles nicht passiert.«

Nachdem er die Aussage unterschrieben hatte, wurde Michael auf dem Rücksitz von Rundles Ford Scorpio nach Exeter transportiert. Der Detective Superintendent auf dem Vordersitz hatte allen Grund, sich zu freuen: in weniger als einer Woche hatte er es von einer ›Kennziffer 1‹ zu einem Geständnis gebracht.

Bevor Michael angeklagt wurde, war allerdings noch eine weitere Obduktion nötig, damit bestätigt wurde, daß der Kopf, den man im Kofferraum seines Autos gefunden hatte, einst zu dem Torso gehört hatte, den man im Exeter Forest gefunden hatte.

Wenige Augenblicke vor dem Beginn der Obduktion wurde Rundle im Royal Devon und Exeter Hospital einige Schritte von der Leichenhalle entfernt ans Telefon gerufen. Während er mit dem Anrufer sprach, hörte er plötzlich laute, in wilder Flucht davonstürmende Schritte. Er blickte auf und sah, daß die beiden Kriminalbeamten, die er zurückgelassen hatte, so schnell sie konnten den Korridor hinunterstürmten. Eine Sekunde darauf wußte er auch warum: Er wurde von einem Geruch überflutet, der anders war als alles, was er bisher erlebt hatte. Es war der Geruch der Hölle – der Geruch von verwestem Hirngewebe, angestochen von der batteriebetriebenen Säge des Pathologen.

Der Geruch schnürte ihm die Kehle zu, warf ihn fast um. Und er hatte ihn noch viele Stunden später in der Nase, nachdem er zu Hause zu Bett gegangen war.

Wie erwartet paßten der Kopf und die Wirbelsäule genau zusammen. Monikas Mund lieferte das letzte Bindeglied: der Kieferchirurg sagte, die im Wald gefundenen Zähne stammten von dem Kopf, der in Michaels Mini gefunden worden war. Michaels Axt, spekulierte er, habe wahrscheinlich die Zähne ausgeschlagen, als er die Leiche enthauptete. Wenn er nicht so gewaltig zugeschlagen hätte, meinte Rundle, dann hätten sie jetzt nicht das endgültige Bindeglied, welches bewies, daß sie Michaels sechsundzwanzigjährige Frau war.

Nach der zweiten Post-mortem-Untersuchung wurde Michael im Wonford Magistrates Court in Exeter vor Gericht gestellt. Mit Handschellen an einen Polizisten gefesselt, stand er da und hörte die Anklage gegen sich: »daß der dreiunddreißigjährige Michael Henry Maxwell Telling zwischen dem 27. März und dem 4. September 1983 in West Wycombe oder woanders in gesetzeswidriger Weise Monika Elizabeth Zumsteg-Telling ermordet hat.«

Nach der eineinhalbminütigen Anhörung wurde Michael ins Gefängnis von Exeter gebracht, eine naßkalte Festung, die seit fast einem Jahrhundert die Bösewichte von Devonshire beherbergte. Auf seinem Einweisungsschein trugen Gefängnisbeamte seinen Beruf ein: ›Ohne Beschäftigung‹. »Das ist was anderes als *arbeitslos*«, erklärte ein Polizist einem Reporter. »Wenn man so viel Geld hat wie er, dann braucht man nicht zu arbeiten. Das nennt man dann ›ohne Beschäftigung‹.«

46. Kapitel

Am Sonntag morgen, dem 11. September, klingelte in Santa Rosa um halb acht das Telefon. Lou nahm den Hörer ab. Der Anrufer stellte sich als Korrespondent des Londoner *Daily Mirror* in Los Angeles vor und sagte, er hätte gern einen Kommentar von Lou über den Mord an seiner Tochter.

Noch halb verschlafen versuchte er, seine Gedanken zu sammeln.

»Was?«

Der Reporter erklärte, die Polizei habe die kopflose Leiche, die eine Woche zuvor an einem Ausflugsziel in Devon gefunden worden sei, als seine Tochter Monika Zumsteg-Telling identifiziert.

Ein weiterer Schwall von Worten von dem Reporter folgte. Lou bekam nur wenige davon mit.

»Es ist ein Reporter«, flüsterte er Elsa zu. »Er sagt, Monika sei tot, und Michael wäre wegen Mordes an ihr festgenommen worden.«

Er erzählte Elsa – noch – nicht, daß der Reporter gesagt hatte, Monika sei enthauptet worden.

Elsa starrte ihn schockiert an und wurde dann hysterisch.

Lou bat den Reporter, das zu wiederholen, was er gesagt hatte.

Als er geendet hatte, fragte Lou ihn nach der Telefonnummer der Polizei in Exeter, damit er sich den Bericht bestätigen lassen konnte.

Langsam legte er den Hörer auf und brach in Schluchzen aus; dann umarmten Elsa und er sich, ohne jedoch Trost zu finden.

Danach hörte das Telefon nicht mehr auf zu klingeln. Innerhalb von wenigen Stunden wimmelte ihre begrünte, ruhige Wohngegend von Taxis, Lieferwagen und Mietautos, in denen Reporter und Kamerateams saßen, und es wurden stündlich mehr.

Nachdem er es mehrfach versucht hatte, erreichte Lou schließlich die Polizei in Exeter. Ein Kriminalbeamter in der Einsatzzentrale vor Ort bestätigte das, was der Reporter ihm erzählt hatte, und sagte, es tue ihm leid, daß Lou es auf solche Weise habe erfahren müssen. Angesichts der weiterhin hysterisch weinenden Elsa kämpfte Lou um seine Selbstbeherrschung, während Journalisten anriefen und an seine Tür klopften.

Hatte die Entdeckung einer kopflosen Leiche in Devon bereits das Interesse der Boulevardpresse erregt, so stürzten sie sich jetzt wie die Geier auf die Neuigkeit, daß es sich dabei um ein Mitglied einer Adelsfamilie handelte.

Obwohl die Beschränkungen, denen in Großbritannien das Publizieren vor einer Gerichtsverhandlung unterliegt, zu den strengsten der Welt gehörten, bezogen sich doch diese Regeln nicht auf Tote, und sie konnten auch nicht die rasende journalistische Gier verhindern.

In wildem Ansturm wetteiferte die Fleet Street am Montag morgen um die makaberste Darstellung des Lebens im Lambourn House und des ›reichen amerikanischen Partygirls‹, das dort gelebt hatte. Der relativ gesetzte *Daily Express* tönte: ›ERNEUTER SKANDAL ERSCHÜTTERT DAS VESTEY-IMPERIUM‹. Der *Daily Mirror* überschrieb seinen Artikel mit: ›EHEFRAU AUS DER GROSSEN GESELLSCHAFT: IHRE LEICHE WURDE IM GEFRIERSCHRANK AUFBEWAHRT‹, womit man sich anscheinend auf Spekulationen stützte, daß Monikas Leiche nicht ohne Kühlung fünf Monate überdauert haben könnte. Und weniger als vierundzwanzig Stunden nach der Identifizierung der kopflosen Leiche als Monika gelang es dem *Daily Star* einen kompletten Satz ihrer Hochzeitsfotos zu kaufen, die er großzügig über mehrere Seiten ausbreitete. Am darauffolgenden Tag stach er seine Rivalen erneut aus, diesmal mit drei Seiten voller Fotos von Monika, die gemacht worden waren, als sie bei einem Wohltätigkeitsessen für die Afrika-Hungerhilfe Designermodelle vorgeführt hatte. Viele der Artikel richteten ihr besonderes Augenmerk auf die Aschenputtelelemente in ihrem Leben: eine amerikanische Schönheit verliebt sich in einen stattlichen britischen Touristen und entdeckt dann, daß er ein Sprößling einer der reichsten Familien der Welt ist; sie ziehen in ein wundervolles Landhaus, aber anstatt glücklich bis ans Ende ihrer Tage zu leben, stirbt sie auf groteske Art und Weise – ein romantischer Barbara-Cartland-Roman, der mit einer Axt in eine schauerliche Horrorgeschichte verwandelt wurde. In den Vereinigten Staaten regte sich ebenfalls ein grausiges Interesse an diesem Aspekt der Geschichte. *Time* begann ihren Bericht mit den Worten: »Ein grauenhafter Mord und ein zufälliger Hinweis, ein hübsches amerikanisches Opfer und ein jetsettender Verdächtiger aus einer irrsinnig reichen britischen Familie. Der Fall könnte ein von

Agatha Christie und Evelyn Waugh gemeinsam verfaßter Thriller sein.« Nachdem sie Michaels Festnahme beschrieben hatte, bemerkte *Time*: »Einige der Vesteys wiesen eiligst darauf hin, wie es ein Sprecher der Familie ausdrückt, daß er kein enger Familienangehöriger sei.«

So wie gewöhnliche Leute es oft tun, wenn sie plötzlich in eine Sensation verwickelt sind, versuchten auch Lou und Elsa anfangs trotz ihres Schmerzes die Fragen der Reporter so gut sie konnten zu beantworten.

»Ja, es wurde eine positive Identifikation gemacht, sie ist unsere Tochter«, sagte er auf den Stufen vor seiner Haustür, während er – wie ein Reporter bemerkte – erfolglos versuchte, die Tränen zurückzuhalten. Lou versuchte, aus dem, was geschehen war, für die Reporter ein zusammenhängendes Bild zu erstellen, um es auf diese Weise vielleicht selbst zu verstehen. Elsa und er beschrieben, wie sie Michael in Sausalito getroffen hatten und wie stürmisch Michael ihre Tochter umworben hatte. Nach der Hochzeit, sagte Lou, hätten sie Probleme gehabt, aber so sei das ja bei vielen Neuvermählten. »Meine Tochter war ein berufsorientiertes Mädchen. Michael gehörte zu den reichen Müßiggängern. Er lebte in einem sozialen und beruflichen Vakuum; er hatte überhaupt keine erstrebenswerten Ziele. Das ist normal für Leute von dieser Herkunft, aber Monika brauchte Ziele. Sie hat sich in Oxford beworben. Sie wollte wieder zur Schule gehen, um zu arbeiten. Sie versuchte es mit Antiquitäten als Hobby und als Geschäft, und sie nahm auch Aushilfsstellen an, mit denen sie aber nicht allzu viel Erfolg hatte. Aber wenn man ein Mitglied der zweitreichsten Familie Englands ist, ist es schwer, eine Arbeitsstelle zu finden.«

Er sagte, Elsa und er hätten während der vergangenen fünf Monate immer wieder versucht, Monika telefonisch zu erreichen. Er habe ihr im Juli auch einen eingeschriebenen Brief geschickt, allerdings vergebens. Auf die Frage, was er denn jetzt von dem Mann halte, mit dem er seine Tochter bekannt gemacht habe, antwortete er:

»Als man mich am Sonntag anrief und mir sagte, was passiert sei, war es, als ob ich nicht nur ein Familienmitglied verloren hätte. Er war für mich wie ein Sohn. Ich habe ihn wie einen Sohn geliebt. Jetzt habe ich gemischte Gefühle, von Wut bis zu Selbstvorwürfen. Ich frage mich: Mein Gott, wie konnte ich ihn nur meiner Tochter vorstellen, meiner ganzen Freude? Was Michael betrifft«, fügte er hinzu, »so kann ich es mir nicht leisten, ihn mit Schmutz zu bewerfen, um meiner eigenen geistigen Gesundheit willen. Er tut mir fürchterlich leid. Ich weiß, daß die Art von Hilfe, die er braucht, das übersteigt, was ich ihm geben könnte.«

Wie sehr sich auch Monikas Eltern bemühten, dem Invasionstrupp britischer Journalisten zu helfen, so erkannten sie doch, daß es unmöglich war, sie zufriedenzustellen: Die Reporter wollten immer noch mehr. Von ihren Fenstern aus sahen die Zumstegs, wie sie ihnen von Nachbarhöfen und -balkonen aus Teleobjektiven nachspionierten; die Reporter fielen über sie her, wenn sie aus dem Haus gingen, versuchten Lou zu seinen A. A.-Zusammenkünften zu folgen. Ihr Glaube an Fleet Street schwand noch mehr dahin, als man ihnen Berichte darüber zukommen ließ, was die britischen Zeitungen über Monika druckten: Sie sei ein ›Jet-Set-Girl aus einer reichen amerikanischen Familie‹, ein ›Playgirl‹ und eine ›Gastgeberin der großen Gesellschaft‹, die mit dem Königshaus sowie mit Film- und Rockstars gesellschaftlich verkehrte und die in ihrem Landhaus die Superreichen mit wilden Parties unterhielt.

Aber dies, so erfuhren sie nur allzubald, war nur der Anfang der Schändungen, die die britische Presse und das britische Rechtssystem ihrer Tochter noch antun sollten.

47. Kapitel

Tante Liz schickte eine Beileidskarte, aber die Antwort der anderen Mitglieder der Familie Vestey bestand aus Schweigen: kein Wort des Mitgefühls, keine Beileidsbezeugungen, keinerlei Entschuldigung bei Lou und Elsa.

Es war, als habe Michaels zweite Frau trotz ihres Erscheinens im Verzeichnis der britischen Adelsfamilien nie existiert. Zu Lebzeiten hatte die Familie versucht, sie dazu zu benutzen, Michael zu helfen. Jetzt, da sie tot war, ließen sie sie fallen.

Lou wußte nicht, an wen er sich wenden sollte. Nachdem er von einem Reporter Jeff Henthornes Namen erfahren hatte, rief er ihn an und erbot sich, nach Exeter zu fliegen, um bei den Ermittlungen zu helfen. Doch Henthorne meinte, es gebe nichts, was er tun könne und riet ihm, zu Hause zu bleiben.

Da er nicht wußte, was er sonst tun sollte, schrieb er an Michaels Cousin Christopher, den er bei der Hochzeit getroffen hatte. Er schrieb, Elsa und er stünden noch unter Schock, aber wenn es von Nutzen sei, würden sie nach England fliegen. Er wolle gern Monikas Leiche holen, wolle sichergehen, daß sich jemand um Monikas Angelegenheiten kümmere und zusammen mit der Familie an einem Gedenkgottesdienst teilnehmen. Da er sich daran erinnerte, daß Christopher ein Treuhänder der Familienstiftung war, fragte er an, ob die Familie sie bei ihren Auslagen finanziell unterstützen werde. Lou erwähnte nicht, daß Elsa und er viel von ihrem Ersparten an das Export-Importgeschäft verloren hatten, das er mit Michael angefangen hatte, und daß er immer noch arbeitslos war.

Christopher beantwortete Lous Brief nicht. Statt dessen antwortete Kenneth Dimmick, Michaels Rechtsanwalt, indirekt durch einen britischen Juristen, den die Vesteys bezahlten, damit er Monikas Interessen vertrete. Dimmick sagte, daß Treuhänder der Vestey-Stiftung keine direkte Kommunikation mit Mitgliedern von Monikas Familie wünschten, sondern nur über Anwälte, und räumte schnell mit etwaigen Vorstellungen auf, daß Michaels Familie sich verpflichtet fühle, irgendwelche finanziellen Abfindungen an die Familie seiner Frau zu zahlen, nur weil er sie getötet hatte. Er sagte ihnen sogar klipp und klar, daß sie nichts zu erwarten hätten. Monika scheine ohne Hinterlassung eines Testaments gestorben zu sein, sagte er, und folglich hatte Michael rechtmäßigen Anspruch auf ihren gesamten Nachlaß, es sei denn, es werde in der Folge festgestellt, daß er Monika durch Mord oder Totschlag getötet habe. Streng genommen sehe es deshalb so aus, daß ihre Familie keinerlei Rechtsanspruch auf Monikas Eigentum habe. Obgleich, räumte er ein, dies ein theoretischer Aspekt sein dürfte, da Michael momentan nicht vorhabe, seine Forderungen durchzusetzen. Monika scheine sowieso nur wenige Vermögensgegenstände zu haben, meinte er. Obwohl sie ein Konto bei der Lloyds Bank habe, sei dies doch so gut wie leer, und auf das gemeinsame Haus habe sie natürlich keinen Anspruch. Bezugnehmend auf ein Angebot Lous, Lambourn House zu besuchen und ihre Sachen abzuholen, erklärte der Jurist, das Haus sei versiegelt und sein Inhalt sei eingelagert. »Es gehört den Treuhändern der Vestey-Stiftung, und es scheint kein Grund vorzuliegen, warum Mister Zumsteg den Wunsch haben sollte, den Besitz zu besichtigen.«

Monikas Kleidung und persönliche Habe, so fuhr er fort, seien eingelagert, und Mister Zumsteg könne sie haben, falls er nach England käme. Ihr Pontiac befinde sich ebenfalls in einem Lager; er schlug vor, ihn so bald wie möglich zu verkaufen: die Einstellgebühren häuften sich an, und sie seien von jedem etwaigen Erlös abzuziehen, den die Zumstegs durch den Verkauf des Autos erzielten.

Zu Lous Frage, ob Michaels Familie sich an den Reisekosten nach England für Elsa und ihn beteiligen würde, sagte Dimmick, daß die Treuhänder bereit seien, Ausgaben in einem vernünftigen Rahmen – gegen Vorlage der entsprechenden Quittungen – für *ihn* zu übernehmen, während er die Überführung von Monikas Leiche nach Amerika in die Wege leite, aber sie würden nichts von Elsas Auslagen übernehmen. Er schloß mit der Bemerkung, daß seine Mandanten entschieden dagegen seien, in High Wycombe eine Gedenkfeier für Monika abzuhalten, wie Mister Zumsteg es vorgeschlagen habe. Er betonte, daß die Treuhänder unter gar keinen Umständen ihre Zustimmung geben würden zu irgendwelchen Auslagen für einen Gottesdienst oder zusätzliche Hotel- oder Lebenshaltungskosten für Mister Zumsteg im Zusammenhang mit einem solchen. »Es ist von fragwürdigem Geschmack, wird mit Sicherheit die öffentliche Aufmerksamkeit auf sich ziehen (auf deren Minimalisierung Mister Zumsteg angeblich sehr bedacht ist), und ich bezweifele, ob Monikas begrenzter Kreis von Freunden in dieser Gegend aus Leuten besteht, die daran teilnehmen würden.«

Lou war wie betäubt und gleichzeitig wütend. Als er dem Rechtsanwalt, der Dimmicks Brief weitergeleitet hatte, antwortete, sagte er: »Ich kann beim besten Willen nicht Dimmicks Bemerkung darüber erklären, daß ein Gedenkgottesdienst von ›fragwürdigem Geschmack‹ sein soll, und ich glaube auch nicht, daß er mehr als ein ganz spärliches Wissen über Monikas ›begrenzten Kreis von Freunden‹ hat.«

Als Chief Inspector Brian Rundle die lange Auffahrt zu dem Fünfundsechzigzimmerlandsitz von Lord Samuel Vestey hinauffuhr, wußte er nicht, was ihn erwartete. Es war in seinem Land nicht beispiellos, daß die Reichen und Mächtigen das Räderwerk der Justiz zu manipulieren versuchten. Der enorme Reichtum der Familie Vestey machte es zur Selbstverständlichkeit, daß Michael Telling von einem Rechtsanwalt aus den ersten Rängen der britischen Anwaltschaft verteidigt werden würde. Aber Rundle war gespannt, was seine Familie sonst noch für ihn tun werde – falls sie überhaupt etwas tat. Auf der Suche nach Hinweisen auf eine etwaige Behinderungskampagne fuhr er nach Stowell Park, einem ausgedehnten, geschützten Waldgebiet, über dem Lord Vesteys schloßähnliches Haus thronte.

Nachdem Lord Vestey ihm Kaffee angeboten hatte, kamen sie zur Sache. Rundle lieferte einen Überblick über das Beweismaterial der Staatsanwaltschaft gegen Michael, während der Mann, den die Boulevardblätter ›Lord Spam‹ nannten, stillschweigend zuhörte, als ob – so kam es Rundle vor – er das Für und Wider eines bevorstehenden Geschäftsabschlusses abwäge. Als Rundle geendet hatte, schien dem Vorstand von Michaels Zweig der Familie deutlich geworden zu sein, daß die Anklage gegen Michael überzeugend war. Er sagte, seine Familie werde voll und ganz hinter Michael stehen, werde aber die Gerechtigkeit ihren Lauf nehmen lassen.

Rundle fuhr in der Überzeugung weg, daß Lord Vestey die Sache so schnell und so schmerzlos wie möglich erledigt sehen wollte.

Für die Vesteys gab es eigentlich nur einen Mann für Michaels Verteidigung: George Alfred Carman. In England brachte jede Generation einen Verteidigungsanwalt hervor, dessen Stil und Erfolg im Gerichtssaal, dessen Einblick in die Denkweise der Geschworenen und dessen Fähigkeit sie zu umgarnen und zu überreden, sowie Reden zu halten, die so fein gewebt waren wie die seidenen Roben, die sie trugen, Ehrfurcht unter seinen Kollegen hervorriefen.

George Carman hatte 1952 an Oxfords Balliol College sein Hochschulabschlußexamen mit einem First-Class-Honors-Degree abgelegt. Nachdem er in den sechziger Jahren vor Gericht zu einer kleinen Berühmtheit aufgestiegen war, wurde er 1971 zum Queens Council designiert; dieser Titel wurde nur den hervorragendsten Rechtsanwälten vor höheren Gerichten verliehen. So wie andere hochkarätige Anwälte trug er seidene Roben statt der Baumwoll-oder Polyesterroben – und er konnte die überhöhten Kosten der besten Rechtsanwälte des Landes in Rechnung stellen. Seit Ende der siebziger Jahre hatte eine Reihe prominenter Angeklagter ihr Schicksal in seine Hände gelegt und in einer Serie sensationeller Gerichtsverhandlungen, die ihm enorme Publicity eintrugen, hatte er ihre Erwartungen erfüllt. Journalisten nannten ihn ein ›juristisches Genie‹ und ›unbesiegbar‹, während sein Ruf immer besser wurde. Er erwirkte den Freispruch für Jeremy Thorpe, den Führer der Britischen Liberalen Partei, dem zur Last gelegt wurde, an einem Komplott zur Tötung eines Dressmans beteiligt gewesen zu sein, für einen Arzt, der angeklagt war, ein schwer krankes Kind ermordet zu haben, und für einen der beliebtesten britischen Schauspieler, den man beschuldigte, ein Kind belästigt zu haben. Er war nicht in der Lage gewesen, die Verurteilung von Geoffrey Prime, einem gefeierten russischen Spion, zu verhindern, erfüllte aber seine Aufgabe so meisterlich, daß er sich trotzdem weiteren Beifall damit verdiente. Im Anschluß an einen weiteren Sieg seinerseits, kurz vor Michaels Festnahme, schrieb der *Daily Express*: ›George Carman ist zu einem der höchstbezahlten und am meisten begehrten gerichtlichen Verteidiger unserer Zeit geworden.‹ Die *Daily Mail* fand: ›Er hatte es zu dem Ruf gebracht, ein ausgezeichneter Verteidiger zu sein, der dem Detail größte Aufmerksamkeit schenkt und der ein Formulierungstalent hat, das komplexe rechtliche Aspekte sowohl für die Geschworenen als auch für die Öffentlichkeit verständlich macht.‹

Jetzt lag das Schicksal Michael Tellings in seinen Händen.

48. Kapitel

Lou landete während eines heftigen Regens in England. Der düstere, stürmische Novemberhimmel entsprach ganz seiner traurigen Aufgabe. Bevor Lou Kalifornien verlassen hatte, hatte Kenneth Dimmick an ihn appelliert, seinen Entschluß, nach England zu fliegen, noch einmal zu überdenken: diese Reise würde die Publicity für den gesamten Fall noch vergrößern. Aber Lou blieb bei seiner Entscheidung und entging den Reportern, die in Heathrow warteten.

Seine erste Aufgabe war es, Vorkehrungen zu treffen, damit Monikas Leiche nach Hause transportiert wurde. Der Rechtsanwalt schlug vor, Monika einäschern zu lassen und ihre Asche nach Kalifornien zu schicken, um die Sache zu vereinfachen. Lou rief Elsa an und fragte sie, was sie von diesem Vorschlag halte.

»Nein, Lou. *Ich will sie wiederhaben.* So leicht werde ich es ihnen nicht machen.«

Keiner der Vesteys war bereit, Lou zu empfangen – nicht einmal Michaels Cousin Christopher, dessen düsterer, rätselhafter Blick an Monikas Hochzeitstag eine Bedeutung gehabt hatte, die Lou erst jetzt verstand.

Es war, als ob Lou – genauso wie Monika – in den Augen von Michaels Familie nicht mehr existiere. Sogar Alex, der Chauffeur, der vorher freundlich zu ihm gewesen war, sagte entschuldigend, daß er von den Familienanwälten gebeten worden sei, nicht mit Lou zu sprechen.

Lou hatte eine von Elsa angefertigte Liste von all den Dingen mitgebracht, die Monika mit nach England genommen hatte: die antiken Möbel, die sie im ›Goldland‹ gekauft hatte, ein teures Service aus französischem Porzellan, silbernes Tafelgeschirr, der Couchtisch aus knorrigem Rotholz, den Lou und sie Monika und Michael zur Hochzeit geschenkt hatten. Sie hatte Lou gebeten, Monikas Sachen verpacken und nach Santa Rosa schicken zu lassen, dazu Uhren oder Schmuck, der eventuell noch von ihrem Antiquitätengeschäft übriggeblieben war: »Ich weiß, die Sachen werden sie selbst nicht wiederbringen, aber sie sind alles, was wir je von Monika haben werden.«

Aber fast all diese Gegenstände waren verschwunden.

In dem Lagerhaus, in das man Lou begleitete, damit er die Dinge untersuchen konnte, die man aus Lambourn House weggeschafft hatte, fand er so gut wie gar nichts von dem, was auf Elsas Liste stand – nur riechende, schimmelige Pappkartons, die Monikas Kleidung und Kosmetika enthielten und den Couchtisch aus knorrigem Rotholz, den Monika sich gewünscht hatte, weil er sie an Kalifornien erinnerte.

Alles andere war verschwunden. Nachdem er sie umgebracht hatte, hatte Michael ihren Schmuck, ihren Pelzmantel und mehrere ihrer edelsten Antiquitäten verschenkt, und später – ehe Lou in England eintraf, hatte eine seiner Verwandten das, was übriggeblieben war, gründlich durchgesehen und sich das, was ihr gefiel, einfach angeeignet.

Wie Michaels Anwalt zu verstehen gegeben hatte, war Monikas Bankkonto leer – das Konto, das sie in dem Traum vom selbstersparten Haus eröffnet hatte. Von dem Tage an, an dem er sie umgebracht hatte, hatte Michael das Konto geplündert.

Lou war unfähig, sich zu beschweren. Verwirrt und von Kummer und Schuldgefühlen niedergeschlagen, wollte er England so schnell verlassen, wie er nur konnte.

Mit Hilfe der Konsulatsbeamten an der US-Botschaft in London, die auf derartige Dinge spezialisiert waren, erledigte er die schriftlichen Formalitäten, die nötig waren, damit Monikas Leiche nach Kalifornien transportiert wurde. Und am Thanksgiving Day, seinem dreiundfünfzigsten Geburtstag und dem Tag, an dem Monika siebenundzwanzig geworden wäre, aß er mit mehreren ihrer Freunde von den Anonymen Alkoholikern in High Wycombe zu Abend. Sie brachten mit Lou zusammen einen Toast auf Monikas Mut aus, der es ihr ermöglicht hatte, über ein Jahr lang eine Flasche mit Alkohol zu sehen, ohne der Versuchung nachzugeben. Dies war alles, was Lou im Sinne einer Gedenkfeier ohne die Familie Vestey arrangieren konnte.

Während Monikas Freunde und er bei einer A. A.-Zusammenkunft mit Orangensaft und anderen nichtalkoholischen Getränken einen Trinkspruch auf Monika hervorbrachten, nahm Michael im Gefängnis von Exeter Steak und Rotwein zum Abendessen zu sich.

Nach britischem Gesetz durften Untersuchungsgefangene, die auf die Gerichtsverhandlung warteten, sich Essen aus Restaurants bestellen, sofern sie die Mittel dazu hatten. Michael, der sich häufig mit gutem Essen über Kummer hinweggetröstet hatte, tat dies voller Begeisterung: »Ich freue mich auf ein *ordentliches* Frühstück – ein Glas O-Saft, Frühstücksflocken, einen geräucherten Hering, Nierchen und Rührreier«, schrieb er an Cheryl und Richard Richardson, die man davon in Kenntnis gesetzt hatte, daß man sie bei Michaels Gerichtsverhandlung als Zeugen vorladen werde. »Ich schätze, das Mittagessen wird ganz schlicht sein – Steak, Spinat und *echtes* Kartoffelpüree . . . Ich werde mir eine halbe Flasche von etwas Ordentlichem genehmigen. Ich werde wohl beim Roten bleiben müssen, denn ich kann mir nicht denken, wie sie einen Weißen kühl halten können . . .«

Bevor er nach Kalifornien zurückkehrte, traf Lou mit Jeff Henthorne zusammen und erbot sich, zu Michaels Gerichtsverhandlung zurückzukommen, aber der Kriminalbeamte riet ihm dringend, nicht zu kommen: Er habe schon zu viele Eltern hinten im Gerichtssaal sitzen und ihren Kummer über den Verlust eines Kindes unnötigerweise noch einmal durchmachen sehen, sagte Henthorne.

Elsa hatte Lou gebeten, Monikas Kakadu mit nach Hause zu bringen, falls es sich machen ließe. »Er wird wahrscheinlich älter werden als wir«, sagte sie, »und uns irgendwie immer an sie erinnern.« Obwohl einer der Anwälte der Familie versprach, den Vogel nach einer angemessenen Quarantänezeit nachzusenden, kam er nie in Santa Rosa an. Der Vogel sei gestorben, sagte man den Zumstegs. »Quatsch«, sagte Elsa. »Der Vogel war der einzige Zeuge für das, was Michael getan hat, und sie wollten nicht, daß er lebt.«

Als Lou wieder in Santa Rosa ankam, verfolgten ihn weiterhin britische Reporter. Nur ein empörter katholischer Priester hielt die sensationsgeile Meute von Monikas Beerdigung fern, einer Totenmesse in der St. Eugene's Kathedrale – der Kirche, von der Monika geträumt hatte, daß sie dort in einem langen weißen Brokatkleid und mit sechs Brautjungfern in einfachen viktorianischen Sackkleidern Michael heiraten würde.

Anschließend wurde Monika am Abhang eines Grashügels auf dem Calvary Friedhof begraben. Ein paar Tage vor der Beerdigung hatte Lou eine Gedenkrede für Monika verfaßt, aber er war nicht in der Lage, sie zu halten. Während er leise vor sich hinschluchzte, wurden die Worte, die er geschrieben hatte, von seinem Bruder Edward vorgelesen:

»Endlich bist du zu Hause, Monika. Deine letzte Reise von England in dein Geburtsland Kalifornien ist zu Ende . . .

Monika, du warst eine Frau von Schönheit und mit strahlenden Aussichten, die hier und in England das Leben vieler Menschen angerührt hat. Die, die dir am nächsten standen, wußten um deine tiefe Sensibilität, obwohl du sie häufig zu verbergen suchtest. Deine frühere Arbeit mit alten und kranken Menschen und dein besonderes Mitgefühl für die Alten bewiesen den tief empfundenen Wunsch, anderen zu helfen. Dein Studium der Geisteswissenschaften und die Pläne zu deiner Weiterbildung waren weitere Schritte, um in der Hilfe für andere deine eigenen sozialen und persönlichen Aufgaben zu finden . . .

Du hattest viele Talente und konntest besonders gut mit dem geschriebenen Wort umgehen. Du schriebst einmal:

Wenn die Vernunft den Thron einnähme
Und Taten säßen unter ihr
Dann wär' Verständnis beider Kind
Und ihre Seele Menschlichkeit

Dieses und die vielen anderen Gedichte und Briefe, die du uns hinterlassen hast, beweisen eine seltene Wahrnehmung von Leben und Menschlichkeit, die viele Leute Liebe nennen würden. In deinem letzten Lebensjahr wurdest du in einer Gemeinschaft aktiv, in der du einen tiefen geistigen Sinn fandest und in der Hilfe für andere auch eine Aufgabe. Du erkanntest, daß Liebe nicht nur bedeutet, etwas zu geben, ohne etwas dafür zurückzuverlangen, sondern auch, daß Gott Liebe ist. Du hast deiner Familie und deinen Freunden diese Botschaft gebracht. Du hast dein Bestes gegeben, indem du ihnen geholfen hast, sich Ziele zu setzen und einen Sinn zu finden.

Der Schock über deinen tragischen Tod ist allmählich verebbt; jetzt trauern wir über dein Ableben und erinnern uns mit Liebe an dich in einer Gemeinschaft des Geistes und der Zusammengehörigkeit. Wir haben dein vorzeitiges Ableben zu verstehen gesucht, aber, deinem Beispiel folgend, müssen wir auf den Glauben vertrauen, auf eine höhere Macht; damit es wirklich heißt: ›Dein Wille geschehe, nicht der unsere‹ und ›Nichts, aber auch gar nichts in Gottes Welt geschieht durch Zufall‹. In diesem Glauben können wir denselben Trost finden, den du einst selbst gefunden hast. Ruhe in Frieden, Monika, unsere geliebte Tochter, Schwester und Freundin . . . Endlich bist du zu Hause.«

Ohne daß die Trauergemeinde etwas davon wußte, hatte in San Francisco, ein paar Meilen von ihr entfernt, ein von Michaels Familie engagierter Privatdetektiv begonnen, Ermittlungen über Monika anzustellen.

49. Kapitel

Brian Rundle glaubte, daß Monika Zumsteg-Telling kaltblütig ermordet worden war. Er kam auf der Rückfahrt nach Exeter zu dieser Ansicht, als Michael auf dem Rücksitz seines Wagens saß, nachdem er im Gefängnis ein Gespräch mit ihm geführt hatte. Seine Überzeugung verstärkte sich, nachdem Jeff Henthorne zurückgeblieben war und mehr über Michaels Leben und Ehe herausfand. Henthorne erzählte ihm, die Ehe sei sehr stürmisch gewesen: »Sie waren kein Paar, das besonders gut zusammen paßte.«

»Ja«, sagte Rundle. »Aber gewöhnlich ist die Lösung dafür eine Scheidung und nicht Mord.«

Wenn ihn sonst nichts davon überzeugte, daß der Mord an Monika Zumsteg-Telling eine geplante und vorsätzliche Tat war, dann tat es Michaels Reise nach Australien. »Ich bin überzeugt«, sagte er zu Henthorne, »daß er nach Australien gereist ist, um sich dort das Gewehr zu besorgen.«

Rundle war auch davon überzeugt, daß Michaels Anwälte die Theorie verfechten würden, daß er seine Frau in einem Augenblick völliger Verwirrung getötet habe, so daß er rechtmäßig nicht für seine Straftat verantwortlich gemacht werden konnte. Dann wäre er höchstens des Totschlags schuldig. Wurde er wegen der vorsätzlichen Tötung einer Person verurteilt, so stand Michael Telling die lebenslange Freiheitsstrafe bevor; wurde er wegen Totschlags verurteilt – d. h. hatte er einem Menschen das Leben genommen ohne böse Absicht oder den Vorsatz, ihm zu schaden –, so könnte er in ein paar Jahren frei sein oder auch sofort freigelassen werden.

Rundles erste Aufgabe bestand darin, den Kläger davon zu überzeugen, daß der Mord kaltblütig und vorsätzlich geschehen war. Er war dafür verantwortlich, Beweismaterial zu sammeln und es dem Leiter der Anklagebehörde vorzulegen. Wenn er den Oberstaatsanwalt überzeugte, wurden die Beweise dem ersten Kronanwalt übergeben, der sich einen diensterfahrenen Barrister und einen Assistenten nahm, damit sie das Beweismaterial vor Gesicht präsentierten. Obwohl Polizisten auch selbst auf eine Anklage drängen konnten, wußte Rundle doch, daß er in der Praxis den Oberstaatsanwalt davon überzeugen mußte, daß Michael des vorsätzlichen Mordes schuldig war und dafür vor Gericht gestellt werden mußte.

Ende Februar 1984, fünf Monate nach seiner Festnahme und vier Monate bevor Michaels Gerichtsverhandlung beginnen sollte, fuhr John Hamilton, der Medizinische Leiter des Broadmoor Special Hospital nach Exeter, um auf Gesuch des Leiters der Anklagebehörde ein Gespräch mit Michael zu führen. Hamilton war einer der erfahrensten Spezialisten im Vereinigten Königreich, was die Geisteshaltung von Straftätern anging. Die Institution, die er zu überwachen half, war ein viktorianisches Irrenhaus, das seit über einem Jahrhundert als die Broadmoor Irrenanstalt für Strafgefangene bekannt war. Es war ein ausgedehntes Gefängnis aus Stein und Beton, zum Teil psychiatrisches Krankenhaus, zum Teil Strafanstalt der höchsten Sicherheitsstufe, welches sich in der Nähe eines malerischen Dorfes der Grafschaft Berkshire über mehrere Hektar streng bewachten Landes erstreckte. Der vierzigjährige Psychiater war im Schatten von Broadmoor aufgewachsen. Jetzt befanden sich Hunderte von psychotischen Mördern und anderen geistesgestörten Kriminellen in seinem Gewahrsam; es waren die schlimmsten und gefährlichsten in ganz England. Die Anklagebehörde wollte Hamiltons Meinung über Michael Telling hören, ehe sie sich auf eine Strategie für seine Gerichtsverhandlung festlegte.

In einem kleinen, weißgetünchten Interviewraum des Gefängnisses sprudelten Michaels Worte wie ein Sturzbach hervor. Hamilton konnte ihn nicht zum Aufhören bewegen. Er beschwerte sich darüber, daß die Strafanstalt überfüllt sei, über seine Wärter und die Polizisten, die ihn dort hingebracht hatten; er beschwerte sich über das Gefängnisessen und darüber, daß er nicht öfter duschen konnte. Vor allem jedoch beschwerte er sich über Monika. Nach fast zwei Stunden klappte der Psychiater sein Notizbuch zu und sagte, er werde in einer Woche wiederkommen, um das Gespräch abzuschließen. Bevor er Exeter verließ, hatte er eine Besprechung mit Verwaltungsbeamten der Strafanstalt. Sie nannten Michael einen manipulierenden, anspruchsvollen Gefangenen, der nicht ein Wort der Reue darüber geäußert habe, daß er seine Frau umgebracht hatte, und der immer wieder versuche, im Flügel der Untersuchungshäftlinge teure Parties für Mitgefangene zu finanzieren, um sie für sich zu gewinnen. Michael schrieb nach dem Interview mit Hamilton an Cheryl und Richard Richardson und beschwerte sich darüber, daß er von noch einem Psychiater auf seinen Geisteszustand hin untersucht worden sei. »Ich glaube nicht, daß die Öffentlichkeit sich klar darüber ist, wie ich im Gefängnis behandelt werde«, schrieb er. Das einzige, was seine Stimmung hebe, seien die Besuche von Freunden und seine Mittagsmahlzeiten aus dem Restaurant. Er erklärte, er habe die Hoffnung auf eine faire Gerichtsverhandlung aufgegeben ›aufgrund dessen, wer ich bin und was ich repräsentiere . . .‹ In einem anderen Brief schrieb er: ›Ich hasse es zu warten, nicht zu wissen, was geschieht oder wie das Endergebnis aussehen wird . . . warum führen sie nicht das Hängen wieder ein? Wenigstens wäre dann alles vorbei, und vielleicht könnte ich dann Monika sehen, wenn es auch nur für einen kurzen Augenblick wäre . . .‹

Eine Woche darauf, nach Hamiltons zweitem Gespräch mit Michael, erklärte der Psychiater Brian Rundle, daß er ihm nicht nur darin zustimme, daß Michael ein gerissener und kaltblütiger Mörder sei, sondern daß Michael sogar *zugegeben* habe, daß er den Mord an seiner Frau zwei oder drei Tage vorher zu planen begonnen hatte, ehe er ihn durchführte – ein deutlicher Beweis für seinen Vorsatz. Jetzt, sagte Hamilton, versuche Michael verzweifelt, einer Gefängnisstrafe zu entgehen, indem er behaupte, seine Frau habe nichts anderes *verdient.*

»Während eines Großteils der Zeit versuchte er, mich davon zu überzeugen, daß sein Opfer ihn dazu provoziert habe, es zu töten und daß er in keiner Weise verantwortlich dafür sei, was er getan habe«, sagte Hamilton.

In einem Bericht, der bei der Anklagebehörde zu den Akten genommen wurde, beschrieb der Psychiater das Interview ausführlicher:

> Telling gestand mir, daß er seine Frau im Eifer des Gefechts getötet habe. Er sagte, daß der Grundstein zu allem zwei oder drei Tage vorher gelegt worden sei, als sie beide zusammen in einem Londoner Hotel gewohnt hätten. Er sagte, sein innerer Groll darüber, wie sie ihn behandelt habe, sei immer stärker geworden und während all dieser Tage habe er den Wunsch nach Rache gehegt. Er erzählte mir, er habe den Entschluß, sie durch Erschießen umzubringen, am Abend vor dem Mord gefaßt. Es verging also ein beträchtlicher Zeitraum zwischen dem Zeitpunkt der Entschlußfassung und dem Zeitpunkt, als er sie absichtlich erschoß.

Nach dem zweiten Interview war es für Brian Rundle keine Schwierigkeit, die Anklagebehörde davon zu überzeugen, daß Michael Telling vorsätzlich getötet hatte. Es war Mord, nicht Totschlag. Aber er wußte, daß George Carman andere Psychiater präsentieren würde, die anders argumentieren würden. So funktionierte das System eben – in England wie in Amerika. Die bevorstehende Gerichtsverhandlung im Exeter Crown Court – *Die Krone gegen Michael Henry Maxwell Telling* –

würde vermutlich zu einer Verhandlung innerhalb einer Verhandlung werden, und zwar über die geistige Gesundheit des Angeklagten.

50. Kapitel

Seit Jahrhunderten haben sich die Rechtssysteme der Welt mit der schwierigen Aufgabe herumgeschlagen, zu definieren, wann eine Person, die eines Verbrechens angeklagt wird, derart psychisch gestört ist, daß man sie nicht dafür zur Rechenschaft ziehen sollte. Im England des 13. Jahrhunderts traten die Fürsprecher für die Verdammten dafür ein, daß Schwachsinnige und Irre nicht für ihre Verbrechen hingerichtet werden sollten, wenn sie eindeutig nicht in der Lage waren, Recht und Unrecht zu unterscheiden. Im Jahre 1618 riet ein Handbuch für britische Rechtsgelehrte: »Wenn einer, der ›non compos mentis‹ oder ein Idiot ist, einen Menschen umbringt, so ist dies kein Verbrechen, denn sie haben keine Kenntnis von Gut und Böse, noch können sie eine verbrecherische Absicht hegen und haben nicht den Willen oder den Verstand, etwas anzurichten.« Britische Gerichte wendeten später den ›Wilde-Tiere-Test‹ an: sofern Männer oder Frauen sich ›wie wilde Tiere‹ verhielten, waren sie für ein Verbrechen nicht rechenschaftspflichtig.

Aber die gerichtlichen Bemühungen, Geistesgestörte zu schützen, kollidierten häufig mit einer anderen Art von Verantwortung: der Verantwortung dafür, daß für das äußerste aller Verbrechen, den Mord, eine angemessene Strafe zugemessen wurde. Dies war nicht zuletzt deshalb der Fall, weil die gesellschaftlichen Bemühungen, Geistesgestörte zu schützen, häufig den einzig möglichen Ausweg boten für gesunde, schuldige Menschen, die clever genug waren, ein Gericht davon zu überzeugen, daß sie nicht Herr ihrer Sinne waren.

Im 17. Jahrhundert verfaßte Sir Edward Coke, einer der Väter des britischen Common Law, bei der Niederschrift dessen, was in einem Großteil der Welt zur Grundlage der Tötungsgesetze werden sollte, die folgende Definition für Mord: ›Wenn eine Person von gesundem Erinnerungs- und Urteilsvermögen in gesetzeswidriger Weise und zu Zeiten des Landfriedens irgendein vernunftbegabtes Lebewesen mit ausdrücklichem oder stillschweigendem Vorsatz tötet.‹

Zwei Jahrhunderte später wurde ein schottischer Waldarbeiter namens Daniel M'Naghten angeklagt, den Privatsekretär des britischen Premierministers Sir Robert Peel ermordet zu haben, den er fälschlicherweise für Peel gehalten hatte. Ein Gericht urteilte, er sei geisteskrank und wies ihn in eine Anstalt ein. Wegen eines Aufruhrs über die Entscheidung nahm das House of Lords eine Untersuchung auf, die die britischen Juristen 1843 dazu zwang, neue Prinzipien für die Definition der Geistesgestörtheit angeklagter Verbrecher zu veröffentlichen. Auf die sogenannte M'Naghten Regelung beruft man sich in vielen Gerichten der Vereinigten Staaten und anderswo innerhalb englischsprachiger Länder noch heute, eineinhalb Jahrhunderte später: »Wir unterbreiten hiermit unsere Meinung, daß den Geschworenen bei allen Fällen gesagt werden sollte, daß jeder Mensch als geistig gesund und im Besitz eines ausreichenden Maßes an Vernunft angesehen werden muß, so daß er für seine Verbrechen verantwortlich ist, ehe ihnen nicht überzeugend das Gegenteil bewiesen wird; um eine Verteidigung auf das Vorliegen einer Geistesgestörtheit aufzubauen, muß deutlich bewiesen werden, daß der Angeklagte zur Tatzeit aufgrund einer Geisteskrankheit unter einem derartig geschädigten Verstand gelitten hat, daß er nicht um das Wesen und die Natur seiner Tat wußte oder daß er, falls er darum wußte, nicht wußte, daß er etwas Falsches tat.«

Des Mordes angeklagte Menschen, die auf ›schuldig, aber geistesgestört‹ plädierten und ihre Geschworenen davon überzeugen konnten, daß sie, gemessen an der neuen Norm, verrückt waren, wurden verschont und in eine Nervenklinik eingewiesen; die, denen es nicht gelang, wurden für gewöhnlich zum Tode verurteilt. Einige Verteidiger, Richter und die Ärzte einer neuen medizinischen Fachrichtung, der Psychiatrie, begannen nach der Jahrhundertwende, für eine noch weiter gefaßte Definition von Geistesgestörtheit einzutreten und behaupteten, daß der Recht-oder-Unrecht-Test der M'Naghten Regelung zu eng gefaßt sei: Sie sagten, daß manche Leute töteten, wenn ein Trieb sie überkomme, über den sie keine Kontrolle hätten. Sir Edward Marshall Hall, ein namhafter britischer Verteidigungsanwalt postulierte bei einer Verhandlung im Jahre 1919, bei der er einen ehemaligen britischen Infanterieoffizier vertrat, der angeklagt war, seine Freundin getötet zu haben, eine neue legale Entschuldigung für einen Mord: die Verteidigung auf der Basis des ›Unwiderstehlichen Impulses‹. Er behauptete, sein Mandant habe während eines Augenblicks irrationalen Denkens getötet, welcher durch Syphilis und die Nachwirkungen einer Kriegsneurose ausgelöst worden sei. »Der Wille ist etwas anderes als die Vernunft«, argumentierte er. »Ein Mann mag daher wohl den Unterschied zwischen Recht und Unrecht kennen und sich über Wesen und Natur seiner Taten sowie deren Folgen bewußt sein, kann aber dennoch der instinktiven freien Wahl zwischen Recht und Unrecht beraubt sein, die für eine geistig gesunde Person charakteristisch ist.« Das Gericht wies seine Verteidigung ab, und sein Mandant wurde gehängt; drei Jahre darauf jedoch wirkte Hall bei der Ausarbeitung von Empfehlungen durch ein Gremium von Juristen und Medizinern mit, das man einberufen hatte, um die M'Naghten-Norm einer Revision zu unterziehen: »Es sollte erkannt werden, daß eine Person, die einer kriminellen Straftat angeklagt ist, dann nicht für ihre Tat verantwortlich ist, wenn die Tat aus einem Impuls heraus begangen wurde, dem zu widerstehen dem Gefangenen aufgrund einer Geisteskrankheit die Kraft fehlt.« Bei den gewöhnlichen Briten und bei vielen Richtern stieß allerdings diese Empfehlung des Gremiums auf Unwillen; sie behaupteten, es sei unmöglich, zu unterscheiden zwischen einem Impuls, der wegen einer Geisteskrankheit unwiderstehlich sei oder einem, der unwiderstehlich sei aus Eifersucht, Wut, sinnlicher Begierde, Haß, Rachsucht oder irgendeinem anderen Motiv aus der Palette menschlicher Gefühle. Der Vorschlag wurde niedergestimmt, und die Verteidigung mit Berufung auf den unwiderstehlichen Impuls wurde an britischen Gerichten ausdrücklich verboten. In Amerika allerdings faßte der Gedanke Fuß. Bis Ende der zwanziger Jahre ließen ihn über zwanzig Bundesstaaten zu.

Jahrzehntelang versuchten Anwälte der Verteidigung beiderseits des Atlantik weiterhin, die M'Naghten-Regelung zu erweitern. In den fünfziger Jahren gewannen sie einen Verbündeten: Psychiater begannen zu behaupten, daß die Fortschritte auf ihrem Gebiet sie befähigten, Einblick in die Gedankengänge eines Angeklagten zu nehmen, seinen geistigen Zustand zur Zeit des Tötungsaktes zu rekonstruieren und festzustellen, ob eine geistige Umnachtung, über die er keinerlei Kontrolle hatte, ihn zu seinem Tun veranlaßt habe. Indem es sich zum Teil auf diese Behauptungen verließ, ermöglichte das britische Parlament mit der Verabschiedung des Tötungsgesetzes von 1957 die bisher verbotene Verteidigung mit Berufung auf einen unwiderstehlichen Impuls. Das Gesetz war das erste einer Reihe von Gesetzen, die die Todesstrafe zunächst einschränken und dann abschaffen sollten. Das neue Gesetz umfaßte den Begriff der ›verminderten Zurechnungsfähigkeit‹, der in Schottland schon seit über einem Jahrhundert angewendet worden war. Das neue Gesetz besagte:

1. Wenn eine Person eine andere tötet oder an der Tötung einer anderen Person beteiligt ist, so soll sie nicht wegen Mordes verurteilt werden, wenn sie unter einer solchen Anomalie des Geistes gelitten hat (sei sie entstanden durch eine momentane oder verzögert eingetretene geistige Umnachtung oder durch innere Ursachen, Krankheit oder Verletzung hervorgerufen), daß dadurch ihre geistige Zurechnungsfähigkeit für ihre Taten und Unterlassungen bei der Tötung oder der Beihilfe zur Tötung beträchtlich gestört war.

2. Bei einer Mordanklage ist es Sache der Verteidigung, zu beweisen, daß die angeklagte Person kraft dieses Paragraphen nicht wegen Mordes zu verurteilen ist.

3. Eine Person, die ohne diese Paragraphen als Haupttäter oder Mitschuldiger der Verurteilung wegen Mordes unterlie-

gen würde, unterliegt statt dessen der Verurteilung wegen Totschlags.

Wie schon so oft in der Vergangenheit von rechtlichen britischen Präzedenzfällen beeinflußt, übernahmen auch hier die USA eine amerikanische Version des Begriffs ›verminderte Zurechnungsfähigkeit‹, die ›verminderte Verantwortlichkeit‹, was eine Verteidigung mit Berufung auf den unwiderstehlichen Impuls weiter legitimierte. Gerichte in über der Hälfte der Bundesstaaten billigten sie, und Psychiater, die in der Lage zu sein behaupteten, den Geisteszustand eines wegen Mordes Angeklagten (oft Monate oder Jahre nach der Tat) festzustellen, wurden ein beinahe so alltäglicher Anblick bei Mordprozessen wie Rechtsgelehrte. Gerichtsverhandlungen wurden häufig zum Schlachtfeld für rivalisierende Psychiater, die von den Anwälten der Anklage und der Verteidigung engagiert worden waren. Sie vertraten häufig ganz entgegengesetzte Meinungen, je nach dem, von wem sie bestellt worden waren. In Kalifornien machte Sirhan Sirhan einen zum Teil durch grelle Lichter ausgelösten unwiderstehlichen Impuls für seinen Entschluß verantwortlich, im Jahre 1968 Robert F. Kennedy zu ermorden. Zehn Jahre darauf wurde ein Aufsichtsbeamter aus San Francisco, der den Bürgermeister der Stadt und einen anderen Aufsichtsbeamten getötet hatte, von der Mordanklage freigesprochen, nachdem ein Psychiater die Schuld an seinem geistigen Zustand teilweise auf das Essen minderwertiger Nahrung zurückführte. Das Urteil auf fahrlässige Tötung löste in San Francisco einen Aufstand aus. Drei Jahre später gab es einen noch lauteren Aufruhr, als John Hinkley jun. wegen Geistesgestörtheit für nicht schuldig befunden wurde, nachdem er versucht hatte, Präsident Ronald Reagan zu ermorden.

Bei amerikanischen Strafrechtlern lautet ein gängiger Spruch: »Wenn man lange genug sucht und genug bezahlt, kann man einen Psychiater finden, der alles über einen Mandanten sagt, was man will. Man muß nur so lange bei Psychiatern nachfragen, bis man von einem die richtige Antwort bekommt.«

Das heißt nicht, daß Psychiater stärker als andere Frauen und Männer bestechlich und korrupt sind. Das Problem liegt vielmehr darin, daß die Psychologie keine exakte Wissenschaft ist und sich zum größten Teil auf Scharfblick, Erfahrung und sachkundiges Raten gründet und nicht auf objektive, wissenschaftliche Messungen. Es ist ein Gebiet, auf dem die Meinung von ›Fachleuten‹ leicht von Eitelkeit, Halsstarrigkeit und einfachen Vorurteilen überlagert werden kann. Und es ist ein Teilgebiet der Medizin, das ein gerissener Simulant leicht zu manipulieren weiß. Bevor es nichts Besseres gibt, bleiben Psychiater aber die einzige Hilfe, die die Gerichte haben, um Einblick in den Verstand eines Mörders zu gewinnen.

Während sich Polizisten, Juristen und Psychiater auf seinen Prozeß vorbereiteten, setzte Michael seine wöchentliche Korrespondenz mit Cheryl und Richard fort. Seine Briefe waren voller Beschwerden über die Polizei und das Gefängnisleben und gespickt mit wehleidigen Äußerungen von Zukunftsangst. In einem Brief schrieb er: ›Ich freue mich auf den Tag, an dem ich wieder das Donnern einer Harley Davidson hören und fühlen kann, mich zurücklehnen und fahren darf, wann und wohin und so schnell es mir beliebt. Bin seit zweihundertdreiundsechzig Tagen wie ein Tier oder gar schlimmer eingesperrt. Ich frage mich, wieviel länger noch? Ich hoffe, nicht viel . . .‹

Die Briefe bekümmerten Cheryl.

Ihretwegen war er im Gefängnis. Auf den Straßen von London, wo sie aufgewachsen war, verpfiff man seine Freunde nicht, zeigte sie nicht an. Ihre Freundin Monika war tot. Es gab nichts, das sie hätte tun können, um ihr zu helfen. Aber sie konnte Michael helfen. Während der Monate unmittelbar vor seiner Verhandlung schrieb sie oft an ihn und besuchte ihn zusammen mit Richard im Gefängnis von Exeter. Es war das mindeste, was sie tun konnte. »Ich empfand es zum Teil als meine Schuld, daß er im Gefängnis war«, sagte sie Jahre später. »Ich hasse Schuldgefühle wegen der Rolle, die ich gespielt hatte. Es war so, als sei ich ihm verpflichtet . . ., er vertraute mir so sehr, daß er mir erzählte, was er getan hatte, aber ich habe sein Vertrauen in mich mißbraucht, als ich ihn der Polizei auslieferte.«

Ein paar Tage vor dem Prozeß schrieb Michael wieder an Cheryl und Richard. ›Ich schätze‹, schrieb er, ›daß ich nach dem Prozeß mit hunderteinprozentiger Sicherheit weiß, wer meine Feinde sind, wer vorgibt, mein Freund zu sein und welche Leute wirklich meine wahren Freunde sind‹.

»Wie bekennen Sie sich?«

»My Lord, nicht schuldig des Mordes, aber schuldig des Totschlags aufgrund verminderter Zurechnungsfähigkeit.«

Die Krone wies Michaels Einlassung ab, und am 19. Juni 1984 begann der Prozeß.

VIII

Mord

Wenn eine Person von gesundem Erinnerungs- und Urteilsvermögen in gesetzeswidriger Weise und zu Zeiten des Landfriedens irgendein vernunftbegabtes Lebewesen mit ausdrücklichem oder stillschweigendem Vorsatz tötet

SIR EDWARD COKE, *The Law of Life*

Gerechtigkeit, wenngleich sie dem Angeklagten zusteht, steht doch auch dem Kläger zu.

BENJAMIN N. CARDOZO,
Beisitzender Richter am Obersten Gerichtshof

51. Kapitel

Im Jahre 1068 kapitulierten die Einwohner von Exeter nach einer blutigen Belagerung, die achtzehn Tage andauerte, vor der einfallenden Armee Williams des Eroberers. Zum krönenden Abschluß seiner Eroberung erbaute der normannische Herzog auf einem Hügel, der Aussicht auf den Fluß Exe gewährte, ein riesiges Schloß. Im Frühjahr 1984 bestand alles, was noch vom Rougemont Castle erhalten war, aus einem mächtigen Steinbogen, der den Eingang bewachte zu mehreren mit Säulengängen ausgestatteten Gebäuden aus dem 18. Jahrhundert, die in ihrer Gesamtheit als ›das Schloß‹ bekannt waren. Seit 1774 hatten dort die Richter Großbritanniens über das Schicksal der Angeklagten in Devon entschieden.

Gerichtssaal Nummer zwei war ein großer Raum mit hoher Decke, der mit Leichtigkeit die widerstrebenden Strahlen von Devons Sonne einfing. Er ragte mehr als siebeneinhalb Meter empor und ganz oben, über den Wänden, die mit so ordentlich zusammengepaßten Hartholzplatten vertäfelt waren, daß sie alle aus demselben Baum geschnitten zu sein schienen, befanden sich riesige Fenster. An der höchsten Stelle dieses Raums thronte in Scharlachrot und Schwarz gekleidet, Sir John Gervase Sheldon aus Kensington. Er trug eine graue Perücke, die sich in seinem Nacken kräuselte wie das Fell eines alternden Schafbocks. Als Vorsitzender Richter des Westlichen Gerichtsbezirks des Obersten Gerichts von Großbritannien wurde er Mister Justice Sheldon genannt. Wie die meisten britischen Richter am Obersten Gericht war er ein Mann und schon älter – ein ehemaliger Barrister, früher Schüler einer Privatschule, Cambridge-Student und Mitglied des Establishment.

Die Anwälte der gegnerischen Parteien stellten sich vor:

George Carman war klein, rundlich und vierundfünfzig Jahre alt. Sein Gesicht wurde zu einem großen Teil von einer rosafarben getönten Brille mit dunklen Rändern verdeckt, was ihm zuweilen ein eulenhaftes Aussehen verlieh. Ohne seine seidene Robe und graue Perücke hätte man ihn sich leicht vorstellen können, wie er in einer Schürze hinter dem Tresen eines Dewhurst Fleischerladens stand und eifrig bemüht war, dem Wunsch eines Kunden nach einem mageren Schweinekotelett nachzukommen.

Der stattliche, dunkelhaarige Mann von der Gegenseite trug ebenfalls eine seidene Robe. Es war Alan David Rawley, neunundvierzig Jahre alt, ehemaliger Oxford-Student und einstiger Kommandant eines britischen Panzerregiments. Er war seit 1977 ein Queens Council und nicht annähernd so bekannt wie George Carman.

Gemäß der britischen Prozeßordnung oblag es dem Kläger, das Beweismaterial auf neutrale Weise darzubieten. Im weitesten Sinn war es nicht Rawleys Aufgabe, zu *gewinnen*, sondern lediglich das von der Polizei gesammelte Beweismaterial in unparteiischer Weise zu präsentieren und es den Geschworenen zu überlassen, über die Wahrheit zu entscheiden.

In seiner Eröffnungsansprache las er den Geschworenen Michaels Geständnis vor und sagte dann, nun sei es an ihnen zu entscheiden, ob er erstens an einer geistigen Anomalie gelitten habe, als er seine Frau ermordet habe, und zweitens ob die Anomalie schwerwiegend genug sei, um ihn von der Verantwortung für seine Tat zu befreien.

»Die Geschworenen denken vielleicht, daß jeder, der eine verwesende Leiche in einem Gartenhaus aufbewahrt, den Verstand verloren haben muß, daß jeder, der einen Kopf abschlägt, den Verstand verloren haben muß.« Aber, sagte er, der Tatbestand sei doch viel komplexer.

»Es scheint«, fuhr Rawley fort, »als sei seine Frau eine ziemlich schwierige junge Frau gewesen.« Es sehe außerdem so aus, als habe der Angeklagte als Kind emotionale Probleme durchgemacht; möglicherweise könne er sogar zu einem gewissen Grad an einer geistigen Störung gelitten haben zu dem Zeitpunkt, an dem er seine Frau getötet habe. Aber wenn sie alle zur Verfügung stehenden Informationen erhalten haben, würden die Geschworenen vielleicht entscheiden, daß Michael Telling seine Frau kaltblütig und mit einer von Intelligenz und Geschick zeugenden Tat ermordet habe und daß er, auf ebenso geschickte Art und Weise, vorsichtige und wohldurchdachte Schritte unternommen habe, seine Tat zu vertuschen.

Der erste Zeuge war Joe Stennings – von Michael einmal abgesehen, die letzte Person, die Monika lebend gesehen hatte. Er sagte, er habe die Tellings beide gekannt; er habe sie in einem Pub namens ›The Boot‹ kennengelernt.

Rawley fragte, ob der Zeuge sich erinnere, daß Monika an dem Abend, bevor sie sich zu einem zahnmedizinischen Eingriff in ein Krankenhaus in Buckinghamshire begeben habe, irgend etwas Auffälliges ihrem Ehemann gegenüber gesagt habe.

»Sie erwähnte eine Schußwaffe, die er gekauft habe.«

»Können Sie sich daran erinnern, was sie genau sagte?« fragte Rawley.

»Sie sagte: ›Du hast 'ne verdammte Schußwaffe gekauft.‹«

Stennings hatte eine dünne, schrille Stimme, und seine Worte hallten, wie die meisten Geräusche in dem gewölbeartigen Gerichtssaal, einige Millisekunden lang nach, als habe er in einer riesigen Höhle gesprochen.

»Antwortete er etwas darauf?«

»Nein, er sagte nur: ›Sei nicht albern‹ oder irgendwas in dem Sinn.«

»Wie oft erwähnte sie diese Schußwaffe?«

»In Abständen zwei- oder dreimal.«

»Haben Sie ihn je sagen hören, ob er eine hatte oder nicht?«

»Nein, er hat nie gesagt, daß er eine gekauft hätte.«

Als Rawley seine Aufmerksamkeit anderen Dingen zuwandte, blieb beim Richter und den Geschworenen, den Reportern und anderen Zuschauern in dem luftigen Gerichtssaal der Eindruck zurück, Monika habe auf das Marlin Gewehr vom Kaliber .30.30 angespielt.

Auf Rawleys Bitte hin beschrieb Stennings seine Erinnerungen daran, wie Michael seinen Koffer für St. Andrew's gepackt hatte: »Wir saßen da und tranken Tee oder Kaffee, und im Nebenraum lag ein offener Koffer; er ging dann in das Schlafzimmer, legte ein Teil in den Koffer, unterhielt sich wieder, und dann, mehrere Minuten später, ging er vielleicht noch mal hin und legte noch ein Teil rein. Und so ging das weiter. Oder er überlegte es sich anders und nahm wieder ein Teil raus.«

»Welche Einstellung hatte er dem Krankenhaus-Aufenthalt gegenüber, soweit Sie das beurteilen können?«

»Er wollte ihn nicht auf sich nehmen.«

»Hat Mrs. Telling in Mister Tellings Anwesenheit Ihnen gegenüber irgend etwas darüber erwähnt, was er da tat oder warum er es tat?«

»Sie sagte: ›Du mußt weg und mit dir selbst ins reine kommen‹ oder so was Ähnliches.«

Stennings beschrieb dann seinen Besuch im Labourn House am darauffolgenden Morgen, als Michael – noch im Bademantel – ihn durch die Glasscheibe der Küchentür draußen sah.

»Welchen Eindruck hatten Sie bezüglich Ihrer Anwesenheit dort?« wurde er gefragt.

»Daß sie unerwünscht war.«

Rawley bat Stennings, zusammenfassend seine Meinung über die Ehe von Monika und Michael Telling wiederzugeben.

»Sie stritten und zankten sich ständig über irgendwas. Sie waren eng miteinander vertraut, aber sie lagen sich dauernd in den Haaren, zankten sich . . . keine wirklich schlimmen Auseinandersetzungen, nur Zankereien.«

»War bei diesen Zankereien einer streitsüchtiger als der andere?«

»Ja.«

»Ihren Beobachtungen nach?«

»Monika schien manchmal mehr an ihm herumzumäkeln als nötig war und dies oder das zu sagen, was wirklich nicht sein mußte. Das ist meine Meinung.«

Rawley bat Stennings, Michael zu beschreiben.

Er sei ein ›netter Kerl‹, scheine aber leicht abzuschweifen und an andere Dinge zu denken. »Er nahm nicht auf, was man ihm sagte. Wenn ich ihm etwas erklärte, währte sein Interesse nur ein paar Sekunden lang, dann schweifte er gedanklich ab.«

Stennings wurde nicht über seine kurze Affäre mit Monika befragt, und freiwillig sagte er auch nichts darüber.

Jetzt erhob sich George Carman, um das Wort zu ergreifen.

In Großbritannien ist es die Pflicht eines Barristers, alle Themen anzusprechen, alle Argumente geltend zu machen und alle Fragen zu stellen, die seinem Mandanten helfen könnten, ohne dabei absichtlich das Gericht irrezuführen. Nach diesen Berufsgrundsätzen ist es weder ungesetzlich noch moralisch bedenklich, das Opfer eines Mörders kritisch zu betrachten.

Jetzt begann George Carman mit dem Angriff – auf Michaels Frau:

»Wäre es richtig, zu sagen, daß er ein junger Mann war, der seiner Frau deutlich Zuneigung beweisen wollte?«

Wenige Schritte von ihm entfernt saß Michael eingezwängt zwischen zwei uniformierten Gefängniswärtern in einem gepflegten Nadelstreifenanzug.

»Ja«, sagte Stennings.

»Und ebenso deutlich war, daß sie nicht darauf reagierte.«

»Ich würde sagen, ebenso deutlich.«

»Ist es richtig, daß er sie abgöttisch zu lieben schien und sie nicht darauf reagierte?«

»Sie sprach ihn in meiner Gegenwart auf bestimmte Dinge an; wie nett er sei und daß er manchmal zu nachgiebig sei. Sie sagte, er sei lieb und solche Sachen.«

Stennings' Antwort war zweideutiger, als Carman gewünscht hatte.

»Sie wissen, daß Monika *Alkoholikerin* war?«

»Ja.«

»Wie lange vor März 1983 wußten Sie das?«

»Ich würde sagen, ungefähr ein Jahr vorher.«

»Es war offensichtlich etwas, das Mister Telling beträchtliche Sorgen bereitete, weil er versuchte, sie vom Trinken abzubringen?«

»Ja.«

»Und obwohl er sie davon abbringen wollte, war sie nicht immer derselben Ansicht, denn sie ging ihrer eigenen Wege und trank, wenn sie es nicht hätte tun sollen?«

Noch eine zweideutige Antwort: »Soweit ich weiß, wußte sie, was für ein Problem sie hatte, und ich glaube, sie hätte sich keine besondere Mühe gegeben, um zum Trinken in einen Pub zu kommen.«

Carman wechselte das Thema. Er stellte seine Fragen mit leiser Stimme, und gab den Worten ein Quäntchen mehr Betonung, bei denen er besonderen Wert darauf legte, daß der Zeuge und die Geschworenen sie hörten.

»Wußten Sie, daß sie Drogen nahm?«

»Ja.«

»Haben Sie sie je damit prahlen hören, daß sie in der Lage war, sich Kokain zu beschaffen?«

»Nein.«

»Was glauben Sie, welche Drogen sie nahm?«

»Verschiedene Sorten Tabletten. Es lagen immer ein paar Fläschchen davon herum.«

»Was ist mit Cannabis?«

»Nein.«

»Hatten Sie irgendeinen Verdacht?«

»Ganz und gar nicht.«

Carman wechselte erneut das Thema.

Ob es wahr sei, daß Monika Telling darauf bestanden habe, daß Michael sich in ein psychiatrisches Krankenhaus begebe.

»Ja.«

»Sie erwähnte das und sprach darüber, wenn Sie dabei waren?«

»Ja.«

»Es war nicht Ihre Art, ihrem Mann gegenüber ein Blatt vor den Mund zu nehmen?«

»Nein, überhaupt nicht.«

»Sie war deutlich die dominierende Person von den beiden?«

»Ja, das würde ich sagen.«

»Die intelligentere?«

»Das weiß ich nicht.«

Carman heizte die Temperatur seines Feldzuges an, um Monika als zänkisches Weib hinzustellen: »Manchmal mäkelte sie in Ihrer Gegenwart richtig an ihm herum – mehr als nötig?«

»Ich würde nicht sagen ›mäkelte an ihm herum‹, aber sie stritt sich mit ihm. Ich würde nicht sagen ›mäkelte an ihm herum‹.«

»Würden Sie sagen, sie kritisierte ihn gelegentlich?«

»Ja.«

»Wußten Sie, daß Monika Telling sich weigerte, ihren Mann einen Hund halten zu lassen?«

»Nein.«

»Er kaufte die Hunde zu einem Zeitpunkt, der – wie wir jetzt wissen – nach ihrem Tode lag, im März 1983?«

»Ja.«

»Offensichtlich hatte er die Hunde sehr gern.«

»Ja.«

Stennings wurde aus dem Zeugenstand entlassen.

Er hatte nicht jene Antworten gegeben, die Carman sich erhofft hatte, dennoch hatte der Anwalt einen gewissen Sieg davongetragen: Bei den Geschworenen war der Eindruck entstanden, daß Monika keine Hunde mochte.

Die nächste Zeugin hieß Cheryl Richardson.

Während sie der Staatsanwalt in zwanglosem Tempo befragte, skizzierte sie die Entwicklung ihrer Freundschaft mit Monika und Michael, angefangen damit, wie ihr Mann ihn über den CB-Funk kennengelernt hatte, bis hin zu der Rückfahrt von Tesco eineinhalb Jahre später, als er vor sich hinnuschelte, daß er Monika ermordet habe.

»Haben Sie etwas dazu gesagt?«

»Ich dachte, der Kerl hätte wohl einen Dachschaden, und ich hab' ihn gefragt, ob er Witze macht oder so was in der Art.«

»Was sagte er darauf?«

»Er sagte dann, nein, es sei wahr, und die Leiche stinke schon.«

»Sagte er, wo sich die Leiche befand?«

»Ja, in der Sauna.«

»Haben Sie das geglaubt?«

»Nein, ich dachte, es wäre ein geschmackloser Witz.«

In den Zeitungen am nächsten Morgen beschäftigten sich die bei dem Prozeß anwesenden Journalisten nicht etwa vorwiegend mit Cheryls Wiedergabe der Rückfahrt von Tesco oder mit Michaels Geständnis, daß er seine Frau getötet habe, sondern vielmehr mit Cheryls Beschreibung des Lebens im Lambourn House vor Monikas Tod.

»Rauchte Mrs. Telling Zigaretten?« erkundigte sich Rawley.

»Ja«, sagte Cheryl.

»Rauchte sie auch etwas anderes?«

»Ja, so etwas, das ich ›Kraut‹ nennen würde, aber sie sagte, es wäre Cannabis.«

»Nahm sie Ihres Wissens nach auch andere Drogen?«

»Kokain.«

»Haben Sie jemals gesehen, daß sie es nahm?«

»Nein.« Aber Michael habe ihr nach Monikas Tod davon erzählt.

»Wie würden Sie ihr Temperament beschreiben?«

»Ein sehr hitziges Temperament. Für ein friedliches Leben war sie nicht geschaffen. Es gefiel ihr, besonders Michael ständig niederzumachen.«

»War es so, als ob sie es genoß?«

»Michael vor anderen Leuten irgendwie zu beschämen«, stimmte Cheryl zu. Manchmal habe sie Michael wegen seiner überragenden sexuellen Fähigkeiten verspottet.

Wären Amerikaner im Gerichtssaal zugegen gewesen, dann hätten sie es vielleicht eigenartig gefunden, zu hören, wie ein Kläger immer weiter Fragen stellte, die das Opfer eines brutalen Mordes verteufelten. Aber nach den britischen Verfahrensregeln war der Staatsanwalt verpflichtet, neutral zu sein und allen Beweisen nachzugehen, die den Geschworenen helfen konnten, ihren Urteilsspruch zu finden. Abgesehen davon hatten, wie die Ereignisse zeigen sollten, in diesem Falle die Anklage und die Verteidigung ein gemeinsames Interesse. Er fuhr fort:

»Erzählen Sie uns über ihre sexuellen Neigungen«, bat Rawley. »Wußten Sie darüber etwas?«

»Nur, daß Monika mir bestätigt hat, daß sie eine Lesbierin

war. Um sie wörtlich zu zitieren: Sie sagte, wenn sie mit mir bumsen würde, würde ich nie wieder einen Mann wollen.«

»Lassen Sie uns dies ganz klarstellen«, sagte Carman während seines Kreuzverhörs. »Sie brachte Ihres Wissens nach Freundinnen mit lesbischer Veranlagung mit ins Haus ihres Mannes, während er dort war?«

»Ja.«

»Und sie hielt ihre Veranlagung nicht geheim?«

»Ihm gegenüber nicht.«

»Und Sie haben persönlich miterlebt, daß sie es richtig genoß, Michael zu *demütigen?«*

»Ja«, sagte Cheryl.

Rawley, am Tisch der Anklage, schwieg.

Wer sprach für das Opfer?

Niemand.

Cheryl verließ den Zeugenstand, nachdem sie ihre Aussage gemacht hatte. Am nächsten Morgen ging der Angriff auf Monikas Charakter weiter.

Wie Cheryl, so stellte auch Richard Monika als betrunkene, geldgierige Drogensüchtige und sexuelle Abweichlerin dar und Michael als einen liebenswürdigen Mann, der in der Falle eines zänkischen Weibes gefangen war.

»Monika wollte immer Geld. Sie wollte nur das«, sagte er.

»Was Michael Telling anging, schien ihm die Dominanz seiner Frau etwas auszumachen? Hatte er Angst vor seiner Frau?«

»O ja, sehr.«

Carman bat ihn, dies näher auszuführen.

»Wenn sie zum Beispiel einen blauen Fleck am Bein hatte, sagte sie Sachen wie: ›Ich werde die Polizei rufen‹ und ›Ich bin geschlagen worden‹. Sie sagte ständig: ›Wenn er sich je eine Schußwaffe besorgt, werde ich die Polizei verständigen‹ oder: ›Wenn er das macht, rufe ich die Polizei‹. Sie sagte, wenn Michael ihr je weh tun und sie ins Krankenhaus bringen würde, kämen ihre Eltern aus den Staaten und würden ihn zur Schnecke machen ...«

Erhob sich jemand, um Zweifel an Richard zu erheben oder um den Gedanken nahezulegen, daß die Angst um ihr Leben sie dazu getrieben hatte? Nein – aber Mister Justice Sheldon sah von der Richterbank aus zu ihm hinab und fragte: »Sie sagen, wenn sie einen blauen Fleck hatte, drohte sie, sie werde die Polizei rufen?«

»Ja.«

»War das ein blauer Fleck, den Michael ihr beigebracht hatte?«

»Der einzige blaue Fleck, den ich bei ihr gesehen habe, stammte von ihrer Gans, weil sie ihr kein Wasser gegeben hatte und das Tier sie angriff.«

Die Antwort löste Gelächter im Gerichtssaal aus. Das Opfer des Mordes hatte nicht nur keine Hunde gemocht, sie hatte auch ihre Gans nicht gut behandelt.

»Sie haben My Lord und den Geschworenen ein ziemlich eindrucksvolles Bild vermittelt«, sagte Carman, als er zum Ende seines Kreuzverhörs kam. »Zusammenfassend, ist es zutreffend, daß er ein empfindsamer Mann ist, der, wie Sie sagen, Zuneigung sucht?«

»Ja.«

»Und ein ziemlich einsamer und unsicherer Mann?«

»Ja, sehr einsam und unsicher.«

Rawley stellte während seiner erneuten Vernehmung Richards nur eine einzige Frage: »Sagen Sie uns bitte, haben Sie jemals gesehen, daß Mrs. Telling sich ihrem Mann gegenüber nett verhielt?«

»Nein, sehr selten. Ich kann mich an keine besondere Gelegenheit erinnern – ach doch, wenn sie Geld wollte.«

Die Anklage rief ihren vierten Zeugen auf.

»Sie sind Joyce Strong?« fragte er.

Michaels Mutter sah so gebrechlich aus, als sie in den Zeugenstand trat, daß Mister Justice Sheldon sie drängte, während ihrer Aussage sitzenzubleiben.

»Haben Sie im Februar 1949 Henry Maxwell Telling geheiratet?« fragte Rawley.

»Ja.«

»Ihr erster Ehemann?«

»Ja.«

»Haben Sie am 17. Mai 1950 einen Sohn namens Michael Henry Maxwell Telling – den Angeklagten bei diesem Prozeß – geboren?«

»Ja.«

Während der Staatsanwalt die Zeugin in chronologischer Reihenfolge durch ihr Leben begleitete und durch das ihres einzigen Sohnes, begannen Tränen auf Michaels Wangen hinabzufließen; er stieß einen seiner Rechtsanwälte an und reichte ihm einen Zettel.

»Als er sechzehn Jahre alt war ..., verheirateten Sie sich erneut, glaube ich, mit Mister Strong im Jahre 1966?« fuhr Rawley fort.

»Ja«, antwortete Michaels Mutter.

»Ende 1969 zogen Sie und Ihr Mann nach Sydney, Australien, wo Sie jetzt wohnen?«

»Ja.«

George Carman starrte die Notiz an, die man ihm gereicht hatte: »Holen Sie Mum aus diesem schrecklichen Prozeß raus, oder ich stehe auf, und der verdammte Staatsanwalt kriegt von mir zu hören, an was ich denke.«

Carman ergriff das Wort.

»My Lord, ich habe hier eine Mitteilung vom Angeklagten. Würden Eure Lordschaft mich wohl für zehn Minuten entschuldigen?«

»Sicher«, sagte der Richter, und er vertagte die Sitzung.

Michael weinte immer noch.

52. Kapitel

London, Winter 1949

Joyce Vestey heiratete erst wenige Monate nach ihrem achtundzwanzigsten Geburtstag. Leider traf sie, als sie endlich ihre Chance bekam, keine kluge Wahl.

Die älteste Tochter von Captain Leonhard Vestey, vormals bei der Royal Field Artillery, dritter Sohn des ersten Baron Vestey, wuchs, wie sie es nannte, in einer behüteten Welt mit Kindermädchen und Gouvernanten, ungeheurem Reichtum und riesigen Familiengütern auf. Ein Jahr und zwei Monate nachdem Leonard Vestey aus dem Ersten Weltkrieg zurückgekehrt war und Hilda Thompson aus Grays (Essex) geheiratet hatte, wurde sie 1920 geboren. Er war ein Taugenichts und führte ein wildes Leben, und als Joyce sechs war, brannte er mit seiner Geliebten durch und ließ ihre Mutter, eine nervöse, unsichere Frau im Stich, die sich nie wieder verheiratete, und mit vierundfünfzig an Lungenkrebs starb.

Wenn Joyce Vestey auch nicht außergewöhnlich hübsch war, so hatte das Schicksal sie doch zu einer reichen Frau gemacht. Dennoch scheint es keine lange Reihe von Verehrern gegeben zu haben, die sich nach ihr drängten. Ihre Schwester Elizabeth, die drei Jahre jünger war als Joyce, heiratete mit dreiundzwanzig.

Als Joyce dann am 16. Februar 1949 doch heiratete, wurde sie die Frau eines leitenden Angestellten, der bei der Familie Vestey arbeitete. Obwohl Henry Willis Maxwell Telling eine gute Partie machte, war es keine glückliche Verbindung. Kurz nach der Hochzeit erkannte Joyce, daß sie zur Gefangenen eines enormen Trinkerproblems geworden war. Wenn sie sich über sein Trinken beschwert habe, sagte sie, sei er zu einem gewalttätigen und bösen Mann geworden.

Am 17. Mai 1950 wurde nach einer schwierigen Schwangerschaft ihr einziges Kind, Michael Henry Maxwell Telling, geboren. Er wog nur fünf Pfund und war als Säugling ungewöhnlich anfällig für Krankheiten. Joyce stillte ihn nur für kurze Zeit und übergab ihn dann der ersten einer langen Reihe von Kindermädchen und Gouvernanten. Er wohnte mit seinen Kindermädchen in einer separaten Suite des Londoner Herrenhauses der Familie, weit entfernt von den Räumen seiner Eltern; aber er konnte dennoch ihre unaufhörlichen, manchmal gewalttätigen Auseinandersetzungen hören. Eine seiner ersten Erinnerungen sei die, so sagte er einem Psychiater, daß er versucht habe, in einen ihrer Kämpfe einzuschreiten – ein winziges Kleinkind, das sich erhob, um seine Mutter vor dem Angriff seines Vaters zu schützen.

Michael sah seine Mutter nur selten und erhielt weder Trost noch Aufmerksamkeit von seinem alkoholabhängigen Vater. Zuneigung erfuhr er allenfalls von den Kindermädchen, die mit der Regelmäßigkeit von Expresszügen in sein Leben traten und es wieder verließen.

Zu Anfang, sagte seine Mutter, sei Michael ein liebes Baby gewesen, aber später sei er eher schwierig geworden. Er habe es nicht gemocht, wenn man mit ihm schmuste, und sei ein zappeliges, nervöses Kind gewesen, besonders wenn er wieder einen Streit zwischen seinen Eltern mit angehört habe, wenn sein Kinderfräulein seinen freien Tag genommen habe oder – noch schlimmer – wenn ein neues Mädchen angekommen sei, um die Stelle eines anderen einzunehmen, an dem er gehangen hatte.

Kurz nachdem Michael geboren war, ließ Joyce Telling ihn gefühlsmäßig fallen und schenkte ihm weder Liebe noch Aufmerksamkeit. Warum? Vielleicht hatte es etwas mit den Rollenvorbildern zu tun, die sie selbst während ihrer privilegierten, aber schwierigen Kindheit beobachtet hatte, oder vielleicht war es ihre Reaktion auf eine beschwerliche Schwangerschaft. Die Qualen und Zumutungen einer entsetzlichen Ehe begruben vielleicht auch den angeborenen Mutterinstinkt unter sich; oder eine schüchterne, verhätschelte Frau aus einer vergeistigten Welt, wandte sich, als sie sich zum ersten Mal auf der Schattenseite des Lebens wiederfand, einfach von ihrem Kind ab.

Michael war gerade zwei geworden, als sich Joyce Telling von ihrem Mann scheiden ließ. Obwohl ihr das Sorgerecht für Michael zugesprochen wurde, übertrug sie es der immer länger werdenden Reihe von Kindermädchen und Au-pair-Mädchen aus Deutschland, die, für welch kurze Zeit auch immer, zu den Frauen in seinem Leben wurden. Im Alter zwischen zwei und vier Jahren nahm Michael nicht eine einzige Mahlzeit mit seiner Mutter ein; sie war höchstens eine Stunde am Tag mit ihm zusammen. Er verbrachte quasi seine ganze Zeit mit jungen Kinderfräuleins, die ihn im Kinderwagen auf den Londoner

Bürgersteigen hin- und herschoben, weil sie von seiner Mutter die Anordnung hatten, ihn so lange wie möglich von zu Hause fernzuhalten.

Die wenigen Augenblicke, die er mit seiner Mutter verbrachte, endeten oft mit Wutanfällen. Wenn er sie im Verdacht hatte, daß sie ihn wieder allein lassen wollte, lief er in sein Zimmer und warf Möbel und Spielzeug aus dem Fenster, um sie so zum Bleiben zu überreden. Sie lernte, das Haus heimlich zu verlassen und ihn bezüglich ihrer Pläne anzulügen.

Als er fünf war, kurz nachdem seine Diabetes festgestellt worden war, schickte Michaels Mutter ihn in eine Vorschule; fortan sah er Joyce noch seltener. Bis zu seinem siebten Lebensjahr besuchte er die North Bridge-Schule in St. John's Wood; dann mußte er gehen, weil die Lehrer nicht in der Lage waren, ihm die Angewohnheit auszutreiben, Klassenkameraden mit brennenden Streichhölzern zu jagen. Ein Psychologe versuchte seiner Mutter zu erklären, daß Michael seine Spielkameraden mit Streichhölzern bewerfe, weil er nach der Liebe und Aufmerksamkeit seiner Mutter strebe.

Im Juni 1957 zog Michaels Mutter nach Dulwich, ein Dorf am Rande von Groß-London, das bei den Gutsituierten beliebt war; drei Monate darauf schickte sie Michael nach Pinehurst, ein Internat im ländlichen Kent. Er war sieben Jahre alt. Nach weniger als einer Woche wurden wegen eines Notfalls Ärzte an die Schule gerufen: Michael war in den Süßwarenladen eingebrochen, hatte den Vorrat an Süßigkeiten und Kuchen geplündert und ein diabetisches Koma bei sich ausgelöst. Als er wieder bei Bewußtsein war, verlangte er, nach Hause geschickt zu werden, aber seine Mutter sagte, er habe in der Schule zu bleiben. Er löste ein zweites diabetisches Koma aus, aber auch damit gelang es ihm nicht, sie zu überreden.

Ein durchtriebener Geist bildete sich heran, geboren aus der Verzweiflung, die man vielleicht nur bei denen findet, die im Stich gelassen werden; Michael versuchte mit anderen Tricks, seine Mutter dazu zu bringen, ihn nach Hause kommen zu lassen. Als er das nächste Mal in den Süßwarenladen einbrach, stahl er statt Süßigkeiten Geld für die Busfahrt nach Hause, wo er dann seiner Mutter erzählte, die Schule sei durch ein Feuer zerstört worden. Nachdem sie sich vergewissert hatte, daß Pinehurst noch völlig intakt war, sagte sie, er müsse dorthin zurück. Michael rannte aus der Tür, zog seine Kleider aus und warf sich auf der Straße den herannahenden Autos in den Weg, um dann, Sekunden bevor sie ihn anfuhren, beiseitezulaufen.

Auch das funktionierte nicht: Seine Mutter schickte ihn zurück nach Pinehurst. Während der nächsten zwei Jahre lief er mehrfach von der Schule weg, aber sie schickte ihn jedesmal zurück. Er flüchtete sich auch in die Häuser von seiner Großmutter und Tante Liz. Auch sie sagten, er müsse zurück zur Schule.

Pinehurst School, deren Campus ein großes viktorianisches Haus auf dem Lande in der Grafschaft Kent war, hatte etwa ein Dutzend Internatsschüler und noch einmal halb so viele Tagesschüler. Die Schule spezialisierte sich darauf, problembelasteten Jungen aus gutgestellten Familien zu helfen, ihr Leben zu ändern.

In ihrem Jargon haben britische Schuljungen einen besonderen Spitznamen für dünne, schwächlich aussehende Klassenkameraden – sie nennen sie ›Unkraut‹. Die Jungen in Pinehurst stigmatisierten Michael mit diesem Begriff. Schmächtig gebaut, zu klein für sein Alter und täglich auf zwei Insulinspritzen angewiesen, war er ein schlechter Sportler und leichteren Krankheiten gegenüber anfälliger als die meisten seiner Klassenkameraden. Michael haßte Pinehurst vom ersten Tage an. Miss Feek, die Schulleiterin, war sehr bald davon überzeugt, daß er ein Simulant war, der Krankheiten vortäuschte, um ihr Mitleid zu erregen; sie schenkte ihm daher nur selten Mitgefühl, selbst wenn er es vielleicht verdient hätte. Zu Michaels Mutter sagte sie, daß er ein raffinierter und manipulierender Lügner sei, der bereit war, alles mögliche zu sagen, nur um seinen Willen durchzusetzen.

Michael gewann in Pinehurst nur wenige Freunde, und bei den meisten von ihnen, so bemerkte ein Klassenkamerad später, ›lief es darauf hinaus, daß sie nur angebliche Freunde waren‹. Seine kleine Gestalt und sein Status als der reichste

Junge an der Schule stempelten ihn zum Opfer älterer, räuberischer Jungen. Da er zart und schwach gebaut war, wurde er oft schikaniert. Einmal befahlen ihm mehrere Jungen, sich auf einer Dornenfläche herumzuwälzen, ehe sie ihn an einem Spiel teilnehmen lassen würden. Er war blutig von Kopf bis Fuß, aber sie ließen ihn immer noch nicht mitspielen. Um sich Bargeld zu besorgen, damit er den von den größeren Jungen verlangten Tribut zahlen konnte, stibitzte er seiner Mutter das Portemonnaie und stahl, um Zigaretten zu kaufen; mit neun Jahren war er ein starker Raucher. Eine erfreuliche Zeit gab es für ihn während seiner Jahre in Pinehurst: sein Vater besuchte ihn unerwartet und führte ihn zum Essen aus – sein erster Versuch, eine Beziehung zu seinem Sohn aufzubauen. Aber nach weiteren ein oder zwei Besuchen verlor Michael den Kontakt mit seinem Vater wieder.

Wenn Michael in den Ferien zwischen Trimestern nach Hause fuhr, fand er dort auch keine Liebe. Seine Mutter und er stritten sich mehr denn je. Jedesmal, wenn sie sagte, er müsse in die Schule zurück, brach er in einen gewaltigen Wutanfall aus, trat nach ihr, warf ihr Schimpfworte an den Kopf und schleuderte Spielzeug und Möbel aus dem Fenster. Später sagte seine Mutter, er habe dies so oft getan, daß sie sein Zimmer bis auf ein einfaches Bett und einen Stuhl ganz ausgeräumt habe.

Nachdem er zwei Jahre lang ohne Erfolg versucht hatte, seine Mutter dazu zu überreden, ihn nach Hause kommen zu lassen, nahm Michael die Sache selbst in die Hand. Eines Nachts, als seine Klassenkameraden schliefen, kroch er aus dem Bett und zündete einen Stapel Matratzen an, die unter der Treppe gelagert waren. Als die Flammen im Treppenhaus hochloderten, erwachte die Schulleiterin, und das Feuer wurde gelöscht, ehe es die Schlafräume der anderen Jungen erreichte. Aber am folgenden Tag ging Michaels Wunsch in Erfüllung: Er wurde von Pinehurst verwiesen, und seine Mutter mußte ihn nach Hause kommen lassen. Zu Hause allerdings gingen seine Schwierigkeiten weiter. Während einer Auseinandersetzung mit der Tochter des örtlichen Pfarrers schlug er eine Milchflasche auf ihrem Kopf kaputt; nach einer Kabbelei mit seiner Mutter trank er eine halbe Flasche Sherry, nach einer anderen nahm er vier Tranchiermesser aus der Küche mit in sein Zimmer, und als sie danach fragte, drohte er, sie mit einem davon zu töten.

Ein paar Wochen später, am 7. Juni 1960, lieferte Michaels Mutter ihn auf Anraten eines Psychologen in das Maudsley Hospital in Süd-London ein, die vielleicht hervorragendste Psychiatrische Klinik Englands. In einer Station dieses Krankenhauses wuchs er zum Jugendlichen heran, praktisch ohne Kontakt zur Außenwelt. Die Psychologen, die ihn untersuchten, sagten, er sei von überdurchschnittlicher Intelligenz, besitze aber nur wenige grundlegende Fertigkeiten im Lesen, Schreiben und Rechnen. Sie stellten ferner einen Mangel an Selbstwertgefühlen fest, wenngleich er nach außen hin ichbezogen und egozentrisch wirke. Michael habe eine ›niedrige Frustrationsschwelle‹, komme schlecht mit seinen Mitpatienten aus, denen gegenüber er äußerst argwöhnisch sei, weil er glaubte, andere Kinder seien nur wegen seines Geldes an ihm interessiert.

Siebenundzwanzig Monate nachdem er ins Maudsley Hospital gekommen war, entschieden die Ärzte, daß er sich genügend gebessert hatte, um eine Entlassung zu rechtfertigen; fortan besuchte er ein spezielles Internat für milieugestörte Jungen. Aber nicht einmal fünf Monate später kehrte er nach einem stürmischen Schultrimester und einem katastrophalen Weihnachtsbesuch zu Hause nach Maudsley zurück. Der Krankenhausarzt, der ihn wieder ins Krankenhaus aufnahm, schrieb:

> Überwiesen von seinem Internat, von dem er am Tag vor der Aufnahme verwiesen wurde.
>
> Derzeitige Beschwerde: Andauerndes Stehlen, fügt sich keiner Form von Autorität. Gewalttätiges Verhalten – schlägt Dinge kaputt, wenn er nicht seinen Willen bekommt.
>
> Gegenwärtiger Status: launenhafte Eßgewohnheiten. Tendenz zur Nichtbeachtung der diabetischen Diät. Macht in letzter Zeit Schwierigkeiten mit dem Zubettgehen . . . unzufrieden, aggressiv, bedrohte die Mutter kürzlich mit einem Messer. Hat einen Freund (Alistair), mit dem er sich versteht,

sofern keine dritte Person dazukommt. Hat gegen das derzeitige Au-pair-Mädchen eine große Abneigung entwickelt und beschimpft es. Eifersüchtig auf Mutter. Ungeselliges Verhalten. Zerbrach zu Hause in den Ferien alle möglichen Sachen, bis Mutter mit Polizei drohte. Ungehorsam. Stiehlt Geld von zu Hause. Raucht ›wie ein Schlot‹. Hat große Schwierigkeiten, sich zu konzentrieren.

Schulische Leistungen: schlecht, bis er wegen Stehlens, Wutanfällen und Bummelei verwiesen wurde.

Familien- und Sozialgeschichte: kaum verändert seit letzter Aufnahme. Vater auf noch schlechterem Fuß mit der Familie.

Geistige Untersuchung: freches, gereiztes Verhalten. Anfangs freundlich, verliert aber schnell das Interesse. Hat Angst, daß seine Mutter ihn nicht haben will.

Während Michaels zweitem Aufenthalt in Maudsley interessierte sich ein Pfleger für ihn und brachte ein paar Monate lang eine Vaterfigur in sein Leben. Seine Ärzte entschieden, daß er sich genügend gebessert habe, um als Tagesschüler auf die William Penn Comprehensive School in London geschickt zu werden, während er weiterhin im Krankenhaus schlief. Das Experiment war erfolgreicher, als einige der Psychiater erwartet hatten, wahrscheinlich, folgerten sie, weil seine Besuche zu Hause auf ein Minimum reduziert blieben. Den Krankenhausakten zufolge war seine Mutter ›völlig unfähig, sein Verhalten zu ertragen‹ und wollte ihn nicht zu Hause haben, nicht einmal während der Sommerferien, während der man ihn in ein Internat des London County Council schickte.

Als Michael am 7. September 1963 ein zweites Mal aus Maudsley entlassen wurde, hegte der Psychiater, der seine Betreuung überwacht hatte, verhaltenen Optimismus:

Zustand bei Entlassung: Sehr starke Besserung. Freut sich auf Internat und das Weitermachen an der William Penn School.

Prognose: Sehr ungewiß, könnte aber mit den Jahren reifer werden, wenn die Chance eines stabilen Umfeldes gegeben ist. Langfristige Behandlung mit Psychoanalyse wurde besprochen, aber keine endgültige Entscheidung getroffen.

Diabetes unter Kontrolle.

Weiteres Vorgehen: Ambulante Behandlungstermine für Michael. Dies ist besonders wichtig, wenn er zur Psychoanalyse angenommen wird, da sich vielleicht in deren Verlauf eine Verschlechterung einstellt und eine Wiederaufnahme ins Krankenhaus nötig sein könnte.

Anstatt zur William Penn School zurückzukehren, ging Michael mit dreizehn nach Bredlinghurst, einem Internat für schwierige Jungen, so wie Pinehurst. Er blieb dort fünf Jahre lang, obwohl er sich nie richtig in diese Schule einfügte. Sein Arzt sagte: »Es fällt ihm schwer, anderen Menschen zu vertrauen, er denkt immer, alle wollten ihn nur ausnutzen. Er habe auch ›einen Komplex‹ wegen seiner Diabetes gehabt, weil es bedeutete, daß er nie in die Armee oder die Marine würde eintreten können.«

Nachdem ihm klar geworden war, daß er wahrscheinlich nie eine Universität besuchen würde, war es Michaels Traum geworden, ins Militär einzutreten.

Mit dreizehn Jahren verstand er bereits die Stellung seiner Familie in England und war sich der Erwartungen bewußt, die in ihre jungen Mitglieder gesetzt wurden. Die männlichen Vesteys waren ein Teil der regierenden Klasse in England; man erwartete von ihnen, daß sie Oxford oder Cambridge besuchten, in die Scots Guards eintraten und sich eines unantastbaren Lebenswandels befleißigten. Er hatte einige seiner Verwandten diesen Erwartungen nachkommen sehen. Christopher, der Cousin, mit dem er am vertrautesten war, besuchte eine angesehene Privatschule, bevor er nach Oxford ging. Aber für Michael gab es diese Möglichkeit nicht. Mit sechzehn erfuhr er noch eine weitere Enttäuschung, als seine Mutter Thomas Hugh Strong heiratete, einen Diplomaten und Spezialisten für Agrarentwicklung: Schon kurz nach der Heirat zog das Paar aus beruflichen Gründen nach Afrika.

Michael verließ die Bredlinghurst School mit achtzehn, wurde aber für weitere drei Jahre noch kein richtiger Nutznießer der Vestey-Stiftung. Seine Mutter schickte ihm Geld, während er in einem Londoner Hotel wohnte, und kaufte ihm teure Autos und anderes Spielzeug. Vielleicht hoffte er auf einen Job bei einer der Vestey-Gesellschaften, aber – ganz abgesehen von seiner Krankengeschichte – mißbilligte die Familie Vetternwirtschaft. William und Edward Vestey hatten dieses Prinzip eingeführt. Alle künftigen Söhne und Enkelsöhne in das Geschäft aufzunehmen, so befürchteten sie, würde zu immer wiederkehrenden Machtkämpfen und Familienfehden führen, die die Gesellschaft zugrunde richten würden. Sie hatten gesehen, wie andere große britische Familienbetriebe durch den Streit zwischen rivalisierenden Splittergruppen der Nachfahren des Gründers geschäftsunfähig geworden waren. Ihre Lösung bestand darin, eine Erbfolgereihe für das Geschäft festzulegen und gleichzeitig alle künftigen Familienmitglieder in großzügiger Weise zu versorgen.

Mit einer schlechten Erziehung, ohne Beruf, unfähig, den von ihm erwarteten Weg nach Oxford oder Cambridge zurückzulegen, ließ Michael sich ziellos dahintreiben. Seine erste Stellung, als Verkäufer von Herrenbekleidung in einem Kaufhaus, verlor er schon nach sechs Monaten: wegen Diebstahls wurde er fristlos entlassen. In der Folge wechselte er die Jobs in immer kürzeren Abständen. Als er neunzehn war, zogen seine Mutter und sein Stiefvater nach Australien, wo die Vesteys Rinderzuchtfarmen besaßen, die fast so groß waren wie manche britische Grafschaften; Michael folgte ihnen und traf ein paar Tage vor seinem zwanzigsten Geburtstag in Sydney ein.

Eine Zeitlang war sein Leben friedlich und von einem Maß an Erfolg gekennzeichnet, der ihm zuvor nicht vergönnt gewesen war. Er fand Arbeit am Fließband einer Fabrik für Automobilteile, wurde australischer Staatsbürger, besuchte eine Berufsschule und wurde zum Vorarbeiter befördert. Doch die Erfolgssträhne währte nicht lange. 1973 lernte er ein römisch-katholisches Mädchen kennen, das infolge einer Vergewaltigung schwanger war. Er verliebte sich in sie; während ihrer

Schwangerschaft vergötterte er sie; er hatte vor, sie zu heiraten. Aber nachdem das Baby geboren war, lehnte sie seinen Antrag ab, und Michael nahm eine Überdosis Schlaftabletten, die ihn in ein psychiatrisches Krankenhaus in Sydney brachten.

Ein Jahr darauf wurde er von einer anderen jungen Frau zurückgewiesen, löste wieder ein Koma aus und war zwei Tage lang bewußtlos. In beiden Fällen erklärte er den Ärzten, er habe sich nicht umbringen, wohl aber das Mitgefühl der Frauen erregen wollen, die seine Liebe verschmähten.

Mit sechsundzwanzig verlor Michael im Zuge wirtschaftlicher Sparmaßnahmen seine Stellung als Vorarbeiter und zog ganz auf die andere Seite Australiens, in das viertausend Meilen entfernte Perth. Immer noch ohne Fachkenntnisse und ohne erlernten Beruf, nahm er Gelegenheitsarbeiten an, von denen keine länger als ein paar Wochen dauerte, und nach einiger Zeit gab er es ganz auf, sich nach Arbeit umzusehen. Er begann seine gesamte Zeit den Spielzeugen zu widmen, mit denen er sich umgab: Schußwaffen, Motorräder, CB-Radios und Abenteuerromane über Söldner. Er brauchte keinen Job. Seine Rechnungen wurden getreulich jeden Monat von Treuhändern der Vestey-Stiftung bezahlt. Michael lernte in Perth auch eine gewisse Alison Ruth Webber kennen, eine einfache (mancher würde sagen unscheinbare) achtzehnjährige Immigrantin aus England, die als Serviererin arbeitete. Ihr gegenüber gab er sich als Veteran aus dem Vietnamkrieg aus und zeigte ihr seine Uniform. Außerdem vertraute er ihr an, daß er Mitglied einer geheimen Elite-Kommando-Einheit, dem SAS, sei. Nachdem sie fünf Monate lang zusammen waren, bezogen sie im April 1977 eine gemeinsame Wohnung; ein Jahr darauf heirateten sie. Kurz danach, als Alison schwanger war, siedelten sie nach England um, wo ihnen die Treuhänder der Vestey-Stiftung in der Nähe von Alisons Heimatstadt Torquay in Devon ein Haus kauften. Dort wurde Matthew geboren.

Im Oktober 1980 flog Michael nach Kalifornien, um eine Harley-Davidson zu kaufen.

53. Kapitel

»Ich hoffe, Sie verstehen, daß ich versuchen muß, ziemlich genau auf Michaels Jugend und seine erste Ehe einzugehen.« George Carman gab sich betont rücksichtsvoll gegenüber der Frau, deren Familie seine Rechnung bezahlen würde.

»Ja«, antwortete sie. Michael hatte seine Fassung wiedergewonnen. Er saß zwischen seinen Bewachern und blickte teilnahmslos auf seine Mutter, die nun ins Kreuzverhör genommen wurde.

»Ihr Geburtsname ist Vestey?«

»Ja.«

»Und Sie sind die Enkelin des ersten Lord Vestey?«

»Ja . . .«

Draußen stiegen die Temperaturen auf um die fünfundzwanzig Grad Celsius an. Drinnen, unter der gewölbten Decke und den riesigen georgianischen Fenstern, durch die das Sonnenlicht in den Gerichtssaal flutete, wurde es sehr warm. Viele Reporter und Zuschauer waren in Hemdärmeln, während der Anwalt der Verteidigung in seiner dunklen Robe und grauen Perücke das Verhör fortsetzte, das der Staatsanwalt begonnen hatte und das Joyce Vestey Telling Strong in chronologischer Reihenfolge durch ihre finanziell abgesicherte und behütete Kindheit, durch ihre Ehen und die jungen Jahre ihres Sohnes geführt hatte.

»Ich möchte dies in keiner Weise mißbilligend bemerken«, sagte Carman, »aber, soweit es das kleine Kind betraf, fanden Sie es sehr schwer, als seine Mutter zurechtzukommen, als er sehr klein war?«

»Ja«, sagte sie.

»Und – ohne irgendwelche Schuldzuweisungen machen zu wollen – wegen Ihrer Eheprobleme und wegen Michaels Charakter an sich scheint zwischen Ihnen und ihm keine echte Liebe möglich gewesen zu sein, als er ein kleines Kind war?«

»Nein«, sagte sie.

»Trifft das zu?«

»Das trifft zu.«

»Sein eigener Vater bewies keine Zuneigung zu ihm?«

»Nein.«

Ob es richtig sei, fragte Carman, daß sie als junge Mutter ›zu beunruhigt über diese Probleme‹ gewesen sei und (er meine dies gewiß nicht unfreundlich) entweder nicht in der Lage gewesen sei, damit zurechtzukommen, oder es für das beste gehalten habe, alles der Kinderfrau oder dem Kindermädchen zu überlassen?

»Ja.«

Carman hatte eine Stimme, die sich in feinen Nuancen hob und senkte, mit denen er mit der nahtlosen Leichtigkeit eines Schauspielers Erstaunen, Mitgefühl, Verachtung und eine ganze Palette anderer Gefühle ausdrücken konnte. Auf sein sanftes Drängen hin bestätigte Michaels Mutter weiter, daß sie ihrem Kind keine Liebe geschenkt hatte und es gefühlsmäßig im Stich gelassen hatte. Manchmal wiederholte Carman eine seiner Fragen mit anderen Worten, um die Wirkung einer Antwort zu verstärken, die er im Gedächtnis der Geschworenen fest verankert wissen wollte.

»Ich vermute, wenn Sie an seine frühen Kindheitsjahre zurückdenken, würden Sie zustimmen, daß er ganz klar ein Junge war – ein kleiner Junge – dem es an Zuneigung und Liebe fehlte?«

»Ja.«

»Glauben Sie, daß er sich darüber ärgerte, daß er, verglichen mit den anderen, sehr distinguierten Familienmitgliedern im Leben keinen Erfolg hatte? Daß er eine Art Versager war?«

»Ja«, sagte sie, ihren Beitrag am Gespräch weiterhin mit einsilbigen Worten bestreitend.

Während Carman gelegentlich die Geschworenen anschaute, um sie darauf aufmerksam zu machen, daß sie hier etwas Bemitleidenswertes und Anrührendes zu hören bekamen, und nur selten den Angeklagten anschaute, entlockte er Michaels Mutter noch mehr Beschreibungen seiner einsamen Kindheit und gab dann zu verstehen, daß er zum Ende seines Kreuzverhörs kam:

»Ich glaube, Sie sind aus Ihrem eigenen freien Willen von Australien herübergeflogen, um bei dem Prozeß dabeisein zu können?«

»Ja.«

»Und Sie haben Michael Telling in den letzten Tagen und Wochen mehrmals im Gefängnis besucht?«

»Ja.«

»Haben Sie ihn jetzt, seit er im Gefängnis ist, praktisch häufiger gesehen als in seinem ganzen Leben?«

»Ich habe ihn oft gesehen.«

»Lassen Sie es mich so ausdrücken: Haben Sie ihn in den letzten zwölf Monaten besser kennengelernt, als sie ihn je zuvor gekannt haben?«

»Ja.«

»Wenn Sie ihn im Gefängnis besucht haben, hat er Ihnen dann seine Zuneigung bewiesen?«

»Ja.«

»Waren Sie selbst fähig, diese bereitwillig zu erwidern oder nicht?«

»Ja, ich war dazu fähig.«

»Ist diese gegenseitige Zuneigung etwas, was nicht vorhanden war, fehlte, als er ein kleines Kind war?«

»Ja.«

Nachdem Michaels Mutter langsam den Zeugenstand verließ, nahm die Anklage die Darlegung des Falles wieder auf. Der Besitzer einer High Wycomber Teppichreinigungsfirma sagte aus, daß Michael ihn im April zum Lambourn House bestellt hatte, damit er einen großen Fleck vom Wohnzimmerteppich entfernte. Die forensischen Experten der Polizei erklärten, sie hätten Blutflecken an dieser Stelle unter dem Teppich, noch woanders im Haus und im Gartenhaus gefunden. Ein Telefontechniker gab zu Protokoll, er habe ein Gewehr in einer Hülle gesehen, als er im Juni wegen eines Auftrags im Lambourn House gewesen sei. Der Schlosserlehrling Simon Bonner beschrieb Michaels Instruktionen, um das Haus uneinnehmbar zu machen. Colin Marshall, der Installateur, der für kurze Zeit ein Mordverdächtiger gewesen war, beschrieb die Entdeckung von Monikas Leiche. Alison Telling sagte über ihre gescheiterte Ehe aus und beschrieb, wie Michael ihr kurz vor der Entdeckung der Leiche Monikas Schmuck geschenkt hatte. Jeff Henthorne und andere Polizeibeamte beschrieben Michaels Festnahme und Geständnis sowie die Entdeckung von Monikas Kopf in seinem Auto. Monikas Kieferchirurg bestätigte, daß die Zähne, die man in den Haldon Hills gefunden hatte, Monikas waren. Zwei leitende Angestellte der Lloyds Bank sagten, daß ihr Konto nach ihrem Tode abgeräumt worden sei. Der Privatdetektiv Colin Finlay beschrieb seinen Besuch im Lambourn House und Michaels Auftrag, seine vermißte Frau zu finden. Linda Blackstock und Susan Bright beschrieben ihre Affären mit Michael und die Tatsache, daß er versucht hatte, im Lambourn House mit ihnen intim zu werden, während sich ohne ihr Wissen die verwesende Leiche seiner Frau in der Sauna befunden hatte. Julie Chamberlain, eine einundzwanzigjährige Collegestudentin sagte aus, daß sie Monika im Lambourn House besucht und sie beide Marihuana geraucht hätten, daß sie sich ›geküßt und gestreichelt‹ und die Nacht mit einem Liebesspiel verbracht hätten, welches sie beide nicht befriedigt habe. David Wallis und Christine Percy beschrieben die Auseinandersetzungen zwischen Michael und Monika, als sie noch in Tunbridge Wells gelebt hatten, einschließlich der Zerstörung des Treppengeländers durch Michael; David sagte, Michael habe ihm einmal erzählt, er würde Monika umbringen, sollte sie ihn je verlassen.

Jedesmal, wenn er einen Zeugen ins Kreuzverhör nahm, bemühte sich Carman darum, die Aufmerksamkeit der Geschworenen vom Mörder weg und auf das Opfer zu lenken. Wenn ein Zeuge seinen Bemühungen, Monika schlecht zu machen, widerstand, wiederholte er seine Fragen so lange, bis etwas Herabsetzendes über sie gesagt wurde.

Ein Reporter der *Bucks Free Press* schrieb:

> Seit Beginn des Prozesses vor einer Woche ist es Monika Telling, auf die George Carman QC, einer der großen juristi-

schen Köpfe der Welt, Jagd macht. Einer nach dem anderen treten die Zeugen vor und erzählen auf unterschiedliche Weise von den kurzen Zeiträumen, während der ihr Leben mit dem der unglückseligen Tellings in Berührung kam. Alan Rawley, der Anwalt, der im Namen der Krone die Anklage vertritt, geht zunächst ihre Aussage mit ihnen durch. Er ist eine Gestalt wie ein Gutsherr, gesellig und kräftig gebaut. Dann erhebt sich leise Mister Carman, um das, was sie gesagt haben, wieder und wieder in Betracht zu ziehen. Er ist ein kleiner Mann mit eulenhaftem Profil, einer kleinen weißen Narbe auf seiner rechten Wange, und er kann wunderbar sprechen ... Er spricht von Michael Telling nie als dem Angeklagten, sieht ihn nie an, wie er dort hinter den dicht geschlossenen Reihen der Juristen sitzt, flankiert von zwei Gefängniswärtern. Nein, jedem gegenüber sagt Carman ›Michael dies‹ und ›Michael jenes‹. Während die Stunden vergehen, fängt man an (wahrscheinlich auch die Geschworenen), sich Michael wie jemand Nahestehendes vorzustellen, wie einen alten Bekannten. Es ist ein Anwaltstrick, einer von vielen, und man bewundert Carmans Fähigkeiten ...

Im Herbst des Vorjahres war die britische Presse in heller Aufregung gewesen: Ein Angehöriger einer der privilegiertesten Familien Großbritanniens war angeklagt, seine amerikanische Frau ermordet und ihr den Kopf abgeschlagen zu haben. Jetzt rasten die Medien förmlich angesichts der Aussagen, die Monika als trunksüchtige, geldgierige Bisexuelle darstellten. Über eine Woche lang verdrängte der Prozeß weltpolitische Themen von den Titelseiten. Über Nacht wurde die namentlich nicht bekannte Frau eines Rechtsanwalts aus Tunbridge Wells, von der man berichtete, sie habe eine heiße Liebesaffäre mit Monika gehabt, zu der berüchtigsten geheimnisumwobenen Frau auf der ganzen Insel. Man bot Brian Rundle zwanzigtausend Pfund an für ein Foto von Monika mit einer Plastikente in der Badewanne, das diese Frau aufgenommen hatte. »Das Foto enthüllte nichts«, sagte Rundle zu seiner Frau. »Sie war nackt, aber es enthüllte nichts. Man konnte nichts sehen.«

Wenn es den Sensationsblättern nicht gelang, anrüchige Informationen zu kaufen, boten sie sie trotzdem feil: Monika trug ein Gewehr bei sich, sie schlug Michael mit der Peitsche, Plastikenten waren ein seltsamer sexueller Fetisch von ihr, sie fuhr nackt auf einer von Michaels donnernden Harley-Davidsons auf ihre wilden Parties im Lambourn House, sie brachte ihrem Kakadu bei, Michael anzuspucken und zu beschimpfen, und sie weigerte sich, mit ihrem Mann zu schlafen, obwohl sie so viele andere Männer und Frauen mit in ihr Bett nahm – Adelige und gewöhnliche Leute, von denen keiner namentlich genannt wurde. Wenn all die Geschichten wahr gewesen wären, hätte die Schlange der Liebhaber um den gesamten Buckingham Palace herum gereicht. Ein Artikel begann mit den Worten »›Monika war schlecht‹, sagte die Frau, die behauptet, eine ehemalige Geliebte von ihr zu sein. ›Bei jedem, mit dem sie in Berührung kam, hatte sie nur ein Ziel im Sinn. Das bestand darin, die Person kaputt zu machen, ihr Leben zu zerstören.‹« Eine andere Zeitung faßte den journalistischen Totentanz zusammen:

> Es wäre eine Übertreibung, dies den Mordprozeß des Jahrhunderts zu nennen, aber sicher gab es nur wenige andere, die so viele Elemente eines ›Blut-und-Lust‹-Bestsellers enthielten. Auf der Anklagebank sitzt ein rundlicher, ziemlich schüchterner Mann: Michael Telling, der abgelehnte und verkümmerte Sproß eines mächtigen Familienstammbaumes. Als Urenkel des unglaublich reichen ersten Lord Vestey wurde er mit einem silbernen Klotz am Bein geboren ... Er heiratete eine nette, gewöhnliche Frau, war aber, wie sie sagte, nicht fähig, die Verantwortung eines Ehemannes und Vaters zu tragen. Dann fällt er aus ihren Armen direkt in die Klauen der Frau, die mit Sicherheit zu einer der gefeiertsten bösartigen Ladies in der Geschichte der britische Rechtssprechung geworden ist – seine zweite Frau Monika.

Niemand – und am wenigsten der Anklagevertreter – setzte sich für Monika ein.

Seine Aufgabe bestand darin, für Michaels Verurteilung zu sorgen. Und an George Carmans unbarmherziger und kompromißloser Kampagne, Monika als Schlampe und zänkisches Weib darzustellen, hatten die Anklage und die Verteidigung ein gemeinsames Interesse: vom Standpunkt des Klägers aus lieferte es Michel ein Motiv für vorsätzlichen Mord; im Sinne der Verteidigung lieferte es Michael einfach eine Entschuldigung dafür, sie umzubringen.

54. Kapitel

»Wie hat er sich Ihnen als Psychologe dargestellt?« fragte Rawley Dr. John Hamilton.

»Mein erster Eindruck war der, daß er ein äußerst redseliger Mann war. Es war schwierig, ihn dazu zu bringen, mit dem Reden aufzuhören. Der Kern dessen, was er sagte, bestand darin, sich selbst im bestmöglichen Licht erscheinen zu lassen und Monika – sein Opfer – im schlechtest möglichen Licht darzustellen.

»War er kooperativ?«

»Im großen und ganzen, ja. Er beantwortete im allgemeinen die Fragen, die ich ihm stellte, wenngleich er manchmal dazu neigte, das Gespräch dorthin zu lenken, wo er es haben wollte. Ich habe nicht das Gefühl, daß er immer ehrlich auf die Fragen geantwortet hat, die ich ihm gestellt habe.«

Was denn mit der Zeugenaussage sei, fragte Rawley, in der sie gehört hätten, daß ihm als Kind Zuneigung versagt geblieben sei.

Wenngleich der Angeklagte eine schwierige Kindheit gehabt habe, sagte Hamilton, so seien doch im Prozeß mehrere starke Punkte übersehen worden. Als Kind sei er in einer der besten psychiatrischen Kliniken Englands betreut worden, und es gebe Beweise dafür, daß es ihm in mehrfacher Hinsicht geholfen habe. In Australien habe er mehrere Jahre lang eine Arbeitsstelle gehabt, sei zum Vorarbeiter befördert worden und habe mit Erfolg eine Berufsschule besucht. »Er war in seinem späteren Leben kein totaler Versager.«

»Hat er Ihnen von der Tat selbst erzählt?«

»Ja, das hat er. Er erzählte mir, daß er schon eine ganze Zeit vor der Tat beschlossen habe, seine Frau zu töten. Er sagte, es sei eigentlich in zwei Phasen abgelaufen: es habe einen Zeitpunkt gegeben, zu dem er beschlossen habe, daß er sie töten würde und, so sagte er, es habe einen Punkt gegeben, an dem er beschloß, wann genau und wie er sie umbringen würde.

Er sagte, die erste Phase sei angelaufen, als das Paar zusammen in London im Hotel residierte, im Hyde Park Hotel, an dem Tag, als Monika nach Hause zurückgekehrt sei, ihn aber angewiesen habe, im Hotel zu bleiben . . . damit er am nächsten Tag direkt zu seinem Ambulanztermin in der psychiatrischen Klinik ginge. Michael erklärte mir, am Montag nachmittag, dem Tag, an dem Monika von ihrem Krankenhaustermin zurückgekommen war, habe er beschlossen, daß er sie am nächsten Morgen töten werde . . .«

»War das Montag, der achtundzwanzigste?«

»Ja.«

»Daß er sie am nächsten Morgen töten werde?«

»Ja, und daß er es durch Erschießen erledigen werde.«

Ebenso wie Carman bediente sich auch Rawley der Wiederholung, um dem Gedächtnis der Geschworenen die Bilder einzuprägen, denen er die meiste Geltung verschaffen wollte: »Haben Sie gesagt, daß der Angeklagte Michael Telling Ihnen gegenüber *zugab*, daß er den Entschluß, Monika zu töten, gefaßt habe, als sie im Hyde Park Hotel waren, fast *drei* Tage vor der Tat selbst?«

Hamilton nickte zustimmend.

Er sagte, im Hotel sei Michael immer ärgerlicher über Monika geworden, weil sie weiterhin darauf bestanden habe, daß er wieder nach St. Andrew's ging. Er behauptete, sie habe ihn erniedrigt, habe ihn ärgerlich und wütend auf sie gemacht und ihn dazu gebracht, den Entschluß zu fassen, daß er sie umbringen werde.

»Wie sehen Sie die Informationen, die er Ihnen gegeben hat bezüglich des Treffens seiner Entscheidung?« fragte Rawley.

Vor dem Hintergrund seiner Gespräche mit dem Angeklagten glaube er, sagte Hamilton, daß Michael absolut dazu in der Lage sei, rationale Urteile zu fällen und seine Impulse unter Kontrolle zu halten.

»Lassen sie uns zu dem Erschießen selbst kommen«, sagte Rawley. »Wir wissen, daß drei Schüsse abgegeben wurden. Wir wissen, daß die Waffe ein Gewehr mit Hebelmechanismus war, das nach jedem Schuß neu gespannt werden muß. Läßt Sie die Tatsache, daß drei Schüsse abgefeuert wurden und das Gewehr vor jedem Schuß neu gespannt wurde, auf irgend etwas schließen?«

»Auch hier, wenn man weiß oder glaubt, daß Mister Telling mir gesagt hat, daß eine gewisse Zeitspanne zwischen seiner Entscheidung, seine Frau zu töten und der tatsächlichen Tat gelegen hat, glaube ich, daß ihn spätestens der erste Schuß sozusagen zur Besinnung hätte kommen lassen. Aber das dreimalige Spannen des Gewehrs unterstreicht für mich die kaltblütige und berechnete Art und Weise, auf die er sie umgebracht hat.«

Rawley ließ eine kurze Pause entstehen, um die Worte ›kaltblütig und berechnet‹ im Gerichtssaal nachhallen zu lassen. Dann zeichnete er Michaels Handlungen nach, nachdem er Monika erschossen hatte: die Benutzung ihrer Karte für den Geldautomaten, um so eine falsche Spur zu legen – das Verstecken der Leiche in der Sauna – das Anbringen neuer Schlösser im Lambourn House – das Engagieren eines Privatdetektivs, um sie zu finden ...

Dies seien die Handlungen eines rational denkenden Mannes, sagte Hamilton, und nicht die eines Mannes, der plötzlich von Gefühlen überwältigt worden sei, die zu kontrollieren nicht in seiner Macht lag. »Im großen und ganzen bin ich zu der Ansicht gekommen, daß die ganze Angelegenheit mit dem Behalten der Leiche und ihrer letztendlichen Beseitigung eine kaltblütige, berechnete und gerissene Vertuschungsaktion war«, sagte er. »Ich denke, das ist aus vielen verschiedenen

Aspekten dieses Falles ersichtlich, die wir während der letzten paar Tage gehört haben. Es fängt an mit der Sorgfalt in kleinen Dingen, wie zum Beispiel dem Reinigen der Teppiche im Haus, dem Anschließen eines elektronischen Frischluftgerätes zur Beseitigung des Geruchs, dem Einschalten eines Privatdetektivs zum Auffinden seiner angeblich vermißten Frau, dem Abheben des Bargeldes seiner Frau mit ihrer Geldautomatenkarte, vom Abend des Tages an, an dem er sie tötete, der Art und Weise, wie er das Gewehr auseinandernahm und es beseitigte, sowie später auch die Axt, der Methode, mit der er schließlich die Leiche beseitigte, den Kopf entfernte, um, wie ich glaube, eine Ergreifung zu verhindern; und als er den Kopf zu Hause hatte, das Einsetzen von Maden . . .«

George Carman unterbrach ihn jäh:

»Dafür liegen dem Gericht keine Beweise vor. Der Arzt scheint sich auf Beweise zu berufen, die diesem Gericht vorgelegt wurden, aber hierfür haben wir keine Beweise.«

Der Richter stimmte zu: »In dem forensischen Beweismaterial, das den Geschworenen vorgelesen worden ist, gab es keine Aussagen, die sich auf Maden bezogen . . .«

Auch Rawley stimmte dem zu. Er zog eine Akte hervor, bot sie als Beweismaterial an und überreichte sie dem Zeugen.

»Lesen Sie das bitte«, sagte er zu Hamilton. »Erzählen Sie uns, wie die Informationen lauten . . .«

Es war ein Bericht, den einer der beiden Psychiater geschrieben hatte, die darauf warteten, für die Verteidigung auszusagen. Dem Bericht zufolge, sagte Hamilton, habe Michael dem Psychiater erzählt, daß er, als er Monikas Leiche in einem gemieteten Lieferwagen nach Devon gebracht hatte, gleichzeitig auch eine Auswahl an Angelgeräten mitgenommen hatte, um sich für die Fahrt einen Vorwand zu verschaffen, falls dies nötig sein sollte.

»Telling hatte auf dem Angelausflug ein paar Maden als Köder bei sich« fuhr Hamilton fort. »Die Maden wurden natürlich nicht benutzt, und als er mit dem Kopf in der Plastiktüte nach Hause zurückgekehrt war, kippte er die Maden in die Tüte, in der sich der Kopf befand, in der Hoffnung, daß dies die Zersetzung des Kopfes bis auf das Skelett beschleunigen würde.«

Diese zusätzliche Aussage überzeugte Hamilton davon, daß der Angeklagte ein schlauer und gerissener Mann war; sie widersprach Michaels Behauptung gegenüber einem Kriminalbeamten unmittelbar nach der Verhaftung, daß er Monikas Kopf behalten habe, weil er es nicht habe ertragen können, sie ganz in Devon zu lassen und weil er einen Teil von ihr immer bei sich in West Wycombe habe haben wollen. Diese Behauptung, sagte Hamilton, erscheine jetzt unglaubwürdig aufgrund der Tatsache, daß Michael, als er West Buckinghamshire verlassen habe, eine Axt und Plastiktüten für den Transport des Kopfes mitgenommen habe. Und wenn Michael wirklich eine solch innige Zuneigung für seine Frau empfunden habe, hätte er nicht zwei Frauen mit in ihr Bett gebracht und/oder ihnen einige von Monikas Sachen geschenkt.

»Sind Sie der Ansicht, daß Mister Telling geisteskrank ist?« fragte der Kläger.

»Nein, ich glaube, er ist nicht geisteskrank, und ich glaube auch nicht, daß sein geistiger Zustand in irgendeiner Weise an Geistesgestörtheit grenzt.«

Er habe eine ›Bewußtseinsanomalie‹, sagte Hamilton, aber das sei eine ›Persönlichkeitsstörung mäßigen Grades‹.

In dem Versuch, das Schlupfloch zu stopfen, das Michael zu nutzen versuchte, um der Mordanklage zu entgehen (die Bestimmung über verminderte Zurechnungsfähigkeit im Tötungsgesetz von 1957) fragte Rawley: »Hat diese Persönlichkeitsstörung, so wie sie zur Zeit des Tötens war, Mister Tellings geistige Zurechnungsfähigkeit während des Tötungsvorgangs wesentlich beeinträchtigt?«

»Nein«, sagte Hamilton. »Obwohl er eine Bewußtseinsanomalie hatte, glaube ich nicht, daß diese Bewußtseinsanomalie dergestalt war, daß sie die geistige Zurechnungsfähigkeit für sein Handeln wesentlich beeinträchtigte.«

Mister Justice Sheldon schaltete sich ein: »Lassen Sie mich das klarstellen, so wie ich die Situation verstanden habe: Er hatte eine Persönlichkeitsstörung, aber diese war mäßigen Grades?«

»Ja.«

»Heißt das«, fuhr der Richter fort, »daß Sie glauben, seine Persönlichkeitsstörung war nicht schwerwiegend genug, um sein Handeln im Sinne des Tötungsgesetzes von 1957 wesentlich zu beeinträchtigen?«

»Ja«, sagte Hamilton.

Nach einer Verhandlungspause begann George Carman mit dem Kreuzverhör des Psychiaters.

55. Kapitel

Nach zweistündigem heftigen Kampf hatte sich das Duell zwischen dem Zeugen und dem Mann, der ihn vernahm, bis auf zwei Worte reduziert: ›wesentlich beeinträchtigt‹. John Hamilton stimmte zu, daß bei Michael eine Bewußtseinsanomalie vorlag, beharrte aber unerbittlich darauf, daß diese nicht schwerwiegend genug sei, als daß sie seinen Verstand ›wesentlich beeinträchtigt‹ oder ihm die Macht über seinen Willen geraubt hätte, als er seine Frau tötete. Michaels Schicksal war verstrickt in die feinen Unterschiede von Wörtern, die in zweideutiger Weise zwischen den Gebieten des Rechts und der Psychiatrie oszillierten: ›mäßig‹, ›wesentlich‹, ›schwerwiegend‹, ›tiefgreifend‹ – alles Wörter, deren Bedeutung vage, aber auch entscheidend für das Tötungsgesetz von 1957 war.

Es war ein Thema, über das Hamilton einiges wußte. In Broadmoor hatte er untersucht, welche Rolle eine schwierige Kindheit für die Ausbildung der Erwachsenenpsyche eines Mörders spielt. Er war der Verfasser einer Theorie, die schon bald von der British Association for the Advancement of Science veröffentlicht werden sollte. Sie führte Adolf Hitlers ungeheuerliche Verbrechen zum Teil auf einen tyrannischen und rohen Vater zurück, der im Sohn einen ›unersättlichen

Haß‹ zurückgelassen habe. Hamilton glaubte, daß eine leidvolle Kindheit sich bis in das Bewußtsein des Erwachsenen hinein auswirken könne. Er sagte jedoch, seine Gespräche mit Michael Telling hätten ihn davon überzeugt, daß der Angeklagte ein gerissener, manipulativer Mann sei, der seine Frau vorsätzlich getötet habe, und der die Willenskraft besitze, einzuhalten und den Hahn nicht abzudrücken.

Carmans Stimme hallte so laut durch die oberen Bereiche des Gerichtssaals, als wäre sie elektronisch verstärkt. Sarkastisch fragte er: »Betrachten Sie einen Mann, der die Leiche seiner Frau fünf Monate lang verwesen läßt, sie dann nach Devon bringt, ihr den Kopf abschneidet, ihn mit zurück nach Hause bringt und dann ein Geständnis ablegt, irgendwie anders als *anormal?«*

»Er ist ein abnormer Mann, aber mit einer mäßigen Persönlichkeitsstörung.«

Ob es, wenn man den persönlichen Hintergrund des Angeklagten betrachte, fuhr Carman fort, nicht vorhersehbar gewesen sei, daß ›in seinem Leben als Erwachsener etwas ernsthaft schieflaufen würde‹.

»Das würde ich nicht unbedingt sagen. Ich denke, ich hätte erwartet, daß er die Situation hätte klären sollen, vielleicht, indem er seine Frau verließ und sich scheiden ließ, oder indem er einen Weg fand, der Situation zu entkommen.«

Carman kreiste sein Ziel mit der Vornehmheit eines Matadors ein, der gnädig auftritt, während er nach Verletzlichkeit sucht. Er forderte Hamilton auf, in Einzelheiten nachzuerzählen, wie Michael aufgewachsen war, und den Geschworenen noch einmal die Lebensumstände seiner einsamen Jugend zu unterbreiten. Dann fragte er: »Um es mit den Worten William Wordsworth' zu sagen: ›Das Kind ist des Mannes Vater‹ – und in einer allgemeineren Ausdrucksweise ist das doch ein anerkanntes Prinzip in der Psychologie, nicht wahr?«

»Ich werde die Frage mit ja beantworten, ohne allerdings mit der Zustimmung zu diesem Zitat irgend etwas anderes zu implizieren«, sagte Hamilton.

»Der Grundstein dazu, wie wir uns als Erwachsene verhalten, hängt, wenn er im Säuglingsalter gelegt wird, von zwei Elementen innerhalb des Säuglings- und Kleinkindalters ab. Erstens davon, was wir von unseren Eltern ererben, das was man genetisches Erbe nennt?«

»Ja«, bestätigte Hamilton.

»Und zweitens davon, wie wir aufgezogen werden – von der Umgebung nämlich, in der wir leben und uns als kleine Kinder bewegen.«

»Ja.«

»Ließ denn nicht die Kindheit von Michael Telling bei genauer Analyse ein Kind erkennen, das ganz tiefgreifend gestört war?«

»Ja, er war gestört.«

»Das waren nicht meine Worte. War er ganz tiefgreifend gestört?«

»Er war tiefgreifend gestört«, sagte Hamilton.

Während Carman seine eindringliche Befragung fortsetzte, trank Michael immer wieder Wasser aus einer Tasse und sah einen Stapel Dokumente durch. Gelegentlich kritzelte er etwas auf einen Zettel und reichte es einem von mehreren Juristen, die hinter Carman aufgestellt waren: die Besetzung, die den berühmten Anwalt unterstützte.

»Das Warnsignal war für jeden sichtbar, der sich mit Kindern ein wenig auskannte?« fragte Carman.

»Und das Warnsignal wurde gesehen«, sagte Hamilton.

»Darauf komme ich noch«, erwiderte Carman.

»Lassen Sie mich zu dieser anderen Tatsache in Michael Tellings Leben kommen«, sagte er dann. »Mit einundzwanzig wurde er, wie Sie wissen, Nutznießer der Vestey-Stiftung.«

»Ja.«

»Diese Familie ist der Inbegriff von Vornehmheit, Integrität, Erfolg, Reichtum und hohem sozialen Ansehen in diesem Land. Würden Sie das gelten lassen?«

»Ich fürchte, ich weiß sehr wenig über die Familie Vestey.«

»Wollen Sie es mir und dem, was Sie über den Fall wissen, abnehmen, daß es ganz deutlich ist, daß die Familie außerordentlich reich war?«

»Das habe ich sicherlich so verstanden.«

»Ist Ihnen je der Gedanke gekommen, daß dieser junge Mann, der auf die beschriebene Weise unter emotionellen Entbehrungen gelitten hat, vielleicht gegen diese Familie Groll hegen und sich selbst wie eine Art Versager fühlen könnte?«

Hamilton sagte, obwohl es richtig sei, daß Michael sich als Versager betrachte, sei er nicht sicher, wie dies in Zusammenhang mit der Familie gebracht werden könne.

Ob Hamilton denn zustimmen würde, drängte Carman, ›daß Geld für ihn ein sehr zweifelhafter Segen‹ sei?

»Dazu ist es sicherlich geworden.«

»Weil Geld und Reichtum kein Ersatz für emotionelle Sicherheit sind? Und weil Geld ohne emotionelle Sicherheit zu größerer Unsicherheit führen kann, als normal ist?«

»Ich bin mir nicht sicher, was Sie meinen«, sagte Hamilton.

»Wenn jemand keine emotionelle Sicherheit besitzt, aber hingegen von Tag zu Tag seinen Lebensunterhalt durch Arbeiten verdienen muß, dann wird er vielleicht gezwungen, sich in einer Arbeitssituation sozial zu integrieren.«

»Ja.«

»Aber wenn Geld es Ihnen ermöglicht, isoliert zu bleiben und nicht arbeiten zu müssen, dann ist dies in einem Fall wie dem Michael Tellings ein Handicap?«

»Dem würde ich zustimmen.«

»Ob denn, nachdem Michael schon mit der Bürde eines angelaufenen Silberlöffels im Mund zur Welt gekommen war, ihm nicht noch etwas Schlimmeres passiert sei, als Monika in sein Leben getreten sei? Im nachhinein, war es nicht ein großes Unglück für sein Leben, daß er sich in Monika verliebte und sich von ihr angezogen fühlte?«

»Im nachhinein, ja«, sagte Hamilton.

»Weil es ganz offensichtlich ist, daß die Verbindung mit dieser vergnügungssüchtigen, Drogen nehmenden, sexuell nicht wählerischen Kalifornierin für Michael Telling die absolut schlechteste Art von Verbindung in einer Ehe war?«

»Das stimmt.«

»Und die Ehe mit Monika sowie ihre Haltung ihm gegenüber

würden zwangsläufig die Spannungen reaktivieren, die er früher in seinem Leben durchgemacht hatte?«

»Manchmal ja«, sagte Hamilton, »aber manchmal war sie, glaube ich, auch zärtlich und fürsorglich und handelte sehr verantwortungsbewußt ihm gegenüber.«

Carman ließ nicht zu, daß in irgendeiner Weise gütig über die Frau gesprochen wurde, der er den Prozeß machte. Seine Antwort war voller Verachtung: »Haben Sie alle Aussagen aus diesem Zeugenstand gehört, die in dieser Woche gemacht worden sind?«

»Ich glaube ja.«

Ob denn nicht mehrere Zeugen ausgesagt hätten, daß Monika Michael wegen seiner überragenden sexuellen Leistungen *verspottet*, ihn herabgewürdigt und lächerlich gemacht habe?

»Ja«, sagte Hamilton, »aber ich habe andere Zeugen sagen hören, daß sie nicht immer ganz so war.« Er sei wirklich skeptisch bezüglich einiger Dinge, die er über Monika gehört habe. »Ich bin der Ansicht, daß das, was ich aus dem Zeugenstand gehört habe, eine Reihe von Bruchstücken dessen ist, was wirklich geschehen ist«, sagte Hamilton.

Ohne sich aus dem Konzept bringen zu lassen, ignorierte Carman Hamiltons angestrengten Versuch, mehr Gleichgewicht in den Dialog zu bringen.

»Es war eine kurze Ehe – von November 1981 bis zu ihrem Tod im März 1983«, sagte Carman. »Es handelt sich um etwa fünfzehn oder sechzehn Monate. Die Verspottungen und Demütigungen, würden die auf einen Menschen mit einer Persönlichkeitsstörung stärker wirken als auf einen normalen, gesunden Menschen?«

»Ja, dessen bin ich sicher«, gab Hamilton zu.

»Ganz abgesehen von den Verspottungen und den Demütigungen«, fuhr Carman fort, »würden regelmäßig wiederkehrende Andeutungen, daß er ›geistig nicht in Ordnung‹ sei und eine psychiatrische Behandlung brauche, würde auch das etwas sein, was einen Menschen mit der Persönlichkeitsstruktur von Michael Telling demütigen und quälen würde?«

»Das glaube ich nicht unbedingt«, sagte Hamilton. Es gebe eine ganze Menge Aussagen, die zeigten, daß Monika Michael zu seinem eigenen Besten zu überreden versucht habe, wieder ins Krankenhaus zu gehen, einfach weil sie ihn lieb gehabt habe. »Es war ja nicht so, daß sie sagte: ›Du brauchst Behandlung, sieh zu, daß du sie kriegst‹, sondern sie ging mit ihm, um ihm dabei zu helfen, daß er die Behandlung bekam.«

Erneut hatte jemand zu verstehen gegeben, daß Monika nicht die von Carman gezeichnete Karikatur des Bösen war. Und wieder war der Anwalt nicht bereit, das ungestraft durchgehen zu lassen: »Aber was die Dinge angeht, über die die Geschworenen in genauen Einzelheiten gehört haben – und wir haben ziemlich viele Details von Leuten gehört, denen sie bekannt sind – was das Bild angeht, wie es im Augenblick ist, würden Sie mir zustimmen, daß die Ehe mit jemandem wie Monika das denkbar schlechteste Mittel oder Medikament war für jemanden mit Michael Tellings Persönlichkeit?«

»Ich denke, das hat ihm nicht besonders gut getan.«

»Ist das nicht ein kleines bißchen englisches Understatement?« höhnte der Staranwalt.

»Das tut mir leid . . ., aber ich habe von den Zeugen keine Beschreibung darüber gehört, daß er infolge dieser Dinge besonders stark litt«, antwortete Hamilton, um seinen Standpunkt zu behaupten.

Carman wandte sich nun der Aussage Hamiltons zu, die den meisten Schaden anrichten konnte: daß Michael ihm erzählt habe, er habe bereits mehrere Tage bevor er den Hahn abdrückte, der Monika im Lambourn House niederstreckte, den Beschluß gefaßt, sie zu töten. Hierauf stützte die Anklage ihre Argumentation der Vorausplanung und des Vorsatzes.

Während er Hamiltons Bericht und die handschriftlichen Notizen, die dieser bei seinen Gesprächen mit Michael gemacht hatte, in der Hand hielt, sagte Carman, er könne keine Hinweise finden auf einige der Punkte, die der Angeklagte während der Interviews angesprochen habe – zum Beispiel, daß er manchmal nach einem Streit mit Monika sein Motorrad mit hohen Geschwindigkeiten gefahren habe, um seine Spannungen zu lösen.

»Ich habe nicht jede Einzelheit in meinen Bericht einbezogen«, sagte Hamilton.

»Aber nirgends«, sagte Carman, »haben Sie festgehalten, daß er den Entschluß, sie zu töten, im Hyde Park Hotel gefaßt hat.«

»Entschuldigung, aber ich glaube, das steht doch drin«, sagte Hamilton.

»Bitte zeigen Sie uns, wo es ist.«

Hamilton überflog schnell seine Notizen. »Nein, Sie haben recht, ich habe davon keine Notiz gemacht ... Mister Telling sprach sehr schnell, und es war unmöglich, alles niederzuschreiben, aber ich habe den Anfang mancher Dinge aufgeschrieben.«

Carman hielt triumphierend inne, während Hamilton weiterhin seine Notizen durchsah. Da sagte Hamilton mit plötzlicher Befriedigung, er habe seinen Hinweis darauf gefunden, daß Michael zugegeben habe, er habe, als sie in London waren, beschlossen, Monika zu töten und anschließend entschieden, *wann* er sie töten wolle. Hamilton zeigte auf die Abschnitte:

> London, Grundstein gelegt ... Freitag, er wieder im Lambourn House. Samstag morgen – sie kam aus Krankenhaus Montag 10 Uhr morgens – abds. beschloß, sie zu töten. Sie demütigte ihn – behandelte ihn wie einen Hund ... 1) weiß, sie schläft mit anderen – verhöhnt sexuelle Leistungsfähigkeit. 2) geistige Instabilität. 3) schwarzes Schaf der Familie – nie etwas erreicht, fühlte sich allein, verstoßen – nur M. hatte ihn geachtet. ›Wenn ich dich nicht haben kann, soll es auch kein anderer.‹ Beschloß, sie zu töten ...

Es gehe klar aus seinen Notizen hervor, was Michael ihm erzählt habe: »Ich habe es als Beleg für das aufgeschrieben, was er damals sagte. Das waren die Worte, die er gebrauchte. Er sagte damals ›Grundstein gelegt‹, als er den Entschluß gefaßt hatte ... In meinem Bericht steht, daß er sagte, der Grundstein sei gelegt worden ... Wenn ich das weiter erläutern darf: was

Telling mir erzählte, war, daß er in dem Londoner Hotel beschloß, daß er es tun würde, und er entschied sich am Abend vor der Tat, wie und wann genau er es tun würde.«

»Herr Doktor, ist es grundsätzlich so«, fragte Carman mit höhnischem Lächeln, »daß Sie, wenn Ihnen ein Patient erzählte, er habe beschlossen, seine Frau zu töten, als er im Hotel war, diese Tatsache schriftlich festhalten würden?«

»Ich habe es nicht deutlich genug dargestellt.«

»Sie haben es überhaupt nicht ausdrücklich festgehalten.«

»Das glaube ich doch«, sagte Hamilton.

»Hätten Sie in Ihren Notizen von damals . . ., wenn Michael Telling Ihnen mit klaren Worten erzählt hätte, er habe im Hyde Park Hotel beschlossen, seine Frau zu töten, hätten Sie das dann nicht niedergeschrieben?«

»Es tut mir leid«, sagte der Psychiater. »Ich hatte keine Zeit, es aufzuschreiben, als ich mit ihm sprach, aber ich wußte Bescheid, wenn ich ›Grundstein gelegt‹ aufschrieb, ich wußte, was es bedeutete, als ich den ausführlichen Bericht abfaßte.«

»Darf ich die Ansicht äußern, daß Ihnen in der Erinnerung ein kleiner Irrtum unterlaufen ist, bezüglich dessen, was genau Michael Telling Ihnen erzählt hat?«

»Ich glaube, ich erinnere mich ganz genau daran.«

Der zweiundsiebzigjährige Mister Justice Sheldon griff plötzlich mit schroffer Stimme ein. Er durchbrach die Spannung, die sich einen Augenblick lang über den Gerichtssaal gelegt hatte, indem er zu dem Zeugen hinabschaute und fragte: »Haben Sie irgendwelche Zweifel daran, daß es im Hyde Park Hotel war, wo er beschloß, seine Frau zu töten?«

»Ich habe keinen Zweifel daran.«

Der Zeuge wurde entlassen.

Mit der Zeugenaussage von John Hamilton schloß die Anklage ihren Beweisvortrag ab.

56. Kapitel

Der erste Zeuge der Verteidigung war ein hagerer, schmächtiger Mann von dreiundfünfzig Jahren mit einer hohen Stirn, über der sich in dünnen Wellen lockiges blondes Haar ausbreitete. Dr. Robert Bluglass war leidenschaftlicher Amateur-Aquarellmaler, Professor für Gerichtspsychiatrie an der Universität Birmingham, Mitglied des Royal College of Psychiatrists und ein führendes Mitglied der psychiatrischen Kreise Großbritanniens. Als Sachverständiger hatte er ungefähr vierhundertmal zum Geisteszustand des Mordes angeklagter Menschen ausgesagt.

George Carman kam schnell zur Sache: »Würden Sie bitte dem Richter und den Geschworenen sagen, was Ihre fachliche Meinung über das Vorliegen oder Nichtvorliegen einer Bewußtseinsanomalie des Angeklagten Michael Telling im Sinne von Absatz zwei des Tötungsgesetzes von 1957 ist?«

»Meiner Meinung nach, Mylord«, sagte der Psychiater, »gibt es keinen Zweifel daran, daß er ganz klar seit seiner Kindheit an einer Bewußtseinsanomalie gelitten hat und daß er auch zum Zeitpunkt des Todes seiner Frau unter einer Bewußtseinsanomalie litt.«

»Würden Sie bitte dem Richter und den Geschworenen nähere Angaben dazu machen, welcher *Art* diese Bewußtseinsanomalie war, Professor?«

»Ich bin der Meinung, daß er an einer schwerwiegenden Persönlichkeitsstörung leidet und schon vorher sowie auch zu dem betreffenden Zeitpunkt gelitten hat.«

»Dr. Hamilton meint, daß keine verminderte Zurechnungsfähigkeit vorliegt und vorlag?«

»Ja.«

»Sie sind der Meinung, daß er unrecht hat?«

»Ja.«

Carman sprach den Zeugen respektvoll mit dem Ehrentitel

›Professor‹ an und übermittelte damit den Geschworenen die Nachricht, daß sich *jetzt* ein hervorragender Wissenschaftler im Zeugenstand befand. Der Verteidiger nahm noch ein weiteres Mal die Gelegenheit wahr, den Geschworenen die Geschichte von Michaels schwieriger Kindheit zu unterbreiten und seine Verhöhnung Monikas als eine zänkische, alkoholabhängige Lesbierin festzustellen. Schließlich fragte Carman: »Weshalb fühlte sich Michael Telling von Monika Zumsteg angezogen?«

»Ich glaube sie war, so wie ich die Einzelheiten zusammenfüge, ein Mädchen, das sich sehr von Alison unterschied«, sagte der Zeuge. »Alison ist hier bereits aufgetreten, und sie ist ein einfaches, charakterlich gefestigtes, freundliches Mädchen. Monika ist – oder war – meinem Eindruck nach ein sehr attraktives Mädchen von einer ganz andersartigen Persönlichkeit, vielleicht ziemlich extravagant und sehr aktiv und aufregend. Sie war anscheinend sehr dominant und in vielerlei Hinsicht könnte ihn dies paradoxerweise angezogen haben, in der Art, daß er es genoß – jedenfalls zu Anfang.«

»Liebte Monika Michael, als sie ihn heiratete?«

Obwohl der Psychiater der Verteidigung weder ein Gespräch mit Monika geführt noch sie jemals gesehen hatte, wagte er, seine fachliche Meinung über den Geisteszustand der Frau abzugeben, die seit fast fünfzehn Monaten tot war. »Ihre Haltung ihm gegenüber, die Art, in der sie ihn kritisierte und sich seiner Darstellung nach ihm gegenüber verhielt, lassen für mich vermuten, daß ihre Gefühle für ihn nicht einfach nur Liebe und Zuneigung waren ... Sie war mit Sicherheit nicht wie besessen vor Liebe. Es war klar, daß sie seiner Schilderung nach, wenn diese zutrifft, vermutlich selbst eine gestörte Persönlichkeit gewesen sein muß, mit ungewöhnlichen und abnormen Interessen und Vorlieben.« Paradoxerweise, so fügte er hinzu, habe Michael sie um so mehr festhalten wollen und sei bestrebt gewesen, ihre Anerkennung und Zuneigung zu gewinnen, um so mehr Monika ihn zurückgewiesen und schlecht behandelt habe.

Die Tiefe seiner hingebungsvollen Liebe für seine Frau, sagte er weiter, werde deutlich aus seinem Handeln, nachdem er sie getötet hatte. Michael habe ihm erzählt, daß er, nachdem er die Leiche nach Devon gefahren habe, es nicht habe ertragen können, sich von ihr zu trennen, und er habe, so habe er ihm erzählt, aus einem Impuls heraus, ihren Kopf mit der Axt abgeschlagen. Er habe etwas von ihr mit zurücknehmen wollen. Er sagte, er sei sehr verstört gewesen, sogar noch mehr als zu dem Zeitpunkt, da er sie getötet habe. »Er nahm den Kopf und steckte ihn in die Mülltüte, legte ihn in den Lieferwagen und kehrte zu sich nach Hause zurück.«

»Was tat er mit dem Kopf?«

»Zunächst ließ er ihn im Lieferwagen, dann mehrere Tage lang mitten auf dem Garagenfußboden liegen, aber der Kopf fing an zu riechen, und Michael wurde klar, daß er verfiel und faulte. Er sagte, er habe sicherlich einmal daran gedacht, da ja bereits Maden darin waren, daß es den Verfall beschleunigen könnte, wenn er die Maden hineinkippte, die er auf dem Ausflug nach Devon bei sich hatte. Er kippte sie in die Tüte mit dem Kopf, um den Zerstörungsprozeß zu vervollständigen.«

Über diese Vorstellung konnte beim Mittagessen nachgedacht werden, da Mister Justice Sheldon die Mittagspause ankündigte.

Nach der Unterbrechung nahmen die Journalisten schnell wieder die Sitzplätze auf der Pressegalerie ein. Eine ganze Nation verfolgte ihre Berichte, die ihr eine willkommene Abwechslung zu den beständigen schlechten Nachrichten über die hartnäckige Rezession boten.

Nach der Pause ging Michaels Verteidiger zum Fronatalangriff auf die Zeugenaussage über, die seinem Mandanten am meisten schaden konnte.

»Dr. Hamilton dachte, die Tötung sei kaltblütig, geplant und so weiter gewesen. Was halten Sie von dieser Meinung, Herr Professor?« fragte er Bluglass.

»Meiner Ansicht nach kommt es nicht in Betracht, daß Michael Telling eine unverfrorene, kaltblütige und berechnende Person ist. Er ist ein Mann voller Gefühle, der aus dem Impuls heraus handelt und nicht nach Plan ... Ich finde es schwierig, das dargestellte Verhalten mit der von Dr. Hamilton berichteten Situation, daß der Angeklagte im Hyde Park Hotel beschloß, seine Frau zu töten, in Einklang zu bringen.«

Alan Rawley eröffnete sein Kreuzverhör mit der Bemerkung, daß er eines seltsam finde: Während seiner Zeugenaussage habe Dr. Bluglass die Ansicht geäußert, daß Michael unter ›schwerwiegenden‹ geistigen Problemen leide, die seine Zurechnungsfähigkeit wesentlich beeinträchtigt hätten, als er seine Frau getötet habe. Dabei habe er doch in seinem schriftlichen Bericht, den er nach seinem Gespräch mit Michael im Gefängnis verfaßt habe, das Problem als ›mäßig‹ beschrieben und behauptet, es sei unmöglich, auf wissenschaftlichem Wege festzustellen, ob es seine geistige Zurechnungsfähigkeit zur Zeit des Mordes wesentlich beeinträchtigt habe.

Dr. Bluglass erklärte seinen Gesinnungswandel damit, daß er im Verlauf des Prozesses viele Zeugen über Michael habe sprechen hören; jetzt könne er ihn daher besser einordnen. »Ich bin jetzt, indem ich meine Zeugenaussage gemacht habe, endgültig zu dem Schluß gelangt, daß bei ihm eine schwerwiegende Persönlichkeitsstörung vorliegt.«

Rawley erinnerte ihn daran, daß Dr. Hamilton ausgesagt hätte, der Angeklagte habe ihm *gestanden*, er habe schon mehrere Tage vor der Tat beschlossen, seine Frau zu töten, und daß er Gründe dafür angeführt hatte, daß der Mord an Monika Zumsteg-Telling nicht die Tat eines impulsiv handelnden Mannes war. »Akzeptieren Sie das nicht als zutreffend?« fragte Rawley.

»Ich glaube bestimmt nicht, daß das zutreffend ist«, sagte Dr. Bluglass. »Ich kann nichts sagen zu Dr. Hamiltons Interpretation dessen, was ihm erzählt wurde ... (aber) ich glaube nicht, daß (der Angeklagte) einen klaren, unverfrorenen, berechnenden Plan formulierte ... Er wollte sie im Krankenhaus besuchen, und das scheint mir inkonsequent, wenn er einen Plan gefaßt hätte, sie umzubringen.«

Dr. Bluglass äußerte die Ansicht, daß Michael vielleicht nicht die Wahrheit gesagt habe, als er mit Dr. Hamilton gesprochen habe. »Ich denke, daß Mister Telling nicht in der Lage ist, eine klare und wahrheitsgetreue Wiedergabe zu machen... Wenn er dazu gedrängt wird, könnte er wohl jede Frage mit ja beantworten. Aber ich glaube nicht, daß er in der Lage ist zu sagen, *wann* genau er beschloß, seiner Frau das Leben zu nehmen. Ich denke, sein Verhalten legt nahe, daß er es an jenem Morgen beschloß.«

»Bevor er zur Waffe griff oder danach?«

»Wahrscheinlich, als er die Schußwaffe ergriff, würde ich meinen. Es ist schwer zu sagen, aber es war wahrscheinlich an jenem Morgen, als er herunterkam und sie ihn anschrie, er zurückschrie, in Wut geriet und zur Waffe griff.«

»Selbst wenn das, was er zu Dr. Hamilton gesagt hat, in allen Einzelheiten wahr ist, besteht Ihrer Ansicht nach kein Zweifel daran, daß es sich hier um einen Fall von wesentlich verminderter Zurechnungsfähigkeit handelt?«

»Nein – kein Zweifel.«

»Absolut kein Zweifel?«

»Nein«, beharrte Dr. Bluglass.

Michael sagte nicht zu seiner eigenen Verteidigung aus, was sein gutes Recht war. Der letzte Zeuge war Dr. Paul Bowden, der, wie die beiden Psychiater vor ihm, ausgezeichnete Referenzen besaß, und der sich der Ansicht von Dr. Bluglass anschloß. Auch er hielt den Angeklagten nicht für eines eiskalt geplanten Mordes fähig, wenn er auch zugab, daß er ein Mensch war, der ständig andere manipulierte und täuschte.

57. Kapitel

An einem schwülen Freitag morgen um kurz nach zehn Uhr wurde, im Anschluß an acht Tage der Zeugenvernehmung und eine sechsstündige Rekapitulation durch die gegnerischen

Anwälte und Mister Justice Sheldon, Michaels Schicksal den Geschworenen – sieben Männern und fünf Frauen – überantwortet. Im Schlußplädoyer für die Anklage bat Alan Rawley die Geschworenen dringend, sich auf einen einfachen Aspekt zu konzentrieren: Hatte Michael Telling, als er drei Kugeln in seine Frau jagte, genug Willenskraft besessen, um sich selbst Einhalt zu gebieten? Wenn sie sich diese Fragen stellten, war seine Voraussage, daß sie sie mit ja beantworten würden. Es sei kein unwiderstehlicher Impuls gewesen, der ihn hatte abdrücken lassen, sondern die geplante Tat eines Gatten, der eine lästige Ehefrau aus dem Weg schaffen wollte.

»Trotz seiner Bewußtseinsanomalie beschloß dieser Mann, seine Frau zu töten – er hätte sich von der Tat zurückhalten können, hätte er es gewollt, aber er beschloß, bereits einige Tage, bevor er sie tötete, die Tat durchzuführen. Dann unternahm er genau durchdachte Schritte, grauenhafte Schritte, um der Entdeckung zu entgehen, was ebenfalls Entschluß- und Willenskraft erforderte.«

Von dem Augenblick an, als er seine Frau getötet habe, habe der Angeklagte gelogen, um sich selbst zu schützen und habe, in einem abschließenden Täuschungsmanöver zu seinem eigenen Schutz, ihren Kopf abgeschlagen. Er habe wieder und wieder gelogen, um sich zu decken. »Er wollte nicht, daß die Polizei bemerkte, welch gutes Tarnmanöver er durchgeführt hatte, weil das nicht zu einem geistig abnormen Mann passen würde, dessen Zurechnungsfähigkeit wesentlich beeinträchtigt ist.«

George Carman setzte in seinem Abschlußplädoyer für die Verteidigung noch einmal Monika auf die Anklagebank.

Acht Tage lang hatte er einen Angriff nach dem anderen gegen die junge Frau durchgeführt, deren Leichnam unter der Erde eines kalifornischen Hügels lag und die sich nicht verteidigen konnte. Jetzt gab er ihr noch einmal die Schuld an ihrem eigenen Tod: »Wenn diese Frau ihn nicht bis zum Schluß verspottet hätte, könnte sie noch leben.«

Michaels Mutter saß neben Alison in der ersten Reihe der Galerie, ein paar Schritte von Michael entfernt, als Großbritanniens hervorragendster Prozeßanwalt ein letztes Mal Michaels einsame Kindheit, die Zurückweisung durch seine Mutter und seine Ehe mit der Frau, die er als Drachen und zänkisches Weib darstellte, wiederholte.

Mitleid für Michael – das war es, was Carman von den Geschworenen wollte.

»Michael Telling hatte alles Geld der Welt, aber keinen Ort, wohin er gehen konnte und niemanden, den er lieben durfte ... Er war das unzulängliche schwarze Schaf der Familie. Keine Leistungen. Nichts vorzuweisen. Er hatte nicht einmal einen erlernten Beruf ...« In seinem Innern trage er eine Geisteskrankheit mit sich, für die ›Hilfe und Verständnis‹ nötig sei und nicht ›Spott und Demütigung‹ von einer grausamen und untreuen Ehefrau, die ihn nur wegen seines großen Reichtums geheiratet habe. Carman sagte, es sei Unsinn, zu behaupten, daß Michael seine Frau kaltblütig ermordet habe, und er zog Dr. Hamiltons Zeugenaussage ins Lächerliche, wonach Michael zugegeben hatte, den Mord mehrere Tage im voraus geplant zu haben. Hamiltons Zeugenaussage sei ›entsetzliches, fadenscheiniges‹ Beweismaterial. Der Angeklagte habe seine Frau aufgrund einer Macht erschossen, die er nicht unter Kontrolle hatte, aus einem Impuls heraus, der ausgelöst worden war durch ihre Sticheleien: Monika Telling war gestorben, weil sie ihn dazu getrieben hatte, sie zu töten.

Carman beantragte, daß Michael von der Mordanklage freigesprochen werde, nicht einfach aus Mitgefühl für ihn, sondern weil dies das einzig richtige Urteil sei: »Es wäre kein Urteilsspruch aus Mitleid und Mitgefühl ..., obwohl Sie, weiß der Himmel, Augenblicke des Mitleids für Michael Telling empfunden haben müssen, gemischt mit dem Entsetzen über das, was er getan hat ... Er hat sein ganzes Leben lang eine Ablehnung nach der anderen erfahren. Wollen Sie die endgültige Ablehnung gegen ihn aussprechen? Ich nehme es nicht an«, sagte Carman.

Bevor er die im Prozeß gemachten Aussagen resümierte, sprach Mister Justice Sheldon kurz im Interesse der Frau, deren Bild als

Enthauptete den Prozeß beherrscht hatte: »In vielerlei Hinsicht haben die Betroffenen keine Gelegenheit gehabt, sich zu der Kritik zu äußern, die gegen sie vorgebracht wurde. Was den Angeklagten und sein Opfer angeht, so lebt sie nicht mehr, um ihre Darstellung der Geschichte wiederzugeben, insofern es von Belang ist für die Fragen, über die Sie zu entscheiden haben. Es mag Ihnen daher angebracht erscheinen, die verschiedenen Aussagen, die hin und wieder vom Angeklagten gemacht worden sind, mit der allergrößten Sorgfalt zu prüfen, ehe Sie entscheiden, ob – oder in welchem Ausmaß – Sie sich darauf verlassen können. Sie mögen es ebenfalls für klug erachten, die Aussagen anderer Zeugen sorgfältig zu prüfen, um sicherzugehen, daß sie nicht durch Voreingenommenheit oder Vorurteile gegenüber bestimmten Personen oder gegen eine der Hauptparteien in dieser Angelegenheit beeinflußt sind.«

Es sei unumstritten, daß Michael Telling seine Frau getötet habe, sagte der Richter; die Aufgabe der Geschworenen sei es nun, festzustellen, *warum* er es getan habe. »Sie müssen Ihre Wahl treffen, und der generelle strittige Punkt, über den Sie zu entscheiden haben, ist dieser: Hat der Angeklagte, nach Abwägung aller Wahrscheinlichkeiten, bewiesen, daß er, als er seine Frau tötete, an einer Bewußtseinsanomalie litt, die, gemäß dem Gesetz, dergestalt war, daß sie während der Tat seine geistige Zurechnungsfähigkeit für sein Handeln wesentlich beeinträchtigt hat? Wenn das bewiesen ist, dann ist er nicht des Mordes schuldig, sondern ist, aufgrund der verminderten Zurechnungsfähigkeit, des Totschlags schuldig. Wenn es nicht bewiesen ist, ist er des Mordes schuldig.«

Als die Geschworenen ihre Beratung begannen, hatten die britischen Zeitungen ihr Urteil bereits gefällt. Für Monika lautete das Urteil ›SCHULDIG‹. Schlagzeilen erzählten die Geschichte. »MILLIONÄRSCOUSIN TÖTETE UND ENTHAUPTETE EHEFRAU ›NACH SEXUELLER VERSPOTTUNG‹« schrieb die *Times* mit mehr Zurückhaltung als ihre Konkurrenten. Der *Daily Star* überschrieb eine Kurzbiographie von Michael mit ›SKLAVE DES VAMPS‹. Ein anderes Boulevardblatt posaunte aus: ›ICH SCHOSS GEMEINE EHEFRAU NIE-

DER‹, ein weiteres schrieb: ›DIE TRAURIGE GESCHICHTE VON DEM ARMEN KLEINEN REICHEN JUNGEN UND DER BÖSEN FRAU‹. Die *Sun* überschrieb eine Doppelseite über Monika mit ›ICH WILL DICH IN MEINEM SEX-SANDWICH‹. Der *Daily Express* veröffentlichte eine besondere Spalte über den Prozeß: ›DIE HÖLLE DES LEBENS MIT MONIKA – DIE PHANTASTISCHE GESCHICHTE VOM MILLIONÄR MICHAEL TELLING UND DER KOPFLOSEN LEICHE‹.

In West Wycombe schüttelte Ettie Turner voller Abscheu den Kopf. »Das ist nicht Monika«, sagte sie zu Alf, nachdem sie die Artikel über den Mord gelesen hatte, die ganz Großbritannien erregten. »Ich glaube, Michael und seine Freunde haben gelogen, damit er freigesprochen wird.« Sie erinnerte Alf daran, daß sie nach Michaels Festnahme Kriminalbeamten und Reportern erzählt hatte, Monika sei eine der liebsten und anständigsten jungen Frauen gewesen, die sie je gekannt habe und nicht die Frau, die in den Zeitungen beschrieben wurde. Aber nichts davon war zur Sprache gekommen und andere gute Dinge, die andere Nachbarn über Monika gesagt hatten, ebensowenig.

So wie die Presse, hatten auch die Polizei und der Kläger wenig Interesse daran, irgend etwas Positives über Monika zu äußern. Sie wollten Michael verurteilt wissen, und diese Strategie hatte ihrem Zweck gedient – ebenso wie sie Michaels Verteidigung gedient hatte –, weil man Michael damit ein Motiv zum Töten gegeben hatte.

Der Privatdetektiv in San Francisco, der von Michaels Rechtsanwälten engagiert worden war, um Monikas Vergangenheit zu untersuchen, erzählte einem Reporter, daß das, was er über sie lese, überhaupt nicht zu dem passe, was *er* über sie in Erfahrung gebracht habe. Seinen Ermittlungen zufolge ›war sie ein attraktives, intelligentes Mädchen, wie man es normaler gar nicht finden kann‹.

Am meisten verblüfft waren Monikas Eltern und Freunde in Amerika.

»Sie war bestimmt keine Heilige«, sagte ihr Vater einem Reporter, »aber sie war ganz und gar nicht so, wie sie dargestellt wird. Meine Tochter auf diese Weise auf die Anklagebank zu setzen war absolut widerlich, und hier sitzen zu müssen, es jeden Tag in den Zeitungen zu lesen und es nicht dementieren zu können, war ganz furchtbar. Sie haben sich kleine Sachen und Halbwahrheiten herausgepickt, und sie übertrieben. Jetzt werden wir zusätzlich zu dem Schmerz, den wir alle erlitten haben, auch noch so beleidigt. Sie war ein liebevolles, fürsorgliches Mädchen . . .«

Lou hatte vor kurzem eine Stellung als Vizepräsident einer Beratungsfirma für Arbeitgeber-Arbeitnehmerbeziehungen gefunden, und am Abend vor dem Prozeß wurde er nach Missouri beordert, um dort eine Kontroverse mit der Arbeiterschaft zu schlichten. Aber er brachte es nicht fertig, Elsa während des Prozesses allein zu lassen. Als er es ablehnte, nach Missouri zu fahren, verlor er seine Stellung.

Es sei wahr, erzählte er Reportern, daß Monika zur Alkoholikerin geworden sei, nachdem sie Michael geheiratet hatte, aber dies sei zum größten Teil auf den Streß zurückzuführen, der bei dem Versuch entstand, sich an eine schwierige Ehe und ein neues Land anzupassen. »Was die Drogen angeht, so mag sie wohl, wie es viele junge Leute tun, etwas ausprobiert haben, aber sie war nicht süchtig.« Monikas Vater mußte bei seinem schmerzlichen Verlust auch noch die Demütigung hinnehmen, das Sexleben seiner Tochter Fremden gegenüber verteidigen zu müssen: »Ich weiß, daß meine Tochter völlig normale sexuelle Gewohnheiten hatte. Monika war in allen Dingen ganz offen mit mir und ihrer Mutter; sie war ein normales heterosexuell veranlagtes Mädchen. Was immer sie auch an anderen Problemen miteinander hatten, Monika und Michael haben mir beide erzählt, daß ihr Sexualleben kein Streitpunkt zwischen ihnen war; Michael hat mir das bestätigt und auch meine Tochter. Es war lächerlich, zu behaupten, er habe Angst vor ihr gehabt — zum Schluß hat sie sich vor dem Tod durch seine Hand gefürchtet . . . Meine Frau und ich hatten Flugreservierungen, um zum Prozeß nach Großbritannien zu fliegen, aber ein Polizeiinspektor von dort riet uns davon ab; er sagte, es würde uns nur Kummer bereiten. Wenn ich gewußt hätte, was gesagt werden würde, wäre ich dort gewesen, um für sie einzutreten.«

Als ein Reporter Elsa erzählte, Michael habe behauptet, Monika getötet zu haben, weil sie Alkoholikerin gewesen sei und wahllose Geschlechtsbeziehungen gehabt habe, sagte sie: »Woher hat das Gericht alle diese Informationen über meine Tochter?« Dann beantwortete sie sich die Frage selbst: »Von einem Mann, der sein Leben lang ein chronischer Lügner war und von seinen Freunden. Die haben sie verrissen. Die Vesteys haben meine Tochter benutzt, um Michael bei der Bewältigung seiner Probleme zu helfen, und nachdem er sie getötet hat, tun sie ihr jetzt *dies* an. Die Verteidigung hat zweimal soviel aufgewendet, um sie schlechtzumachen, wie die Anklage für seine Verurteilung.«

Als der Reporter ging, sagte Elsa unter Tränen zu Lou, daß er ihr erzählt habe, Michaels Anwälte behaupteten, er habe sie aus einem ›unwiderstehlichen Impuls‹ heraus getötet. Erneut sagte sie, wie verzweifelt sie wünschte, daß sie nach England geflogen wären, um sich für Monika einzusetzen.

»Elsa, daß ich zu Michaels Prozeß nach England fliegen sollte, um Monika zu verteidigen, war wirklich das allerletzte, was mir in den Sinn gekommen wäre.«

Er dachte an Michael, an den Silvesterabend und an das rote Schildchen, das Elsa gefunden hatte. »Es war keine *Impulshandlung*. Es war geplanter Mord – ich glaube, ich weiß ganz genau, was passiert ist.«

58. Kapitel

Santa Rosa, Silvester

Es war am Silvestermorgen, weniger als drei Monate bevor Monika ermordet wurde, als Elsa das kleine rote Schildchen fand. Als sie das Haus saubermachte, entdeckte sie es zwischen Bändern und anderem Unrat, der von Weihnachten übriggeblieben war. Sie las es zweimal und zeigte es Lou.

»Wo Rauch ist, da ist auch Feuer«, sagte sie.

Es war ein Sicherheitshinweis – von der Art, wie sie Waffenhersteller an neuen Schußwaffen anbringen.

»Monika fürchtet sich schrecklich davor, daß Michael sich noch ein Gewehr kauft«, sagte Elsa. »Sie hat eine Todesangst davor.«

Zwei Tage vor Weihnachten hatte Monika ihrer Mutter in Reno mitgeteilt, sie habe sich entschlossen, nach England zurückzugehen und Michael noch eine einzige Chance zu geben, da das trotz seiner Drohungen und Lügen ihre Pflicht sei. Sie sagte, sie habe ihn darauf hingewiesen, daß sie ihn bei der Polizei anzeigen werde, sollte er sie jemals wieder schlagen oder noch eine Schußwaffe kaufen. Das war das einzige, was sie gegen ihn in der Hand hatte: Wenn die Polizei erfuhr, daß er noch eine Schußwaffe gekauft hatte, würde er ins Gefängnis kommen und jene Strafe absitzen müssen, der er ein Jahr zuvor so knapp entronnen war. Es gebe nichts, das Michael mehr fürchtete als das Gefängnis, sagte Monika. Einmal, als er noch ein Kind gewesen war, hatte ihn ein Kindermädchen bei der Polizei gemeldet, nachdem er all ihre Kleider und Möbel aus dem Fenster geworfen hatte, weil sie eine neue Stellung antrat; seither hatte er seine Angst vor dem Gefängnis nie überwunden. Er habe versprochen, sich anständig zu benehmen und nie wieder eine Schußwaffe zu kaufen, sagte Monika.

Während jener Fahrt nach Reno, die durch einen plötzlichen Schneesturm in der Sierra verlängert wurde, war es auch, daß Elsa zum ersten Mal verstand, wie stark Monika von Michael besessen war.

Später, als es zu spät war, erinnerte sie sich an die Fahrt zurück und fragte sich: Warum lassen Frauen sich eine Ehe wie diese gefallen? Was läßt sie hoffen, daß sie einen Mann ändern können?

Monika hatte so vieles akzeptiert und entschuldigt und vergeben: Michaels Lügen, seine Täuschungen, Wutanfälle und Drohungen. Dann erinnerte sich Elsa an die Beschimpfungen und Demütigungen, die *sie* während Lous schlimmster Jahre der Trunksucht hingenommen hatte. Wie Monika, so hatte auch sie es geschafft, Entschuldigungen für ihren Gatten zu finden. Sie hatte auch versucht, Lou zu ändern. Aber schließlich war ihr klar geworden, daß sie das nicht schaffen konnte; Lou hatte sich geändert, aber er hatte es von sich aus getan. Erst als er sich selbst gegenüber zugab, daß er ganz unten angekommen war, beschloß er, mit dem Trinken aufzuhören; erst danach lernte er, mit Hilfe der A.A., sich selbst zu akzeptieren. Es war unmöglich, jemanden zu ändern, der sich nicht ändern wollte. Sie wußte das jetzt. Monika hatte es nie erfahren.

Die Anonymen Alkoholiker nannten Frauen wie Elsa ›Hilfreiche‹ – geplagte, aber loyale Ehefrauen von Alkoholikern, die, obwohl sie allen Grund hatten, es nicht zu tun, die Schwierigkeiten problembeladener Männer auf sich nahmen und manchmal sogar ihr Martyrium genossen. Vielleicht hatte Lous Schwäche Elsa sogar auf perverse Art ein Gefühl der Stärke vermittelt: Sie gewann dadurch die Oberhand. Vielleicht hatte Monika versucht, Selbstbewußtsein zu gewinnen, indem sie Michael zurechtbog. ›Hilfreiche‹ war das Wort, das die A.A. benutzt hatten, lange bevor die Populärpsychologen der achtziger Jahre ein neues Wort mit der gleichen Bedeutung prägten: ›Co-abhängiger‹ – ein Mensch, der unbedingt das Verhalten anderer ändern will; jemand, für den das Wohlergehen des anderen wichtiger ist als das eigene; jemand wie Monika, die glaubte, aus einem Kieselstein einen Diamanten schleifen zu können.

Für Monika war die Liebe zunächst zur Besessenheit geworden und dann zur Krankheit.

Nachdem Elsa das rote Schußwaffen-Sicherheitsetikett gefunden hatte, drängte sie Lou, Michael eine Motorradtour vorzuschlagen. Als sie weg waren, ging sie ins Gästezimmer und durchsuchte sein Gepäck und die Kommodenschublade, die er benutzte. Sie konnte die Waffe nicht finden, aber im Papierkorb fand sie eine kleine Schachtel; es war der leere Behälter für ein Schußwaffen-Reinigungs-Set.

Als die Männer zurückkehrten, ging Michael rasch duschen; in der Zwischenzeit erzählte Elsa ihrem Gatten, was sie gefunden hatte. Der einzige Ort, an dem sie nicht nach der Waffe gesucht hatte, war die Satteltasche des Motorrads, mit dem er gefahren war. Während Michael unter der Dusche stand, holte sie das nach: Sie ging in die Garage, öffnete die Satteltasche, wühlte darin herum und zog einen kurzen Colt Python Magnum sowie vier Schachteln Stahlmantelgeschosse daraus hervor.

»Vielleicht sollten wir nichts davon sagen und ihn einfach beim Zoll anzeigen, damit er am Flughafen festgenommen wird«, sagte sie. »Dann würde er Lehrgeld zahlen.« Aber ihr kamen sofort Bedenken: »Nein – das können wir nicht machen. Monika dreht durch, wenn er festgenommen wird und sie von dem Revolver erfährt.«

Als Michael aus der Dusche kam, wartete Lou mit dem Revolver in der Hand vorm Badezimmer.

»Ich bin froh, daß ihr mich ertappt habt«, sagte Michael.

»Woher hast du ihn?« fragte Lou.

Michael sagte, daß ein Familienmitglied der Perkins' den Revolver für ihn gekauft habe; er habe die Waffe abgeholt, als er zwei Tage vor Weihnachten nach San Francisco gefahren sei. Wie um zu beweisen, daß alles ganz legal war, holte er eine Quittung vom 23. Dezember 1982 hervor: ›Verkauft an Michael Telling; ein Colt Python V28233/H7656937.‹ Die Rechnung war von Michael und einem Mitglied der Familie Perkins, den Harley Händlern, unterzeichnet.

Michael sagte, er sei immer noch verärgert über die britischen Gesetze, die ihn daran hinderten, eine Schußwaffe zu kaufen. Das Gesetz, gab er zu verstehen, sei nicht dazu bestimmt, Leute von seinem gesellschaftlichen Rang zu reglementieren.

»Michael, wenn du mit der Waffe erwischt worden wärst,

hätten sie dich ins Gefängnis gesteckt«, sagte Lou. »Es ist doch erst ein Jahr her, daß du dem Gefängnis knapp entgangen bist.«

Michael gab ihm recht und wurde reumütig. Er gab Lou die Quittung und flehte ihn an, Monika nichts davon zu erzählen. Er hatte ihr versprochen, keine Schußwaffen mehr zu kaufen; wenn sie davon wüßte, würde sie ihn verlassen.

Lou und Elsa sprachen darüber und beschlossen, Monika nichts zu sagen. Lou versprach Michael, daß er es ihr gegenüber nicht erwähnen würde. »Ich hatte den Burschen lieb und wollte, daß die Beziehung klappte«, sagte er Jahre später. »Ich glaube, es lag daran, daß ich vieles von mir selbst in ihm sehen konnte – seinen Mangel an Selbstachtung, seinen Versuch, es durch Motorradfahren aufzubauen. Ich wußte, daß er sich eingehüllt hatte in eine Phantasiewelt aus Harleys, Schußwaffen, Uniformen und Söldnern, und deshalb glaubte ich, es zu verstehen. Ich habe es als eine weitere Sache angesehen, die er brauchte, um das Vakuum seiner Selbstachtung zu füllen. Es schien alles zusammenzupassen. Elsa und ich sprachen darüber, und wir waren uns einig: ›Wir wollen es ihr nicht erzählen. Sie scheinen besser miteinander auszukommen; warum sollen wir unsere Tochter wütend machen?‹ Im nachhinein war das eine schrecklich dumme Entscheidung, aber so dachten wir eben.«

Nachdem Michael und Monika nach England zurückgekehrt waren, rief Lou den Mann an, der den Revolver gekauft hatte und sagte ihm, daß er ihn jetzt habe. Das überraschte den Motorradhändler. Er sagte, er habe gedacht, Michael brauche ihn für seine Arbeit.

»Er ist doch beim britischen Geheimdienst, oder?«

In den nächsten drei Monaten beteuerte Monika, daß sie und Michael weiter an ihren Problemen arbeiteten. Lou und Elsa vergaßen die Waffe fast. Aber als Monika ihnen Anfang März erzählte, daß Michael Lambourn House verlassen hatte und nach Australien abgereist sei, drängten sie ihre Tochter, nach Hause zu kommen; nun weihte Lou sie in das Geheimnis des Revolvers ein. Er schickte ihr eine Kopie der Quittung und sagte: »Wenn Michael dir mit der Scheidung irgendwelche Schwierigkeiten macht, zeig die Quittung einem Rechtsanwalt, wenn du es für richtig hältst – aber zeig sie nicht Michael.«

Am 29. März – dem Tag, an dem Monika starb – klingelte zu Hause bei den Zumstegs das Telefon. In Santa Rosa war es zehn Uhr morgens, in England dagegen Spätnachmittag. Als Elsa die Stimme erkannte, sagte sie: »Hi, Michael, wie geht's?«

»Ich bin okay«, antwortete er frostig.

»Wie geht's Monika?«

»Ihr geht's gut. Ist Lou da?«

Als Lou den Hörer nahm, begrüßte er Michael voller Begeisterung, was seine Liebe für den Schwiegersohn bewies. Aber Michael fiel ihm ins Wort: »Du hast mich belogen. Du hast mir versprochen, du würdest Monika nichts von dem Revolver sagen. Du hast es mir *versprochen!*«

Noch ehe Lou sich verteidigen konnte, fuhr Michael fort: »Ich habe dir vertraut, und du hast dein Wort gebrochen. Jetzt reicht's. Du wirst nie wieder von mir hören.«

Ohne ein weiteres Wort legte er auf.

Es war das letzte Mal, daß Lou oder Elsa je mit Michael sprachen.

Später, als sie wieder klar genug denken konnten, um sich alles zusammenzureimen, wurde ihnen klar, was passiert sein mußte: Michael hatte Monika umgebracht, um sie zum Schweigen zu bringen.

Trotz ihres Versprechens mußte sie ihm erzählt haben, daß sie von dem Revolver wußte, daß sie das gegen ihn verwenden würde, sollte er sein Versprechen, wieder nach St. Andrew's zu gehen, nicht halten – und daß er dann vielleicht ins Gefängnis müßte.

Monika hatte tatsächlich ein paar Tage vor ihrem Tod Ettie Turner von der Quittung erzählt. Sie sagte, Michael komme aus Australien zurück und sie wollten sich in London treffen, um über eine Versöhnung zu sprechen. Sie sagte auch, daß sie eine Quittung habe, die beweise, daß er in Amerika eine Schußwaffe gekauft habe, womit er seine Bewährungsfrist verletzt habe; wenn er sein Versprechen nicht halte und sich nicht wieder in ärztliche Behandlung begebe, könne sie es gegen ihn verwenden. Sie erzählte Cheryl Richardson dasselbe.

Vielleicht hatte Michael schon vor seiner Abreise nach Australien von der belastenden Quittung erfahren und kehrte aus diesem Grund so schnell zurück: den Angaben seiner Halbschwester zufolge hatte er starke Befürchtungen, daß ihn Monika in Heathrow mit der Polizei erwartete, ehe er nach Sydney abfliegen konnte. Sicher *ist*, daß er nur wenige Tage darauf mit dem geschmuggelten Gewehr aus Australien zurückkehrte, das er benutzte, um sie zu töten. Es war unwahrscheinlich, daß Monika von dem Gewehr wußte: Hätte sie davon gewußt, wäre sie wegen ihrer Angst vor Waffen aus Lambourn House geflohen und hätte ihre Drohung wahr gemacht, die Polizei zu rufen, anstatt zu versuchen, ihn dazu zu überreden, wieder nach St. Andrew,s zu gehen.

Joe Stennings sagte bei Michaels Prozeß aus, daß Monika sich am Tag vor ihrem zahnmedizinischen Eingriff mehrfach bei Michael beschwert habe mit den Worten: ›Du hast eine verdammte Waffe gekauft‹. Stennings sagte auch, daß er, nachdem Michael sie am Krankenhaus abgesetzt hatte, gesehen hatte, daß Michael beim Lambourn House ganz hektisch Mülleimer geleert und nach einem mysteriösen Stück Papier gesucht hatte. Ob Michael jemals Monikas Kopie der Quittung gefunden hat, ist nicht bekannt.

Als Stennings in dem Prozeß Monikas Bemerkung über die ›verdammte Schußwaffe‹ wiedergab, nahmen die Leute im Gericht an, daß sie damit das Gewehr gemeint hatte, das Michael in Australien gekauft hatte. Es ist wahrscheinlicher, daß sie damit den Revolver meinte, den er Weihnachten gekauft hatte, die Waffe, von der sie wußte, daß sie in Kalifornien in Sicherheit war. Sie wußte wohl nicht, daß im Lambourn House ein geladener Karabiner versteckt war, der ihr das Leben nehmen würde.

Nach der Entdeckung von Monikas Leiche hatte Lou zweimal eine Zusammenkunft mit Rechtsanwälten in Kalifornien und unterzeichnete eidliche Erklärungen, in denen er die Vorkommnisse am Silvesterabend beschrieb. Er schickte sie zusammen mit Kopien der Quittung an die Polizei in Exeter. Aber keine seiner Erklärungen wurde beim Prozeß zur Sprache gebracht. Die Polizei und die Anklagevertretung beschlossen anscheinend, daß sie für ihre Beweisführung nicht relevant waren, die von der Prämisse ausging, daß Michael Telling seine Frau getötet hatte, weil sie ein zänkisches Weib war.

»Michael muß angefangen haben, sich vor der Abmachung zu drücken, daß er ins Krankenhaus ging«, sagte Elsa zu Lou, »und Monika muß darauf gesagt haben: ›Guck mal, was ich hier habe; ich werde es gegen dich verwenden‹. Und da hat er sie umgebracht. ›Unwiderstehlicher Impuls‹, was für ein Quatsch! Er hatte schreckliche Angst davor, ins Gefängnis zu kommen. Er hat Monika nur aus einem einzigen Grund umgebracht: um sich selbst zu retten.«

59. Kapitel

Unter Polizisten, Reportern und Gerichtsdienern war es am Ende von Mordprozessen in England Tradition, ein paar Scheine darauf zu verwetten, wieviel Zeit es die Geschworenen kosten würde, über das Schicksal des Mannes oder der Frau auf der Anklagebank zu entscheiden. Detective Inspector Jeff Henthorne wettete, daß Michael Tellings Geschworene nach höchstens zwei Stunden und fünfundvierzig Minuten wieder erscheinen würden. Sie gaben ihr Urteil nach zwei Stunden und sechsunddreißig Minuten ab und brachten ihm einen Gewinn von fast zwanzig Pfund ein.

»Nicht schuldig des Mordes, aber schuldig des Totschlags aufgrund verminderter Zurechnungsfähigkeit.«

Dem Urteil folgte erleichtertes Aufatmen von Seiten mehrerer Frauen der Arbeiterschicht von kurz über zwanzig Jahren, die dem Prozeß regelmäßig beigewohnt hatten und jede Chance genutzt hatten, um den Millionär auf der Anklagebank auf sich aufmerksam zu machen.

Michael, im Genuß der besten Rechtsverteidigung, die für Geld zu haben war, vernahm das Urteil im Stehen und sah erleichtert aus. Er schloß die Augen und senkte den Kopf. In den Augen seiner Mutter und denen mehrerer Geschworener glänzten Tränen.

Die Geschworenen hatten die Behauptung der Anklage verworfen – ebenso wie die Zeugenaussage Dr. John Hamiltons –, daß der Mord an Monika Elizabeth Zumsteg-Telling kaltblütig und geplant erfolgt und vorsätzlich geschehen war. Statt dessen hatten sie Michaels Argument, das von zwei anderen Psychiatern gestützt worden war, akzeptiert; daß er sie nämlich getötet hatte, weil sie ihn dazu provoziert hatte und er von einem Impuls überwältigt worden war, der ihm eingab, ihr Leben auszulöschen.

Vor dem Richterspruch bat George Carman um Gnade für Michael. »Er hat mich beauftragt, Eurer Lordschaft gegenüber zum Ausdruck zu bringen, daß er einsieht, welch eine schreckliche Tat er begangen hat, indem er seiner eigenen Frau, die er so innig liebte, das Leben nahm.«

Wenn es um eine Verurteilung wegen Totschlags ging, hatte Mister Justice Sheldon weitreichende Handlungsfreiheit. Er konnte Michael unter Zubilligung einer Bewährungsfrist freilassen, ihn für einen festgesetzten Zeitraum ins Gefängnis schicken oder eine lebenslängliche Freiheitsstrafe verhängen, über deren endgültige Dauer anschließend von Strafrechtsexperten des Innenministeriums entschieden werden würde. Seit Monaten hatte Michael seine Anwälte gedrängt, dafür zu sorgen, daß er *gar nicht* ins Gefängnis mußte. Vor dem Prozeß hatte er einem Mitgefangenen erzählt, daß er von der Mordanklage freigesprochen werden würde, nicht länger als ein Jahr im Gefängnis verbringen und dann in einem Rolls-Royce abfahren würde. Danach werde er nach Amerika oder vielleicht Australien fahren.

»Michael Henry Maxwell Telling«, sagte Mister Justice Sheldon, »die Geschworenen haben Sie des Totschlags aufgrund verminderter Zurechnungsfähigkeit für schuldig befunden. Es lag umfassendes Beweismaterial vor, aufgrund dessen die Jury dies tun konnte, insbesondere die Aussagen von Professor Bluglass und Dr. Bowden. Demzufolge muß ich, so wie ich den Urteilsspruch der Geschworenen akzeptiere, für meinen Richterspruch auch die Beweise berücksichtigen, auf die sie sich gestützt haben. Ich hielte es für unangenehm und rücksichtslos, wollte ich noch einmal die Aussagen wiederholen, die sich auf Ihren geistigen Zustand in der Vergangenheit, Gegenwart und wahrscheinlich auch der Zukunft beziehen. Es möge genügen, wenn ich sage, daß es wohl eindeutig so ist, daß Sie, seit Sie in ihrer frühen Kindheit ein tiefgreifend gestörter kleiner Junge waren, nur geringfügig an Reife gewonnen haben, daß Sie im Vergleich mit damals eine nur wenig oder gar nicht verbesserte Fähigkeit besitzen, Ihre Gefühle und Impulse unter Kontrolle zu halten, und daß die Zukunftsprognose für Sie düster aussieht. Das sind die Beweise, die die Geschworenen als gegeben angesehen haben müssen, und es sind daher auch die Beweise, auf deren Grundlage ich jetzt handeln muß.

Unter diesen Umständen bin ich davon überzeugt, daß es keine andere Alternative gibt als so, wie ich es tue, das Urteil einer lebenslänglichen Gefängnisstrafe auszusprechen, womit ich es den für Ihren Gewahrsam zuständigen Leuten überlasse, zu entscheiden, ob und gegebenenfalls wann es angebracht und sicher erscheint, Ihre Freilassung zu gestatten.«

Michael zuckte zusammen. Er biß sich auf die Lippen und starrte ungläubig zu Boden. Seine Anwälte warfen sich ohne sichtliche Überraschung gegenseitige Blicke zu.

Draußen vor dem Gericht teilten sie Michael mit, daß er in fünf Jahren vielleicht frei sein könnte. Obwohl ihn der Urteilsspruch aus der Fassung gebracht hatte, sagten seine Anwälte Reportern gegenüber, er – ebenso wie seine Familie – fühle sich gerechtfertigt, da ihn die Geschworenen nicht zum Mörder abgestempelt hatten. Die Familienehre sei gerettet, gaben sie zu verstehen.

Als Superintendent Brian Rundle den Urteilsspruch hörte, äußerte er seine Vermutung bezüglich des Prozesses: »Wir hatten einen Arzt, der sagte, es sei vorsätzlich geschehen. Sie hatten einen Professor, der das Gegenteil sagte. Es lief auf Arzt gegen Professor hinaus, und der Professor hatte – in den Augen der Geschworenen – das bessere Ansehen.«

Ein Reporter fragte Detective Inspector Henthorne nach seiner Meinung über Michael. »Er ist ein kleiner Junge mit dem Körper eines Mannes – ein sehr kleiner Junge sogar. Wenn er etwas von einem will, ist er der liebste Mensch der Welt und eifrig darum bemüht, Gefallen zu finden, aber wenn man es ihm verweigert, fängt er an zu schmollen, wird gehässig und arrogant. Im Grunde hat er einen massiven Minderwertigkeitskomplex. Er kann sich selbst – und deshalb auch andere Leute – überhaupt nicht leiden . . .«

Nachdem Michael von seinen Bewachern aus dem Gerichtssaal geführt worden war, bat er um sein übliches Mittagessen aus dem Restaurant und die gewohnte halbe Flasche Rotwein. Ein Wärter sagte jedoch: »Jetzt sind Sie Gefangener, nicht mehr Untersuchungshäftling, und derartige Privilegien stehen ihnen nicht mehr zu.«

Eines der ersten Dinge, die Michael tat, war, einen Brief an Cheryl und Richard zu schreiben:

> Alle sagen, das Urteil war richtig, aber selbst wenn es darum ginge, Monika noch einmal zu vernichten . . .
>
> Ich und die meisten Leute meinen, daß der Urteilsspruch – gelinde gesagt – falsch war, unfair, ungerecht und herzlos. Ich brauche nicht eingesperrt zu sein. Ich muß wieder in die Außenwelt, zu Familie und Freunden . . .
>
> Eine Berufung wird hoffentlich erfolgreich sein.

In seiner Zusammenfassung der Beweise hatte Mister Justice Sheldon den Geschworenen gesagt, sie hätten es hier mit einer ›phantastischen Geschichte‹ zu tun, obwohl ›die Geschichte im wesentlichen auf eine Variante eines nicht unbekannten Themas hinausläuft: ein schlecht zusammenpassendes Paar, beide

– laut Professor Bluglass – ›stark gestörte‹ Menschen, deren Liebe – Dr. Bowdens Ansicht nach – sich mit intensivem Haß abwechselte.‹

Nicht lange nach Michaels Prozeß nahmen Brian Rundle und später Jeff Henthorne ihren Abschied von der Devon und Cornwall Constabulary, nachdem sie den größten Fall ihrer Laufbahn hinter sich gebracht hatten. Rundle wurde Leiter der Sicherheitsabteilung bei einem Warenhaus in Plymouth, und Henthorne wollte mehr Zeit auf dem Golfplatz verbringen.

Die Anwälte in dem von einer breiten Masse verfolgten Fall fuhren fort, in ihren seidenen Roben ihren guten Ruf als ausgezeichnete Anwälte aufzupolieren, und die Psychiater, die hinter ihnen gestanden hatten, erschienen oft als Sachverständige, wenn es um die geistigen Fähigkeiten von Leuten ging, die des Mordes angeklagt waren. Als Dr. John Hamilton 1990 im Alter von sechsundvierzig Jahren an Krebs starb, schrieb die *Times* in einem lobenden Nachruf: ›Seine Kollegen werden ... sich voller Respekt als guten Kliniker an ihn erinnern, der erstklassige Gutachten abgab ... Hamilton war immer auf seiten der Schwächeren ...«

Michaels Mutter kehrte nach dem Prozeß nach Australien zurück, und Alison, seine erste Frau, erzählte Freunden, daß auch sie dorthin wolle.

Sicherheitsbeamte, die von Michaels Familie eingestellt worden waren, bewachten Lambourn House, während die Treuhänder der Vestey-Stiftung versuchten, das berüchtigte Landhaus zu veräußern. Nach mehreren Monaten leistete eine Mutter von vier Kindern, die die Vorgeschichte des Hauses nicht kannte, eine Anzahlung auf das Anwesen, aber als sie von der makaberen Geschichte dieses Hauses erfuhr, zog sie ihr Kaufangebot zurück. Selbst nachdem die Treuhänder Lambourn House in ›Hill View Cottage‹ umbenannt hatten und mehrmals mit dem Preis heruntergegangen waren, dauerte es noch über zwei Jahre, bis Monikas Traumhaus verkauft wurde. Der neue Besitzer nannte es schließlich wieder ›Lambourn House‹.

Da sie sich Michael noch immer verpflichtet fühlten, fuhren Cheryl und Richard Richardson mehrere Jahre lang fort, ihn zu besuchen und mit ihm zu korrespondieren. Die Freundschaft zerbrach schließlich daran, daß Michael darauf bestand, sie zu Vermittlern in einer Romanze mit einer Frau zu machen, die sie nicht mochten.

Die Familie Vestey zog sich wieder in das von ihnen so geschätzte Privatleben zurück, und wenn ihr Name überhaupt je in den Zeitungen erschien, dann war es auf den Gesellschaftsseiten oder in Artikeln über Polo. Anfang der neunziger Jahre jedoch kam die Familie erneut in Verlegenheit: Das Geschäfts-Imperium, das von William und Edmund Vestey in den Viehhöfen Chicagos gegründet worden war, stieß auf wirtschaftliche Schwierigkeiten. Zu viele Darlehen und unkluge Investitionen, die Rezession und das, was Kritiker sich mit einer versäumten Anpassung an veränderte Zeiten erklärten, in denen die Briten mehr und mehr dazu übergingen, ihr Fleisch in Supermärkten zu kaufen, statt im Dewhurst Laden um die Ecke – all das führte zu einem Schuldenberg, der die Familie dazu zwang, einiges von ihrem Besitz zu verkaufen. ›Lord Spam‹ und sein Cousin Edmund zogen sich vom aktiven Management der Gesellschaft zurück, und Edmunds ältester Sohn trat ihre Nachfolge an. Beobachter in der Presse schrieben die Schuld am Niedergang des Hauses Vestey teilweise dem Versäumnis der neuen Generation zu, sich mit derselben Zielstrebigkeit dem Geschäft verpflichtet zu fühlen, wie ihre Ahnen: die neue Generation, behauptete man, sei mehr an Polo und der Jagd interessiert als am Geldverdienen.

Michaels Anwälte sagten, daß er nach seiner Entlassung aus dem Gefängnis wieder ein regulärer Nutznießer der Vestey-Stiftung werden würde, bis dahin jedoch würden seine Ausgaben auf einhundertundvier Pfund pro Jahr beschränkt, was der Höchstsumme entsprach, die den Insassen der Gefängnisse Ihrer Majestät erlaubt war.

Vor einer Überstellung nach Broadmoor hatte Michael die

größte Angst gehabt (wenn man erst einmal dort sei, behauptete er, komme man nie wieder raus), aber diese ehemalige Irrenanstalt blieb ihm erspart, und er wurde im Laufe der Jahre zwischen verschiedenen Gefängnissen des überfüllten britischen Strafsystems hin- und herbefördert, vom trostlosen Wormwood Scrubs in London nach Maidstone in Kent, nicht weit von Pinehurst, dem Internat, das er mit neun Jahren niederzubrennen versucht hatte, und nicht weit von dem Haus in Tunbridge Wells, in dem er mit Monika gewohnt hatte.

In seinen Briefen aus dem Gefängnis schrieb er gelegentlich, daß er Monika immer noch liebe. Er beklagte, es sei unmöglich, mit einhundertundvier Pfund im Jahr auszukommen. Sein Traum, daß seine Familie ihn durch das Einlegen einer Berufung befreien würde, wurde nie Wirklichkeit.

Gefangene, die in Großbritannien zu lebenslänglicher Haftstrafe verurteilt werden, sitzen durchschnittlich zehn oder elf Jahre ab, so daß für ihn die Hoffnung bestand, in den neunziger Jahren freigelassen zu werden. Er sagte, er träume davon, dann nach Australien zu gehen, wo die Leute, wie er hoffte, niemals von dem Fall mit der kopflosen Leiche gehört hatten.

In Santa Rosa besuchten Lou und Elsa oft Monikas Gab auf den Hügeln über der Stadt und hofften dabei verglich, daß dies die Trauer und die Schuldgefühle mindern würde, die sie empfanden, weil sie Monika mit Michael bekanntgemacht hatten. Aber neben Schuld und Trauer trugen sie auch frohe Bilder von der warmherzigen und hübschen Frau in sich, die sie in die Welt gesetzt hatten, der Frau, die immer versucht hatte, das Beste in den Menschen zu sehen, der Tochter, die voller Optimismus geglaubt hatte, sie könne die Welt verändern, der Tochter, die sie liebten und die ihnen wenige Wochen vor ihrem Tod geschrieben hatte:

> Liebe Mom, lieber Dad,
> unser Winter ist in diesem Jahr ganz mild, aber trotzdem brauchen wir warme Unterwäsche! Ich habe im Augenblick

damit zu tun, Unkrautvernichter zu streuen, ehe das Unkraut wieder außer Kontrolle gerät. Ich habe ein paar schöne Bäume und Sträucher gepflanzt. Ich schicke euch Fotos, wenn sie im Sommer blühen . . . Sobald ich das Haus in Ordnung habe, werde ich mir wohl eine Arbeit suchen. Ich verkaufe immer noch zweimal im Monat Antiquitäten, aber ich hätte gern etwas Anspruchsvolleres.

Michael versucht es wieder mit seinen alten Tricks, verspricht aber, sich mehr Mühe zu geben. Ich versuche noch immer, ihn dazu zu bewegen, daß er seine ›Höhere Macht‹ um Hilfe bittet, da mir so geholfen worden ist. Er verspricht es, aber Ihr kennt ja Michael. Ich glaube immer noch, daß er viel Gutes in sich hat, wenn er nur versuchen würde, es hervorzukehren. Ich glaube, ich werde hier noch gebraucht und ich versuche, ihm zu helfen. Das ist die Verpflichtung, die ich eingegangen bin . . .

In Liebe, Monika

ENDE

Danksagung

Ich bin vielen Menschen auf beiden Seiten des Atlantik zu Dank verpflichtet für ihre Hilfe bei den Nachforschungen und der Bearbeitung von *Unwiderstehlicher Impuls.* Es ist schwer, den vollen Umfang meiner Dankbarkeit und meines Respekts auszudrücken für Alice Mayhew und Simon & Schuster, der Redakteurin dieses meines vierten Buches unter ihrer Leitung. Die Sorgfalt und Intensität, mit der sie ihre Arbeit erledigt, ihr gesundes Einfühlungsvermögen, ihre Sensibilität und Intelligenz sowie der Standard, den sie Schriftstellern abverlangt, erklären, warum sie in unserem Land geschätzt wird als überragende Redakteurin für Sachbücher, als Freundin und redaktionelle Verbündete besonders von Journalisten. Ich bin ebenso Eric Steel von Simon & Schuster zu Dank verpflichtet, der wesentliche und wichtige Beiträge zum Manuskript geleistet hat. Mein Dank gilt weiterhin Eric Rayman, Felice Javeit, George Hodgman, Natalie Goldstein, Frank Metz, Victoria Meyer, Lynda Buchler, Marcia Peterson und Terry Zaroff, einem besonders geschickten und klugen Lektor.

Samantha Hynes Zelinski, Monikas beste Freundin, half mir geduldig bei der Rekonstruktion von Monikas Leben in Kalifornien. In England haben mir viele Leute in großzügiger Weise ihre Zeit gewidmet, insbesondere Maureen Busby, Brian Rundle und Jeffrey Henthorne von der Devon and Cornwall Constabulary. Cheryl und Richard Richardson haben nicht nur viele Stunden damit zugebracht, sich ihre Erlebnisse mit Michael und Monika in Erinnerung zu rufen, sondern stellten auch ihre umfangreiche Korrespondenz mit Michael zur Verfügung, von der Ausschnitte – teils mit geringfügigen Veränderungen um der grammatischen Klarheit willen - in diesem Buch abgedruckt sind. Aus dem Kreis von Monikas Freunden in England danke ich besonders Ettie Turner und Betsy Ligon sowie mehreren Mitgliedern der Anonymen Alkoholiker, die unter dem traditionellen Mantel der Anonymität dieser Organisation mit mir sprachen. Mehrere britische Journalisten haben mir sehr viel Zeit gewidmet, unter anderen Jonathan Goodman, Bob Perrin, der früher bei der *Bucks Free Press* arbeitete und insbesondere Philipp Knightley von der *Sunday Times* in London, dessen Artikel und anschließendes Buch, *The Vestey Affair,* die Quelle für einen großen Teil von Michaels Familiengeschichte in Kapitel 13 waren. Werke von E. Spencer Shaw halfen mir, das britische Rechtssystem zu verstehen. Thomas Maeder, Verfasser von *Crime and Madness, The Origins and Evolution of the Insanity Defense* schulde ich meinen Dank für einen Großteil der Geschichte der Verteidigung mit Berufung auf eine Geisteskrankheit in Kapitel 50. Weitere Menschen, denen mein Dank gebührt, sind Christine Freedman, Inspector James Sullivan und Inspector Larry Homenick vom United States Marshals Service, mein Freund Jonathan Coleman, mein Agent, George Diskant und vor allem meine Frau Sandra, deren Liebe, Unterstützung und Freundschaft alles andere in meinem Leben an Bedeutung überragen.

Schließlich noch meinen tiefempfundenen Dank an Lou und Elsa Zumsteg, die mir in großzügiger Weise Einblick in ihre Herzen und ihr Leben gewährten und mir – häufig unter großen Schmerzen – halfen, jene Geschehnisse in der Vergangenheit zu verstehen, die sie lieber vergessen würden. Wenn auch Monikas Leben ein gewaltsames Ende fand, ihres ging weiter und ihr Schmerz dauert an.

Band 13 506

Ann Rule

Blick in den Abgrund

Deutsche Erstveröffentlichung

Sie selbst hatte als Kind wahre Elternliebe nie kennengelernt – zu selbstsüchtig und skrupellos war vor allem ihr Vater. Als junge Frau, die mit neunzehn Jahren ihr erstes und mit dreiundzwanzig Jahren ihr drittes Kind zur Welt brachte, wollte Diane Downs alles besser machen.

Sommer 1982. Diane, inzwischen geschieden, lernt Lew Lewiston kennen und verliebt sich unsterblich in diesen lebenslustigen hübschen Mann.

Knapp ein Jahr später, im Mai 1983, geschieht das Unfaßbare: Diane bringt ihre drei Kinder ins Krankenhaus – Cherryl (7) stirbt, Christie (8) und Danny (4) haben lebensgefährliche Verletzungen. Ein Anhalter, beteuert Diane, habe sie und ihre Kleinen überfallen. Je länger die erfolglose Suche nach dem Phantom des Mörders währt, desto größer werden die Schatten des Zweifels, die auf Dianes Unschuld fallen.

BASTEI LÜBBE

Sie erhalten diesen Band im Buchhandel, bei Ihrem Zeitschriftenhändler sowie im Bahnhofsbuchhandel.